パーソナルファイナンシャル・サービス・マーケティング

―新たな戦略構築に向けて―

鷲尾和紀 ──◎著

創 成 社

はしがき

　サービス・マーケティングが対象とするサービスにはさまざまなサービスが含まれているが，本書は，ファイナンシャル・サービス，とりわけ個人（または個人顧客層）を対象とするパーソナルファイナンシャル・サービスに焦点を当てている。

　個人はそのライフプランに応じて，多様で異なるファイナンシャル・サービスニーズを持っているが，これらニーズを充足し，そのニーズに適合したファイナンシャル・サービスを顧客との良好な関係を維持しながら，的確かつ独自的なマーケティング手法を用いて提供することによって顧客満足の獲得とファイナンシャル・サービス提供機関の維持発展を目指すという市場戦略をパーソナルファイナンシャル・サービス・マーケティングというならば，個人のファイナンシャル・サービスへのニーズが高まっている今日の環境下において，このようなパーソナルファイナンシャル・サービス・マーケティングに取り組むことは重要な課題となっており，またそこにパーソナルファイナンシャル・サービス・マーケティングを展開する有効性があるといえる。

　そのため本書ではまず，サービスとは何かを論じ，パーソナルファイナンシャル・サービスの特性・特質とそれに適合したマーケティング・ミックスの実践という領域を明らかにするが，そのためには生活者の価値観の多様化に対応した市場細分化によるターゲット分析をより深く理解することが求められる。

　インターネット普及と同時に，近年におけるスマートフォンの開発と増加しつつある広範囲な浸透により，モバイル技術を利用したマーケティングコミュニケーションがますますマーケティングの重要な要素になってきている。人々は利便性を求めるようになり，インターネット上で取引できるサービスについては，時間に対する価値観，期待の持ち方，また新たな環境の中での自己認識

のあり方などが変わってきている。本書では，ファイナンシャル・サービスに関する状況変化についても言及し，マーケティングとパーソナルファイナンスを融合した研究を進化させるためのモデル構築を提言している。

　本書を執筆するに当たって，既存の優れた文献，先行研究を参照し，学び，考え，かつ適切に引用すること等によって，パーソナルファイナンシャル・サービス・マーケティングの領域が明らかになるように努めた。これらの文献，先行研究については文中において引用箇所を明示するとともに，巻末に参考文献として一括して掲載している。本書をこのように上梓することができたのは，これらの優れた文献，先行研究から多くのことを学び，かつ教えていただいたからである。

　本書は，高千穂大学で取得した博士論文をもとに，一部加筆，編集してまとめたものであるが，基本的内容は同じである。博士課程在学中は，指導教授である新津重幸先生から未来志向的なマーケティングの必要性，重要性を教えていただいた。また先生が主宰するマーケティング研究会に出席できる機会をいただき，さまざまな事例研究は実践的なマーケティング思考の上で極めて有益であった。博士論文の執筆は幾多の苦難を伴うが，新津重幸先生から執筆に当たり細部に至るまでご教示をたまわり，完成することができた。新津重幸先生の懇切丁寧なご指導がなければ，博士論文を完成することができなかったといっても過言ではない。心から感謝する次第である。

　本書は，共著書『経営・ビジネス論』に引き続き創成社から出版することになった。本書の出版を快諾してくれた塚田尚寛社長，および割付から校正まで細かい作業を担当してくれた西田徹氏のご尽力に厚くお礼を申し上げる。

2016年8月

鷲尾和紀

目次

はしがき

第1章 サービスの概念とサービス・マーケティング戦略の関係性―――1
 1.1 マーケティング戦略におけるサービス・マーケティング戦略のポジション……1
 1.2 サービス・マーケティング戦略と特性……21
 1.3 小括……37

第2章 サービス・マーケティング戦略とパーソナルファイナンシャル・サービスのポジション―――40
 2.1 サービス・マーケティング戦略の諸要素とパーソナルファイナンシャル・サービス……40
 2.2 パーソナルファイナンシャル・サービス・マーケティングと戦略手段から見た特質……79
 2.3 小括……103

第3章 ファイナンシャル・サービス実務の諸領域―――106
 3.1 ファイナンシャル・サービスの特質……106
 3.2 ファイナンシャル・サービスにおけるマーケティングの戦略要素……121

3.3 One to One マーケティングとパーソナル
　　 ファイナンシャル・サービス ……………………… 134
3.4 小　括 …………………………………………………… 156

第4章　パーソナルファイナンシャル・サービス実務の諸領域と戦略モデル ── 159

4.1 パーソナルファイナンシャル・サービスにおける
　　 市場細分化とターゲット戦略モデル …………… 159
4.2 パーソナルファイナンシャル・サービスにおける
　　 新たなマーケティング・ミックスモデル ……… 177
4.3 小　括 …………………………………………………… 186

第5章　パーソナルファイナンシャル・サービスのマーケティングビジネスプロセスモデル ── 189

5.1 パーソナルファイナンシャル・サービスにおける
　　 商品開発のビジネスプロセスモデル …………… 189
5.2 パーソナルファイナンシャル・サービスのコミュニ
　　 ケーション戦略とビジネスプロセスモデル …… 203
5.3 パーソナルファイナンシャル・サービスにおける
　　 チャネル対象とビジネスプロセスモデル ……… 220
5.4 小　括 …………………………………………………… 233

第6章　パーソナルファイナンシャル・サービスにおける新たなマーケティング戦略の確立 ── 238

6.1 オムニチャネル化の進展によるマーケティング
　　 コミュニケーションツールの関係性 …………… 238
6.2 デジタル手段の到来と金融機関における
　　 新たな顧客サービスモデルの確立 ……………… 245

6.3 小 括 …………………………………………………… 258

参考文献　259
索　　引　265

第1章

サービスの概念とサービス・マーケティング戦略の関係性

1.1 マーケティング戦略におけるサービス・マーケティング戦略のポジション

1 サービスとは何か

　経済財は，財（Goods）とサービス（Services）として対置して分類される。これは社会科学において一般的な区分である。財は有形財（物理的な実体のある財）を指しており，サービス（役務）は無形財（それ自体に物理的な実体はない財）を指している。サービスの語は日本の日常語では「無償の奉仕」や「無償の提供」といった意味でも用いられる。

　サービスは，さらに「対価を伴う直接の取引対象としてのサービス（サービス財）」と「物財の販売に伴って提供されるさまざまな付帯サービス」に分けられる。前者は，例えば，鉄道会社や航空会社は輸送というサービス，ホテルと旅館は宿泊というサービス，また旅行会社は旅行というサービスを提供していることを指すのである。後者は，人間が行う活動の結果として得られるもの，例えば，医者による医療のサービス，商品を購入した時の商品の包装・袋詰め，配達・発送，据付・機器設定，保守・点検・整備・下取り等各種アフターサービス，また商品を購入する前に行うコンサルティング・情報提供，商品説明，さらに前貸しの代わりに将来にわたって条件を付ける低金利ローン等がある。これらは，人間の労働の成果である狭い意味での「サービス」という意味であるため，広義の意味での「サービス」と分ける必要がある。

サービスの生産には有形財が係わる場合もあれば，係わらない場合もあるといわれるが，そもそもサービス（財としてのサービス）の定義はさまざまな論者によってなされている。

まず，1960年のAMA（American Marketing Association）のサービスの定義は，「サービスとは，販売のために提供される，もしくは，財の販売と結びついて提供される諸活動，便益，満足である。」と定義している（大江, 2008, p. 12）。

コトラー（Kotler, 1984, p. 445）は，サービスを「一方の側が他方の側に提供することができる本質的に無形であり，何らの所有権をもたらさないような何らかの活動あるいは利益である。その生産は物的製品に拘束されるかもしれないし，拘束されないかもしれない」と定義している。

グルンルース（Grönroos, 1990, p. 27）は，サービスを「顧客とサービス企業の従業員の間，及び／又は，物的資源ないし財との間，及び／又はサービスの提供者のシステムとの間の相互作用において必然的にというわけではないが，通常生ずる多かれ少なかれ無形の性質の活動あるいは一連の活動である。そしてそれは顧客の問題の解決として提供される」と定義している。

またスタントンら（Stanton et al., 1991, p. 486）は，サービスを「取引の主要な目的が，顧客に対する欲求の満足を提供することを意図しているような，確認することのできる無形の活動である」と定義している。

さらにジョンソンら（Johnson et al., 1986, p. 12）は，サービスを「他の個人あるいは企業に対して遂行される活動として定義される」としているが，それだけでなくサービスを「得られた総価値の50％以上が，その性質において無形のものであるような購買として表される」とも定義している。

こうしたさまざまな論者による定義からみられるように，顧客に提供される財としてのサービスは，概ね顧客の欲求を満足させるためになされる無形の活動であると定義されるといえ，さらにそうした活動を通じて顧客に提供されるのは所有することができない無形のものであるととらえられている。ただし，サービスは主として無形のものであるものの，何らかの有形のものを伴うこと

がある。またその反対もありうるため，サービスと有形財を区分するためにサービスをその購買から得られた総価値の50％以上が無形のものであるようなものとしても定義される。この場合得られた総価値の50％以上としているのは，サービスがまったく無形のものばかりからなっているのではなく，有形のものもそれに含まれているからである（高橋，1998, pp. 7-8）。

2　サービスの特性

（1）サービスの4つの特性

　サービスには製品との共通点があるが，根本的に異なる点もいくつかある。それは，サービスが製品とは本質的に異なった特性を持っているからである。サービスが製品と異なるのは，一般にはサービスに無形性（不可視性），同時性・不可分性，変動性・異質性，消滅性といった4つの特性があるからだといわれている[1]。サービスは実体上物理的な形を持たず，購入するに先立って見ることも触れることも表示することも感じることも試すこともできない。さらに顧客満足の基準も異なり，サービスの場合はその提供プロセスに顧客も参加する。提供プロセスにおいても，顧客のニーズに基づいてサービスを微調整することが可能である。サービスの4つの特性は以下のように説明されている。

① 無形性（不可視性）

　無形性とは，購入していないサービスは，見ること，味わうこと，触れること，聞くこと，表示すること，試すこともできないということを意味する。つまりサービスの持つ機能に形はないため，実際に購入するまでどのような成果（ベネフィット）が得られるか知ることができない。美容整形は購入するまで効果を目にすることはできないし，建築家を雇い着工に同意しない限り完成した建物を見ることはできない。対照的に有形財は購入に先立ってより容易に評価され，その特性である調査の質の優勢さによって特徴づけられる。例えば，車の潜在購買者は販売店で試乗することができるかもしれないし，TVの購入者は店内で画質を調査できることが可能である。

　サービスは買われたり売られたりすることができるが，足元に置いておくこ

とができない何かのものである。また顧客がサービスを評価する品質を理解していないことがある。顧客は，そのような無形性に対し，不安を軽減するためにサービスの質を示す「手がかり」というものをより探しだそうとする。場所，人，設備，価格，説明資料等目に見えるものを通じて提供されるサービスがどのような品質を持っているか判断しようとする。したがってサービス提供者はその「手がかり」を通じて，具体的にサービスの提供プロセスとその結果とがどのようなものか顧客に伝えなくてはならない。

② 同時性・不可分性

不可分性においては，プロセスまたは経験としてのサービスの本質は消費と生産が同時に行われるため，サービス提供者と需要者は不可分な関係にあるということである。そのためサービス提供者個人のプロ意識，外見，態度といった特性すべてがプロフェッショナル・サービスの質を判断する材料となる。したがって，サービス提供者である従業員はサービスの一部となる。サービスがつくられる場には必ず顧客が存在することから，サービス提供者と顧客との相互作用（Interaction）があるのもサービス・マーケティングの特徴である。

サービスは，もしサービスを購入したい，経験したいという消費者がいるのならば，サービスは与えられるに過ぎない。アドバイスそれ自体は，ある特定のリクエストがされるまで存在はしないのである。顧客とサービス提供者はその場で起こるサービスに対してお互いに反応しなければならないことを示唆している。しばし，顧客はサービス提供者がサービスの場面に居座ることを前提として考える。

生産と消費の同時性は，サービスとサービス提供者を分離することは困難であることを意味する。例えば，大学教授，医師，弁護士等によって提供されるサービスをサービス提供者自身から切り離して理解することは難しいのである。それぞれにおいてサービスの役割を担う人々がサービスそのものである。実際に顧客は特定の個人の知識，技能等を購入しているのである。

③ 変動性・異質性

変動性は不可分性と密接に関連している。なぜならサービスは人間の行動，

特に顧客とサービス提供者の相互作用に大いに依存しているからである。サービスと人とを切り離すことができないため，誰が，いつ，どこで，どのように提供するかによってサービスの質は変化する。継続的に優れたサービスを提供することはサービス部門において難しいのである。

　有形財とは違ってサービスはしばしば人間の行動遂行能力に左右される。人間の能力は従業員や顧客が異なると，同じサービスが顧客に与えられたとしても，感じ方は顧客によって異なり，または時間によって異なる。これは変化する顧客ニーズのために生じるのではなく，主として顧客とサービス提供者の間の相互作用の本質の結果である。このような異質性という特性がある結果，サービス業は常に多くの品質管理問題を抱えこむ。したがって，法律事務所やファイナンシャルアドバイザーにしてもプロフェッショナルと呼ばれるすべてのサービス提供者は，調子が悪いときでも常に顧客対応技能の重要性を認識しなければならない。

④　消滅性

　消滅性とは，サービスはいったん保留して後で販売したり，使用したりすることができないという意味である。サービスは貯蔵できない。サービスが生産と消費が同時的であるという事実は，サービスが消滅的であるということも意味する。サービスは顧客が買いたいと願う時に生産されるにすぎない。需要が高いとき販売のための余剰サービスを製造することができない。

　例えば，飛行機は一度離陸してしまえば，売れなかった座席を次回のために取っておくことはできない。ライブハウスや野球場の座席，レストラン，学校の教室等も同様で，決められた場所，決められた時間にのみサービス提供されることから，これらはサービス・ファクトリー（Service Factory）と呼ばれている。多くのサービスで提供施設を備え，顧客に対しサービスの生産とデリバリーを行うのである（小宮路，2012, p. 9）。

　医師にしても投資アドバイザーにしても，予約時間や一定の時間に患者や顧客が現れなかった場合もキャンセル料として料金を請求することがある。それはサービスの遂行から得られるはずの収入の機会が失われてしまっているから

である。サービスの価値（生産能力）はその時間だけに存在し，患者や顧客が来なかった時点で消滅するのである。したがって貯蔵して次の時点に提供することは不可能である。

消滅性という特性はサービス・マーケティングが直面する多くの需要と供給の問題にとって最大の原因となっている。裏を返せば，入手可能な能力を最良に利用するための需要と供給を管理する課業をマーケティングにもたらしているのである。需要が安定している場合はサービスの消極性はあまり問題にならないが，需要が変動している場合にはサービス提供者はその変動に合わせてサービスを提供しなければならない。

（2）有形財とサービスの特性の違い

サービスの4つの特性を説明したが，有形財とサービスの特性の違いは次の通りである。有形財には生産，流通，消費の分離性があるため，生産 → 流通 → 消費の一方向に進行する不可逆的な流れがある。これに対してサービスの提供においては，サービスの生産・デリバリー・消費は同時に起こる。

サービスを提供する有形要素はあらかじめ準備できるが，提供されるサービスそのものは，生産に際し，顧客の存在が不可欠であり，生産されそのままデリバリーされ消費されることになる。小宮路（2012）は，この分離できない3要素を一体として1つのシステムを形成することをサービス・システム（Service System）と呼んでいる。サービス・システムの具体的な表れがサービス・ファクトリーであるという。これには，サービスを提供する有形要素があらかじめ準備され待機しており，ここに顧客が訪れてサービス・システムが稼働することになる（小宮路，2012, p.10）。

例えば，美容院においては，髪のカットは美容師が行うが，顧客の全面的な協力が必要である。塾においては，授業を行うのは先生（講師）であるが，生徒のやる気と熱心な取り組みが求められ，活発な会話を交わしてこそ生徒の学力が向上する。この点でサービス・システムにおいて，顧客とは実質的にはサービス提供の共同生産者であって，サービスの生産と消費とはしばしば相互作用

第1章 サービスの概念とサービス・マーケティング戦略の関係性 ◎── 7

図1-1 有形財とサービスの生産，流通・デリバリー，消費

有形財
　有形財の生産，流通，消費は別々の時間・空間で遂行され，一方向に流れる。生産と消費の間の直接のインタラクションはない。

サービス
　サービスの生産・デリバリー・消費は分離できず，「サービス・システム」を形成する。サービス・システムにおいてはしばしば生産と消費の間の直接のインタラクションがある。

出所：小宮路，2012，p.11。

（インタラクション）となる（小宮路，2012，pp.10-11）。

3　サービスの分類：財とサービスの相違

（1）サービスの分類

　サービスの概念，特性に続いてサービスはどのようにして分類されるのか明らかにしなければならない。サービスは，何よりもまずサービスであり有形財とは違う。多くのことのようにサービスは認識することはしばしばやさしいが，定義することは難しい。サービスといってもそれには非常に多くの種類があるため，それらをどのようなサービスの分類枠組みによって分類されるのか検討する必要がある。そして無形財の中から分類することによって，取引される商品の構成要素となる財の性質が商品そのものの性質に反映し，有形財・無形財のそれぞれの財の性質がどう影響しているのかが理解されるのである。

　サービス・マーケティングは，無形財を対象としたマーケティングであると説明したが，有形財と対比されるマーケティングの実践のように思われる。無形財のマーケティングと有形財のマーケティングがどう違うのか考えると，こ

の分類の有用性がはっきりするのである。

① ラスメルの分類枠組み

サービスについての最も早期のマーケティング議論の1つとして，ラスメル（Rathmell, 1966）は財とサービスの間の単純な区別を行っている。ラスメルは，財はモノであるが，サービスは行為であると認識すべきであると示唆する。すなわち財は物体，物品あるいは材料であるのに対し，サービスは行為，遂行，努力であるとしている。有形財と同様に適用できるような分類枠組みによってサービスを分類しようとしたものである。ただ，現実の製品は財の性質とサービスの性質の両方を有しているので，純粋な財から純粋なサービスに至るような財とサービスの連続体の間にある点に位置づけられているという考え方を示唆している。

この考え方はほとんどの製品は有形財と無形財の両方から構成されており，それは有形要素と無形要素からの比率の違いによって表現されているだけであって，本質的な違いではないということを示唆しているといえる（坪井，2002，p.67）。

② ジュドの分類

ジュド（Judd, 1964）は，サービスを企業あるいは企業家による市場取引の対象の中で有形な商品の所有権の移転を伴わないものであると定義し，さらにサービスを次のように分類している。

- レンタル財によるサービス…ある製品を使用する権利
- 所有する財へのサービス…ある製品の注文生産，修理，あるいは改良
- 財なしのサービス…製品を構成要素とせず，経験あるいは経験的所有と名づけられるもの

このサービスの分類は，わかりやすいものであるが，そのカテゴリーごとの共通の問題やマーケティング戦略へのインプリケーションなどは述べられておらず，サービスを分類しただけにとどまっている（坪井，同上書，p.73）。

（2）サービス・オペレーションの次元に基づく分類

シルベストロら（Silvestro et al.）は，いかなるサービスに対しても考察されるべきサービスの6つの次元を要約し，それらを提示している。

- サービスは人（例えば会計士に焦点を当てているか，それとも設備（例えば自動販売機））に焦点を当てているか。
- 典型的なサービス・エンカウンターにおいて顧客との接触時間の長さはどれくらいか。
- サービスのカスタマイゼーションはどの程度か。例えばカラー・コンサルティング・サービスは個々のクライアントの持つ特定のニーズに適合しているのか。
- 顧客のニーズを充足する際に，コンタクト・パーソネルがどの程度までエンパワーメントを与えられているのか。
- 価値の源泉を付加するのは，主に，「フロント・オフィス」（店舗における顧客と従業員が接するスペース）においてなのか，それとも「バック・オフィス」（いわゆる舞台裏）においてなのか。
- サービスは製品（例えば，車の修理工）に焦点を当てているのか，それともプロセス（例えば，高度な教育コース）に焦点を当てているのか。

このように，シルベストロら（Silvestro et al.）は顧客の数（典型的なユニットが1日に扱う顧客の数）によって順位をつけたものを，上記の6つの次元でサービスを比較することによって，3つの幅広いカテゴリーにサービスを分類した（Baron and Harris, 1995, 邦訳, pp. 29-30）。

シルベストロら（Silvestro et al.）は，サービスの戦略，統制およびパフォーマンスの測定はサービス・プロセスの3クラスの間でかなり異なるであろうことを主張している。この分類は，その意味では価値はあるが，ほかの分類体系と同様に，いかなるクラスにもうまく当てはまらないサービスが存在するのである（Baron and Harris, 同上書, 邦訳, p. 30）。

表1-1 サービス・カテゴリーの分類

サービス・プロセスのクラス	顧客の量	特徴
専門家 例）会計士	少	人に焦点 高い接触時間 高度なカスタマイゼーション フロント・オフィスの付加価値 プロセスに接点
サービス・ショップ 例）銀行・ホテル	中位	人と設備に接点 中位の接触時間 中位のカスタマイゼーション 中レベルのエンパワーメント フロントおよびバック・オフィスの付加価値 プロセスおよび製品に焦点
マス・サービス 例）輸送	大	設備に接点 低い接触時間 低い程度のカスタマイゼーション 低レベルのエンパワーメント バック・オフィスの付加価値 製品に焦点

出所：Baron and Harris, 1995, 邦訳, p.30.

（3）無形財の種類

　無形財を扱うサービスの分類には，旅行代理，貨物運送，銀行，保険，修理，理髪，コンサルティング，コンピュータ・ソフトフェア，ホテル，レストラン，投資や仲介サービス，教育，ヘルスケア等さまざまなものがあり，またこれらを行うサービス企業，サービス機関が多数ある。その中でもサービスという無形財において財の種類を分類すると，山本（2007, p.42）は以下の3つに大きく分けられると述べる。

　1つ目は，「サービス」である。マーケティングにおいては物質的な財以外なものはすべて「サービス」と総称していた。例えば，労働自体に物資として存在しておらず，そのサービスを提供する人間ではなく，提供されるサービスの量と質に対して対価が支払われている。

2つ目は,「情報」である。情報は今1つの重要な非物質的な財であり,情報は文字や記号などで意味を示すものとして存在しているため,情報そのものはモノではない。新聞や雑誌は紙媒体として利用されており,音楽CDやブルーレイはアクリル板に記録されている。インターネットのダウンロードや携帯電話のアプリゲーム等は商品そのもの中に電子記録されているものを利用している。

　また特許権などの権利やノウハウはその情報を利用することにより,またある別の商品を創造する情報源として利用されている。ほかにも取引を行うことによって生じる「情報」というのも該当する。取引が行われる情報にはさまざまな種類がある。例えば,株の取引については新聞雑誌,インターネットによる情報,銀行でのコンサルタントによる情報もそれに該当する。

　3つ目は,「利用権」である。利用権をさらに分類すると有形財利用権（所有権が移転しないもの）と情報利用権（利用権だけの取引）に分けられる。

　有形財利用権（所有権が移転しないもの）については,ある種の物質財を購入するのではなく,ある場所を一定期間借りることや占有することを指す。例えば,電車や飛行機の座席またはホテルの客室は所有権移転ではなく,一時利用という形でそれを利用する権利として存在している。これには一人で占有するものか,または多くの人々と一緒にその空間を共有してある場所を一時利用するもの等さまざまなタイプがある。例えば,ホテルの客室は一人または家族や仲間で占有して部屋を一時利用するタイプ,レストランや映画館,駅などは多くの人々とその空間を共有することが前提で取引される商品として成り立っているといえる。

　情報利用権（利用権だけの取引）についてみると,情報は所有権を移転することが可能である。また特許となると売買の対象となる。しかし書籍や音楽の場合はその情報を許可なしに複製して販売することはできない。コンピュータのソフトフェアには特許がある。そのような取引を成立させるには法律的裏づけが必要となってくる。著作権法などの情報に関わる法律は,それぞれの分野で歴史的な過程を経て成立している。そうした意味では取引と法制度が密接に係

わっているタイプの財だといえる（山本，同上書，p. 47）。

　情報は伝達するための「媒体」を必要とする。これは流通の問題でもあるが，今までは書籍については，文字を紙という媒体を通じて書籍となり流通される。これは情報という財をなさないものが，本という有形財となって流通される。音楽も今やCDという媒体を通じて有形財となって流通される。有形財となると在庫問題が生じる。しかし，インターネットによるダウンロード配信，または電子書籍という形で流通した場合，在庫問題がなくなる。今まで有形財だったものが無形財となった商品もいくつか出回っているのである。こうした分類はマーケティング活動を行う上で欠かせないものである（山本，同上書，p. 47）。

図1－2　財の分類

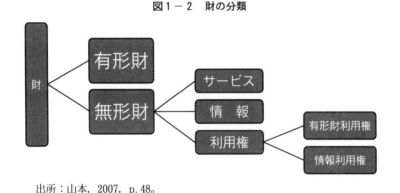

出所：山本，2007，p. 48。

　このようにみてみると，財は，まず大きく有形財と無形財に分類され，無形財はサービス，情報，利用権で構成され，利用権はさらに有形財利用権と情報利用権に分かれることから，財の種類には有形財と4つの無形財の合計5つの種類があることになる（図1－2）。こうした分類は，理論的な背景があって行われているだけではなく，実践的な意味を持っているという（山本，同上書，p. 48）。

（4）有形性・無形性の程度に基づく連続的な概念

　ショスタック（Shostack）は，有形か無形かの程度を商品－サービスのスペクトラムで表す方法を用いてサービスを分類した。顧客の視点からみて，製品の有形性の程度が高いほど，品質や適合性などの点で評価することが容易になる。その一方，製品の無形性の程度が高いほど評価することが難しくなる。図1－3は，製品（商品とサービス両方を含む）を，製品の有形性の度合いに従って配置したものである。サービスが支配的になっている製品の場合，提供者は当該製品についての消費者の関心事により多くの注意を払う必要がある（Baron and Harris, 1995, 邦訳, p.31）。

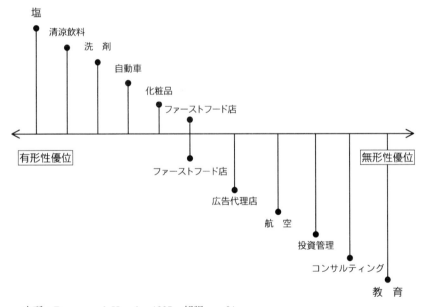

図1－3　連続体の概念

出所：Baron and Harris, 1995, 邦訳, p.31.

　図1－3は，「世の中にある数々の商品は，有形性が優位にできあがっているものから，無形性が優位にできあがっているものまで連続的に存在しており，それによって性質が異なる」という考え方を表している。この図はあくまでも

相対的なものであり，位置や縦の線分の長さに厳密な意味はない。この考え方で重要なのは，取引される商品の性格が連続性であるということである（山本，2007, pp. 50-51）。

（5）従業員の存在を基礎にした分類

　ビトナー（Bitner）は，サービスの提供に関係する顧客と従業員に対する物理的環境（いわゆる「サービススケープ」）の重要性を研究する一方，サービス組織を次の3つに分類した。
- セルフサービス（顧客のみ）（例：ATM，ゴルフコース）
- 対人的なサービス（顧客と従業員と両方）（例：学校，ドライクリーニング屋）
- リモート・サービス（従業員のみ）（例：保険会社）

　サービススケープを設計するという状況において，自分たちの組織が3つのクラスのうち，いずれに最もよくあてはまるかについて明確にしておく必要がある。フロント・オフィスの設計が強調されるべきなのか，バック・オフィスの設計であるべきなのかである。物的な環境を考慮することに加えて，この3通りの方法による単純な分類は，マネジメント活動の焦点をオペレーション効率か，マーケティングの有効性のどちらか一方に合わせる手助けになる（Baron and Harris, 1995, 邦訳, p. 32）。

（6）サービスの「劇場」アナロジーに基づく分類

　グローブ＆フィスク（Grove and Fisk）は，サービスを「劇場アプローチ」と考え，その提供における「技術の役割」をテーマにいくつかの有益なアナロジーを提示した。ある劇場をイメージした場合，サービスの現場担当者（コンタクト・パーソネル）は「俳優」であり，顧客は「聴衆」，サービス環境は「舞台」であって，プロセスは「演技」である。これによって彼らはサービスの2次元的分類をつくり出した（Baron and Harris, 同上書, 邦訳, p. 32）。

　サービスを「舞台演劇」として商品・サービスの提供だけでなく，顧客が感動するような経験をさせ，その接触が高くなればなるほどレストランやスポー

ツ観戦のように演技の最中に観衆が同じ場所にいる場合は、特にサービスにおける「演技」の局面に注意を払う必要がますます大きくなる。情報化時代となった現代において、サービスの"双方向性"を探求するには、演技の重視がマーケティングにおけるサービスの鍵となるといえよう。

(7) カスタマイゼーションとエンパワーメントに基づく分類

サービスの分類を最も包括的に扱ったのは、ラブロック（Lovelock）のサービスに関する5つの2次元分類におけるアプローチであろう。ラブロックは、サービスの分類枠組みが実務的価値を持つためには、ある共通のマーケティング特性を共有するグループにサービスを分類し、マーケティング戦略へのインプリケーションを考察することが有効なアプローチであると述べている。

ラブロックのいう5つの分類とは、1つ目は、「サービス行為の本質とは何か。」、2つ目は、「サービス組織とその顧客との間の関係はどのようなタイプの関係か。」、3つ目は、「サービス提供者の側にカスタマイゼーションと判断の余地がどれくらいあるか。」、4つ目は、「そのサービスに対する需要と供給の本質とは何か。」、5つ目は、「そのサービスはどのようにデリバリーされるか。」である。そのうちの「サービス行為の本質とは何か。」については、そのサービス行為が向けられる対象が人かあるいは人の所有物なのか、およびその行為が有形的行為かあるいは無形的行為かの2つに分けられると考えるのである（坪井、2002、p.74）（表1-2）。

この分類は、2つの行為から4つのカテゴリーからなる分類枠組みの有効性を保つのである。その裏づけとしてラブロックは、①「顧客は実際にその場にいる必要があるか。」、②「顧客はサービス・デリバリーの間の精神的にそのサービスに関与している必要があるか。離れた場所にいても精神的な関与は維持できるか。」、③「そのサービス行為の対象がそのサービスの前と後ではどのように変更されているのか。そして顧客からこのような変更からどのようなベネフィットを受けるのか。」のような課題を解決することによって自社のサービスのコア・ベネフィットを理解し、マーケティング戦略を立案する上での助けと

表 1 − 2　サービス行為の本質

サービス行為の本質は何か	サービスを直接的に受けるのは誰か，あるいは何か	
	人　　間	物
有形的行為	人間の身体に向けられるサービス ・ヘルスケア ・旅客輸送 ・美容室 ・運動クリニック ・レストラン ・理容室	財あるいはほかの物的所有物に向けられるサービス ・貨物輸送 ・産業用設備の修理維持 ・管理人サービス ・クリーニング ・造園・芝生の手入れ ・ペット・家畜の世話
無形的行為	人間の心に向けられるサービス ・教育 ・放送 ・情報サービス ・劇場 ・博物館	無形な資産に向けられるサービス ・銀行 ・リーガル・サービス ・会計 ・証券 ・保険

出所：坪井，2002，p.74。

なると述べている（坪井，2002，p.74）。

　現代においては，従業員と顧客がまったく顔を合わさずサービス・デリバリーが行われることがある。例えば，ネットで注文をして，代金を ATM で支払い，不在中に商品が届くケースがある。この場合，誰が注文を受け，誰が配送手続きをして，誰が荷物を届けるというそれぞれの流れに顧客は具体的に気にしないであろう。サービス行為の結果は非常に重要なことであるが，サービス・デリバリーのプロセスには，顧客の関心はほとんど示されないのである。

4　サービス・マーケティングにおける品質構造

（1）サービス品質とは何か

　サービス品質（Service Quality）とは，サービス提供者なのか，または顧客なのかによって定義する方法は異なる。提供者の視点からすれば，サービス特性がその企業の仕様設計や必要性から構成される各サービス特性の水準の程度

を意味している。業務志向によって生産性と内部効率性に焦点があてられるのである。一方，顧客の視点からすれば，提供されたサービスが顧客にとって期待通りか，あるいはどれくらい期待を上回っているかを意味している。両者の定義で基本的に違うのは，顧客の視点からすると，サービスが同じ水準で提供されたとしても，異なる顧客であれば異なる水準でサービスを知覚するということである (Fisk et al., 2004, 邦訳, p. 196)。

　例えば，ある遠征先でビジネスホテルに泊まるとする。このホテルは部屋に消臭剤スプレーやズボンプレッサー等宿泊に必要なものがあればすぐに従業員が持ってくるサービスを重視しているとしよう。しかし，最初から消臭剤スプレーやズボンプレッサーを部屋に置いておくべきと考える顧客は，このホテルはサービスが貧弱だと評価するだろう。

　サービス品質の基準を定める過程で，ホテル側は消臭剤スプレーやズボンプレッサーの設置台数を決める際，購入コストを抑えることに焦点をあててしまったのである。しかし，顧客はすぐに利用できないため，ホテルのサービスが悪いと判断してしまったかもしれない。したがって，サービス品質は知覚サービス品質と考えた方が適切であり，顧客の期待に沿う，あるいは期待を上回るサービス提供の水準であると定義することが適当である。

（2）顧客のサービス品質評価

　顧客がサービス品質を評価する基準は，有形物の品質を評価する基準とまったく違った方式で評価する。サービスは本来，探索特性が低く，経験特性と信用特性が高いといった性質を持つ。自動車の色や重量，大きさ等，購入前に評価できるのが探索特性である。テーマパークに行ったときの嬉しさなどのように消費している最中や消費後でのみ評価できるのが経験特性である。

　それに対して，消費した後において評価することが難しいのが信用特性である。サービスの無形性により，顧客がサービス品質を客観的に評価することを妨げられながらも，顧客は繰り返しサービス経験の品質を吟味するのである (Fisk et al., 同上書, 邦訳, p. 201)。

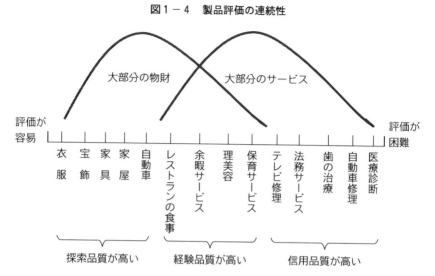

図1－4　製品評価の連続性

出所：Fisk et al., 2004, 邦訳, p. 201.

　サービスは通常，有形な構成要素および無形の構成要素の両方からなっているため，サービス品質を定義しようとする多くの試みは，品質の客観的尺度と顧客の主観的な尺度に基づいて区別してきた。グルンルース（Grönroos, 1990）は，サービスの品質を技術的な次元と機能的な次元に分解されることを提案した。これは両方の次元とも顧客にとって重要である。技術品質はサービスの相対性に関連する。すなわち成果である。機能品質はいかにしてその技術品質が顧客にデリバリーされているかに関連する。すなわち過程を指している。

　例えば，自動車修理工によって提供されるサービスでは，顧客はサービスの技術品質の評価をするために，車を修理するのに用いられる機械や修理工の技能や熟練の技に目を向けるかもしれない。対照的に従業員の全般的な態度と姿はサービス機能品質の構成要素となる（Baron and Harris, 1995, 邦訳, pp. 240-241）。

（3）品質の次元

　現在最も広く用いられているサービス品質の評価尺度は、パラシュラマン、ザイタムル＆ベリー（Parasuraman, Zeithaml and Berry, 1988）によって提唱された SERVQUAL と呼ばれる測定手法である。顧客の知覚サービス品質を測る SERVQUAL 尺度は、有形性（Tangibles），信頼性（Reliability），反応性（Responsiveness），確実性（Assurance），そしてサービス提供者に対する共感性（Empathy）の5次元からなる。

　有形性とは、サービスについての物的要素のことであり、例えば、店舗施設、設備、座席、照明、人の外見のことを指す。信頼性とは、信頼性とパフォーマンスの正確性をみて約束されたサービスを提供する意思のことである。反応性とは、顧客の役に立とうとする迅速性と有用性の対応力のことである。確実性とは、従業員の知識と礼儀および信頼と確信を喚起する能力のことである。最後に共感性とは、企業が顧客に与える心配りであり、一人一人の気遣いが企業と顧客の共感につながるのである。

　個々の顧客にとって期待の容認範囲に個人差があるため、SERVQUAL は、期待が明確に形成されず、事前の測定が難しい場合や期待の構造に5つの次元を見出せない場合があることも時に指摘されている。しかし、サービス全般を包括するサービス品質評価手法として、今までさまざまなサービス分野に適用されている。5つの次元の測定結果から事前の期待と事後の知覚品質の差が明らかとなったときのその差の原因を探り出し、可能な限り最小化することがサービスの品質管理における課題となる（小宮路, 2012, p. 45）。

　パラシュラマン、ザイタムル＆ベリーの3人がつくったサービス品質モデルには、高いサービスの品質を提供するための重要事項を5つのギャップとして示している[2]。さらにラブロックは、5つのギャップからなるサービス・クオリティ・モデルを拡張し、7つのギャップからなるモデルを提示している。この分析は、最終的な事前・事後のクオリティ・ギャップだけでなく、そこに至るさまざまな段階でのギャップの発生を想定している。どの段階でどのようなギャップが生み出されているのか、その原因を見つけて対処方策を考えること

がサービス・クオリティ・ギャップ分析の目的となる（小宮路, 同上書, p. 45）。ラブロックの提示する７つのクオリティ・ギャップは，以下のように説明されている。

①知識ギャップ：顧客が実際に抱いているニーズ・期待とサービス提供側が考えている顧客のニーズ・期待とのギャップのことである。顧客が求めているものをサービス提供側が常に正確に把握しているとは限らないのである。

②スタンダード・ギャップ：サービス提供側が把握している顧客の期待と顧客に提供されるべく定められたサービス内容にギャップがあることである。これには提供されるサービスの業務基準を定めていない場合があり，サービス提供をうまく反映させていないことが考えられる。これには見直しが必要であり，また技術的要因やコスト要因であることも考えられるのである。

③デリバリー（提供）・ギャップ：提供されるべく定められたサービス内容とサービス提供側が実際に提供されるサービス内容にギャップがあることである。従業員の教育が不十分であることや従業員に業務基準を満たす能力がなかった場合，またはやる気がなかった場合がこれにあたるのである。

④インターナル・コミュニケーション・ギャップ：実際に提供されているサービスと広告等販売員を通じて行うサービス・コミュニケーションの内容にギャップがあることである。例えば，企業の代表者が直接プロモーション活動をすると顧客の期待度は高くなり，また影響を受ける。しかし，自社のシステムでは明らかに提供できないようなサービスを提供できると宣言したにもかかわらず，結果不十分なサービス提供をしてしまうことがある。

⑤知覚ギャップ：顧客が期待したサービスと実際に顧客の知覚するサービスとのギャップのことである。サービス提供の内容や方法が，正しく顧客に理解されていないことが考えられる。サービス提供者と顧客とのインタラクションとコミュニケーションがうまく行われていない可能性がある。

⑥解釈ギャップ：サービス提供側が広告やサービス従業員を通じ伝えるサー

ビス内容と顧客がその受け取りを解釈するサービス内容との差にギャップがあることである。広告するにあたって顧客が理解できず誤解を招くような場合は見直しが必要である。また具体的なサービス内容が的確に顧客に伝えられていないことも考えられる。

⑦サービス・ギャップ：顧客の期待するサービス内容と実際に提供され知覚されたサービス内容にギャップがあることである。

①から④はサービス提供側で生じるギャップであり，⑤と⑥は顧客側で生じるギャップである。各段階のいずれかまたは複数のギャップが存在することで，最終的なクオリティ・ギャップが構造的に生み出されていると考えるのである。7つのギャップのいずれもが，顧客とのリレーションシップに影響をもたらす。

サービス・クオリティは，顧客のサービス提供に対する全般的な態度であることは忘れてはならない。こうした態度は，満足・不満足のサービス・エクスペリエンスが積み重ねられていき，構成されるものである（小宮路，同上書，pp. 111-112）。これら7つのギャップと合わせ，5つのクオリティ次元を理解することでサービス組織は顧客の期待を超えるサービスを提供する機会を得ることになる。

1.2　サービス・マーケティング戦略と特性

1　マーケティングの本質からみたサービス・マーケティング戦略

（1）マーケティング・コンセプト

マーケティング・コンセプトは，1950年代半ばにつくり出された考え方である。マーケティング・コンセプトとは，選択した標的市場に対して競合他社よりも効果的に顧客価値を生み出し，供給し，コミュニケーションすることが企業目標を達成するための鍵であるという考え方である（Kotler, 2000，邦訳，p. 26）。今日においてもこの考え方は浸透している。

マーケティング・コンセプトは，「標的市場」，「顧客ニーズ」，「統合型マーケティング」，「収益性」という4つの柱があるが，サービス・マーケティング

戦略においても同様な理念をとることができる。

① 標的市場

　サービス業においては，市場を特定することから始まり標的市場を念入りに設定する必要がある。わが国の少子高齢化は年々進んでおり，若い層の人口ボリュームと65歳以上の高齢者の人口ボリュームは差が開く一方である。また都心に人口が集まることで，地方は過疎化が進む問題に対し人口流出防止と地域密着を掲げ，地方は地方ならではの特化した市場分析が求められる。

　野村証券では，NISA を機に株式投資のニーズが高まったことから，仕事帰りの会社員を狙った夜のセミナーが行われている[3]。特に若い人や女性限定のセミナーも設け「株の初心者」を引き込む戦略で若い世代の取り込みを狙っている。単にセミナーを行うだけではなく，開催場所を工夫して1つのイベント的な催しをすることによって予約件数が伸びているとのことである[4]。

② 顧客ニーズ

　標的市場を特定することはできても，顧客ニーズを正しく把握できない場合がある。顧客のニーズや欲求を理解することは必ずしも簡単ではない。ニーズがあってもそれをはっきり自覚していない顧客がいる。あるいはそのニーズ顧客が具体的に表現できない場合もあれば，顧客の言葉の意味をうまく汲み取らなければならない場合もある（Kotler, 同上書, 邦訳, p. 27）。

　ある顧客が FP（ファイナンシャルプランナー）のもとへ住宅ローンの相談をしたとしよう。この顧客は住宅を買った時の支払いの「解決方法（ソリューション）」を相談しているのであって，ニーズを話しているわけではない。そこで FP は住宅ローン自体の話よりも，現在顧客が持っている家族構成や資産状況を聞いたうえで，住宅を購入するにあたっての顧客のライフスタイルについてのアドバイスをしてもよい。そうすれば顧客は，自分が相談した解決方法ではなく，ニーズに見合った対応をしたと FP に感謝するであろう。

　マーケティングには，反応型，予想型，創造型とそれぞれ区別する必要がある。反応型は，言葉にされたニーズを見つけてそれを満たすことである。予想型は，近い将来顧客が抱きそうなニーズまで探ることである。創造型は顧客み

ずから求めはしないが提示されれば，夢中になるような解決方法を発見してそれをつくり出すことである（Kotler，同上書，邦訳，p. 29）。

　サービスは生産と消費の同時性を持っているので，ニーズを見つけてからそれをつくり出すことはサービスをしている間に行わなければ顧客は満足しないかもしれない。しかし，その場でサービスを満たせなくても顧客に期待を持たせ，再び来店した時に顧客が求めているものを尋ねるところからさらに一歩踏み込んだ新たなニーズ提供を行うことができるのであれば，その顧客はリピート顧客となる可能性は高い。

③　統合型マーケティング

　企業のあらゆる部門が顧客の利益のために協力しあった結果として統合型マーケティングが生まれることは，サービス・マーケティングについても同様である。サービス業におけるサービス・マーケティングのトライアングルにおいて，企業はエクスターナル・マーケティングだけでなく，インターナル・マーケティングを実施する。実際は，エクスターナル・マーケティングの前にインターナル・マーケティングが必要不可欠である（後掲図 1 - 5 参照）。社内のスタッフが素晴らしいサービスを提供する心構えができていないのに，そのようなサービスを顧客に約束するわけにはいかないのである。

　今日における顧客志向企業は，組織図でいうと経営者が頂点ではなく顧客が頂点にくるのである。次に重要なのは顧客を直に接してサービスを提供する現場の従業員であってその下に中間管理職がくる。中間管理職は，現場の従業員が顧客に十分なサービスを提供するように支援することである。そして一番下に経営者くる。経営者は優秀な中間管理職を雇って支援することである。加えて管理職全員が顧客を知り，顧客と接してサービスの提供をしなければならない（Kotler，同上書，邦訳，p. 31）。

④　収益性

　マーケティング・コンセプトの最大の目的は，組織の目標達成を手助けすることである。サービス業においても優れた顧客価値をつくりだし，その結果として利益がついてくるものと考えるべきである。競合他社よりもうまく顧客ニー

ズを満足させることで，企業は利益をあげることができる。

　マーケティング・コンセプトを実践している企業（例えば，トヨタ，花王，サントリー等）は，顧客に焦点を当て，さまざまに変化する顧客ニーズへ効果的に応えられる組織づくりがなされている。どの企業にも優秀なスタッフを抱えたマーケティング部門があり，サービス，財務，研究開発，人事といったほかの全部門も顧客は王様であるというコンセプトを受け入れている（Kotler, 同上書，邦訳，pp. 32-33）。

　マーケティング・コンセプトを取り入れるいくつかの理由として，顧客満足は他の部門の働きに影響され，顧客に満足を与えるために，マーケティングの遂行はほかの部門に働きかけて協力し合わなければならないのであれば，マーケティングに企業理念・経営理念，財務，人材から個別マーケティングまで合わせたトータル・マーケティング戦略の全体戦略計画を体系として構築機能を持たせるべきだからである。

　このようなトータル・マーケティング戦略とは，企業の個別事業を決定する上で，全体の企業の市場戦略の取り決め事項と計画の細部骨子を明示するものであり，特に顧客対応やエリア対応，商品戦略の取り決めを中期計画に沿って明示するものである。売上・利益・コスト・情報システムまで含め，市場戦略計画の枠組みを細部にわたって明示し，展開計画とスケジュール，修正計画スケジュールなども明示されるものである。トータル・マーケティング戦略の決定を間違えないためには，企業理念と経営理念の2つの理念が全社員の共通認識として浸透していなければならず，企業人の業務活動に直結する具体的な指針として明示されていなければならない。

2　リレーションシップ・マーケティング

(1) リレーションシップ・マーケティングの定義

　ノルディック学派（Nordic School）であるグルンルース（Grönroos, 1990）は，リレーションシップ・マーケティングの定義を「利益の観点から，すべての該当関係者全員の目的を一致させるために，顧客や他の利害関係者とのリレーシ

ョンシップを明らかにし，構築・維持・発展させ，必要な場合は終了させるプロセスであり，これは相互の約束の供与・実行によって行われる」としている（東・小野，2014，p.183）。サービス・マーケティングはプロセスが重視される。リレーションシップの視点では，製品はプロセス消費の一部分でしかなく，顧客は単に製品もしくはサービスを求めているのではなく，顧客の最終的なニーズを解決するためにリレーションシップ構築を含めたさらに広い意味での顧客価値創造を求めている。

(2) サービス業におけるサービス・マーケティングのトライアングル

サービス企業においてサービス・マーケティングはここ20年あまりで必要不可欠な技術，手法となっている。弁護士の法律事務所や公認会計士の会計事務所のような専門サービス業において，競争の激化，顧客ニーズの高度化，技術の急速な進展という，さまざまな外的環境の変化に対応することが専門家には求められている。

今日，サービス企業においては競争が激化する中で，顧客のサービス品質に対する要望が高まっている。このような状況に対処するため，サービス企業は競争力のある差別化の推進，サービス品質の向上および生産性の上昇といったサービス・マーケティング戦略に取り組まなければならない。

コトラー＆ケラー（Kotler and Keller, 2006）は，サービス企業のマーケティングは3つのマーケティングタイプからなると述べる。すなわち，①企業と顧客の関係によるエクスターナル・マーケティング（External Marketing），②企業と従業員（サービス提供者）の関係によるインターナル・マーケティング（Internal Marketing），③従業員（サービス提供者）と顧客との相互作用によるインタラクティブ・マーケティング（Interactive Marketing）の3つのタイプのマーケティングが必要となるという（図1-5）。

①企業と顧客（外部の人）の関係によるエクスターナル・マーケティングとは，顧客に提供するサービスを用意し，価格を設定し，流通し，プロモーションを行う通常のマーケティング活動のことである。

②企業と従業員（サービス提供者）の関係によるインターナル・マーケティングとは，顧客に満足してもらえるサービスができるように従業員を教育し，動機づけすることによって，1つのチームとして機能させ，顧客に満足を与えるような取り組みをすることである。

③従業員（サービス提供者）と顧客とのインタラクティブ・マーケティングとは，従業員であるサービス提供者と顧客との相互作用によるマーケティングである。サービス品質は顧客への応対における従業員のスキルによって大きく左右される。また顧客はサービスの善し悪しを技術的品質（提供者の手腕，技能等）だけでなく，機能的品質（提供者の気配り，配慮，安心感等）によっても判断する。したがってサービス提供者は生産性も高めなければならない。

図1-5 サービス業におけるサービス・マーケティングのトライアングル

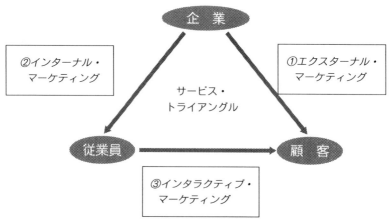

出所：Kotler and Keller, 2006, 邦訳, p.510.

上記に掲げた3つのタイプのマーケティングで，個人顧客，企業顧客問わず特に重要なのが，従業員（サービス提供者）と顧客との相互作用というインタラクティブ・マーケティングである。個人顧客を対象としたインタラクティブ・マーケティングと企業顧客を対象としたインタラクティブ・マーケティングで

は，基本的な考え方や内容は異ならないが，個人顧客と企業顧客では，前述したとおり，サービス提供者は，個人か企業によってマーケティング・プログラムを変えるものである。また情報，知識，交渉力等の点で大きな格差があることからインタラクティブ・マーケティングにおける個人顧客と企業顧客へのマーケティングアプローチ，手法が異なることは明らかである。

このサービス・トライアングルの関係は，企業と顧客，そしてサービス提供者によってつくられる関係性を指している。したがってサービス・トライアングルは各辺の長さを均等に保ち，いわゆる正三角形の状態が望ましいと考えられている。従業員と顧客の関係は，その関係が近すぎても遠すぎてもならず考える必要性がある。なぜなら従業員も顧客もこの関係から満足することが難しくなるからである（山本, 2007, p. 42）。

(3) インタラクション・プロセス

リレーションシップ・マーケティングは，双方向性コミュニケーションを伴ったインタラクション・プロセスを通じて，（顧客の知覚）価値が形成される。これをグルンルースは，3つのプロセスの関連的なマネジメントによって説明している。

1つ目は，リレーションシップ・マーケティングのコアの役割を果たすインタラクション・プロセスである。マーケティングの成功には顧客のための十分なソリューションが必要であり，リレーションシップ・マーケティングではインタラクション・プロセスを通じて顧客のソリューションはもたらせることになる。このインタラクション・プロセスは，リレーションシップ・マーケティングの大きな特徴の1つであるといえる。

この点について，フォルムロンド（Holmlund, 1996）は，リレーションシップ研究において，インタラクション・プロセスの連続性を示すために，まずアクション，エピソード，シークエンス，リレーションシップからなる4層構造モデルを提示している。例えば，会計事務所の「リレーションシップ」は顧客との関係の始まりから終わりまでを意味し，1回の「来客から退出まで」は1

つの「シークエンス」となる。シークエンスは，税務相談などの一連の「エピソード」からなる。さらに各エピソードもより細かい個人の行為である「アクション」群によって構成される。このようにインタラクション・プロセスを深く分解することで，サービス提供者と顧客間のインタラクションの詳細な分析が可能となる。それによってインタラクション・プロセスがどのアクションやエピソードで価値が生み出されるのか知ることができるという。

　2つ目は，インタラクション・プロセスをサポートするコミュニケーション活動として，ダイアローグ・プロセスをあげている。具体的にはダイレクトメールやセールス活動，マス広告，パブリックリレーション活動を指しており，例えば，個人的なダイレクトメールは顧客の期待を生み出す可能性がある。この期待がもととなり，インタラクション・プロセスが始まったり，促進されたりする。

　3つ目は，バリュー・プロセスである。リレーションシップは時間をかけたプロセスなので，顧客にとっての価値も時間をかけたプロセスの中で現れる。バリュー・プロセスは，上記の2つのプロセスの進展とともに展開されることから，リレーションシップの進展次第で顧客に提供される価値は異なってくる。顧客は進行中のリレーションシップの中でつくられたこの価値を知覚し評価しなければならない。

　バリュー・プロセスでは，顧客の価値は時間とともに変化する。時間の経過とともに追加サービスが行われることがある。しかし，そのサービスに対して顧客が積極的になることもあれば消極的になることもある。カウンセリングによって必要なサービス提供が決まったとしても，ほかに不要なサービスも強く勧められたために，顧客が購買意思決定を覆し，取引を止めてしまう場合がある。これは，コア価値が消極的な付加価値によって打ち消されてしまうからである。そうならないためにリレーションシップにおける既存のサービスを改善しなければならない。同様にダイアローグ・プロセスにおけるコミュニケーション活動もこのバリュー・プロセスを支援すべきで，それを打ち消すようなことがあってはならない。

リレーションシップに焦点をあてた価値の創造プロセスのみならず，企業と顧客の役割は，価値がプロセスを通じて創造されることから企業と顧客のインタラクション，もしくは顧客の価値創造プロセスへの参加がその特徴となる。また企業がプロセスをマネジメントするということは，顧客が価値を知覚・評価するプロセスへ企業がどうかかわるかということを意味するのである（東・小野，2014, pp.187-189）。

3　サービス・マーケティング・ミックスにおける7Pとその体系
（1）4Pから7Pへ

　従来のマーケティング理論における伝統的なマーケティング・ミックスの要素は，「製品（Product）」，「価格（Price）」，「流通チャネル（Place）」，「プロモーション（Promotion）」の4つのP（4P）に分類されてきた。しかし，サービス業においては，さらに「人（Personnel）」，「プロセス（Process）」，「物的環境（Physical Evidence）」の3つを加えた要素を総称した7つのP（7P）を課題として設定し，今日，市場に同じような製品やサービスが溢れ，差別化すらできなくなった状況を解決していかなくてはならない状況になっている。サービス業を対象とした7つのPは以下のように説明されている。

① 製品（Product）

　ここでの製品（Product）は，いわゆるサービス商品のことである。企業は顧客に対してサービスを提供するとき，なんらかのベネフィットを与えなければ顧客は満足しない。サービス商品には，生産側のプロダクトとして生産計画に基づくスペックを定めなければならない。製品にはサービスの品質やコア・サービスに付随するサブ・サービスがある。さらにコア・サービスとサブ・サービスを1つにし，セット料金で提供した場合のサービス・パッケージ等があげられる（近藤，1997, pp.74-75）。それぞれの内容を顧客のニーズに対しどのように提供するかは重要な戦略方法であるが，不可分性やバラツキ性があるため製品自体の問題としての決定すべき課題は深まるのである。

② 価格（Price）

　サービスの価格設定は，モノとくらべて簡単ではない。サービスの価格設定については第2章で後述する。モノの場合は，一般に製品原価＋利潤という暗黙の基準が存在するが，サービスには原価が測定しにくい特徴がある。交通機関や映画館，ホテルといったサービスは，固定費は大きいが，変動費の計算は外部から計算しにくいのである。例えば，満席の飛行機と空席の多い飛行機では乗客1人当たりの原価の違いを金額で提示できるかを考えてみると，サービス生産における費用と価格の関係に対し簡単に明示することは難しいのである。顧客はサービス料金の適正さを納得して判断するのは得にくいという傾向がある。

　またサービスは在庫をつくることができないため，サービスの生産規模は固定化しがちとなる。これを需要調整機能というが，例えば，飛行機の運賃や観光地の旅館等はハイシーズンにおいて割高に設定し，非需要期においては料金を低めに設定して需要量をコントロールすることができる（近藤，同上書，p. 76）。また例えば，私鉄鉄道会社の回数券においては，普通回数券，時差回数券，土休日割引券と分類して販売し，販売額は同じでも1回購入で販売される枚数に差をつけ切符1枚に対するリーズナブル感を出している。

③ 流通チャネル（Place）

　流通チャネル（Place）は，商流・物流・情報流の3つの流通経路に括られる。しかしサービスの提供は時間と場所の特定性を有してサービス商品自体を流通させることは困難である。レストランやホテル等のサービス業の立地はモノの販売よりも交通の便が良い所を選ばなければならない。逆に顧客が生産場所に来てもらうのではなく，顧客の所に訪問することによってサービス価値を高めている業種もある。例えば，タクシーの出迎えや家庭教師の個人授業，家電製品のメンテナンスや出張修理等がある。さらにネットマーケティングによって顧客が家でネット操作するだけでサービス提供が受けられることにより，チャネルアプローチが拡大していった中でのサービス提供戦略の新しい原理が求められている。

④　プロモーション（Promotion）

　サービスは無形性であるため，実際に体験しないで商品内容を認識することは難しい。またモノのように見たり触ったりすることができないため，モノよりも宣伝や広告の効果が表面化しない点もある。現代においては一般的な宣伝や広告だけでなく，Social Networking Service（以下，「SNS」という）等による口コミ効果が重要な手段となっている。サービスを体験した第三者の評価は，素直に潜在顧客の気持ちに影響を与える。これには口コミとなる最初の顧客に対するサービス提供に重要性を持っている。もし最初の顧客に不満足なサービスを提供した場合には，そのフォローが重要であり，その意味からも適切な苦情処理のシステムを構築しなければならない。このような地道な顧客との関係こそがサービス企業の基本的な姿勢でならなければならない。

⑤　人（Personnel）

　サービス生産においては人材がサービス生産の直接の担い手である。サービス提供をするに当たり，人材は自社だけでなく，その周りを取り巻く協力会社までを含めたすべての要員を指す。例えば，業務の都合上，自社の商品のメンテナンスや技術サポートを協力企業に依頼するケースがあるとする。もし，協力企業が行ったサービス提供の対応が悪ければ，当然自社と顧客の関係も悪くなる。顧客にとっては，自社か他社かというのは関係なく，他社の管理責任は自社にあると考える。したがって自社に管理責任があるすべての人を「人」として判断するのである。

　人材についてのサービス企業の課題は，まずもって提供するサービスの担当者として適切な人材をどう採用し，その採用した従業員の職務への動機づけをどのように高め，さらにサービス提供に必要な能力をどのように伸ばしていくかということである。従業員のモチベーションと職務遂行能力との関係は深いものであり，従業員満足（ES）の向上とインターナル・マーケティングの必要性はサービス・マーケティングの戦略性において不可欠なものである（近藤，1997, p. 77）。

　生産と消費の同時性から，美容室での従業員と顧客の関係や病院での医師と

患者の関係のように従業員と顧客が共同して行うサービス提供については，直接顧客を担当している従業員や顧客だけでなく，サービス提供に直接関係していなくても，周囲にいる看護師またはアシスタントや受付スタッフ等も参加者となりえる。直接顧客担当していなくてもお店では「いらっしゃいませ」の声をかけることによってサービス提供の雰囲気をつくり出している。したがって「人」は，サービス提供に直接関わる人だけなく，お店にいる全員が1つのサービス行為に対する参加者となるのである。

⑥ プロセス（Process）

プロセスとは，顧客にサービスを提供するさまざまな方法を指す。サービス生産のプロセスは，顧客に直接接するフロント業務の背後にあるバックヤード業務と関係が深い。しかし，ここではサービス商品の要素として，顧客が直接体験するプロセスについて検討する。

サービスの提供過程において顧客が関心を示すのは，1つは，そのサービス過程が標準化されたものか，顧客の要求がカスタマイズされたものかである。今1つは，そのサービス過程に顧客の参加がどれくらい求められているかである。ファーストフードのような標準化の程度が高いサービスでは，安定してバラツキのないサービス提供が求められる。また顧客にとっては，サービス提供の迅速性が重要な品質評価項目である。一方，カスタマイズレベルが高いサービスでは，顧客の個別の要求にこたえられるレベルが重要な評価項目となる。スピードよりもサービス提供能力についての信頼性と顧客への共感性が大切なのである。

またセルフサービスを前提とするサービス提供は数多くある。例えば，レストランのサラダバー・ドリンクバーや金融機関のATMサービス等では，顧客がサービスの共同生産に参加しているのである。これには，顧客にとって何らかのメリットがないと意味はなさない。サラダバーやドリンクバーでは，自分の好みの種類と量を自由に受け取ることができる。そこでは，一般に顧客は自己選択と自己満足のプロセスを楽しめるようにつくられている。一方，金融機関のATMサービスは，現代においては対人関係抜きに必要な作業を迅速

に済ませることができるという利便性の向上が目的となっているのである（近藤，同上書，p.78）。
⑦ 物的環境（Physical Evidence）
　物的環境とは，建物，備品，設備，モノの配置，形・ライン，音，温度，匂い，従業員のユニホームや企業のパンフレット等，物的・物理的な要因がつくり出すサービス提供の場所の条件に関するものを指す。物的環境要素の説明は，前述した「サービススケープ」の分類によるサービスの提供過程と類似する。サービス生産では，生産と消費が同時に起こるため，サービス生産（消費）の場の条件が顧客の品質の評価に大きな影響を与えるのである。体験としてのサービスが生起する場の快適性は，顧客の主観的評価の重要な部分だからである（近藤，同上書，p.77）。

(2) マーケティングとホスピタリティ
　木元（2001）は，金融機関サービスとホスピタリティの関係を提示し，服部（1996）が示したホスピタリティの構成要素を4分類の要素群に分け，ホスピタリティを構成する4要素群に金融のマーケティング・ミックスの変数を対応させている。ホスピタリティについては，客人と主人との間の返礼という相互性を持つ「おもてなし」のことを指し，態度，身のこなしなどが重要な要素になり，またサービスについては，客の欲求する有形・無形のものを提供する過程を示しており，そこから一時的な主従関係が成立している。つまりサービスは対価を予定した機能的行為を意味していると説明する（木元，2001，p.52）。
　ホスピタリティの構成要素の4分類として，第1に，来訪者に示す人的態度や感じの良さで精神的満足感を生み出す「人的要素」，第2に，豊かで充実した雰囲気を生み出す環境を提供する「物的要素」，第3に，人的要素群と物的要素群を調和させ付加価値を生み出す要素をつくり出す「創造的要素」をあげている。そして最後に業務としての顧客の欲求に見合った等価価値を生む要素をつくり出す「機能的要素」をあげている。この4つの要素群においてマーケティングとホスピタリティの比較をした場合，表1－3のように例示される。

表1－3　要素群の比較

ホスピタリティ	要素群	マーケティング・ミックス	7Pとの対応
表情，身だしなみ，マナー	人的要素	セールスマン，テラー，接遇	人
施設，陳列，照明，絵画	物的要素	支店，ATM，インターネット	流通チャネル
PR，教育	創造的要素	PR，教育，情報開示	プロモーション
預かる・貸す，専門的技術	機能的要素	商品，専門知識，技能	製品

出所：木元，2001，p.52。

　マーケティングは，経済的満足に貢献する手段であり，それに精神的満足を付加するのがホスピタリティであり，両者を構成する変数は表1－3のように変数の同一性・同時性に着目していると木元（2001）は述べているが，4つの要素はさらにサービス・マーケティングにおける7Pの項目にも対応している。人的要素は「人（Personnel）」，物的要素は「流通チャネル（Place）」，創造的要素は「プロモーション（Promotion）」，機能的要素は「製品（Product）」に対応され，この対応がパーソナルファイナンシャル・サービスの位置づけに関わりを持つものと考える。

（3）4Pから4Cへの変換
　4つのPは企業側からの視点に立って整理された枠組みである。ロバート・ラウターボーン（Robert F. Lauterborn, 1990）は，顧客側からの視点に立ち4つのPを4つのCに置き換えて，販売者の4つのPと顧客の4つのCは一致すると述べている。製品（Product）は「顧客ソリューション（Customer Solution）」，価格（Price）は「顧客コスト（Customer Cost）」，流通チャネル（Place）は「利便性（Convenience）」，プロモーション（Promotion）は「コミュニケーション（Communication）」と変化させている。
　しかし，現代のマーケティング・ミックスにおいては，この4Cでは不足している部分があり，また前述したサービス・マーケティングにおける7Pのうちの「人」，「プロセス」，「物的環境」の項目は4Cに反映されていないため，

第1章　サービスの概念とサービス・マーケティング戦略の関係性　◎―― 35

表1-4　4Pから4C

4P		4C
製　品（Product）	→	顧客ソリューション（Customer Solution）
価　格（Price）	→	顧客コスト（Customer Cost）
流通チャネル（Place）	→	利便性（Convenience）
プロモーション（Promotion）	→	コミュニケーション（Communication）

出所：Kotler, 2000, 邦訳, p. 22.

これを加えた上で4Cを再考してみることにする。
① 顧客ソリューション（Customer Solution）
　顧客ソリューションは，直訳すると顧客解決ということになるが，現代においてはただ単に欲求を満足するさせるために商品を提供するのではなく，提供する商品とサービスに付加価値をつけその価値に効率化と効果性を生み出すことが求められている。また商品を消費することによって今までと違った生活を送り，出来ないことが出来るようになる創造する価値の提案が求められている。これには，顧客（生活者）や得意先とともに課題を抽出し，解決策を共有化し，そして実行展開し総括することによって，再提案活動を展開するモノとコトを合わせた「生活シーン」をつくり出すことが求められる時代となった。
　ここで製品と商品の違いを述べると，製品（Product）は，あくまで生産された財であり，Product固有で生活は成り立たない。商品（Commodity）は生活者に購入・使用され始めて生活者が商品を活用して行う「コト」＝生活シーン（モノ×コト＝生活シーン）を創造し，あるいは商品は日常の生活を営む行動を生じさせるモノであるといえる。このようなことから，現代においては顧客ソリューション（Customer Solution）ではなく，商品（Commodity）を「コト」＝生活シーン（モノ×コト＝生活シーン）の商品（Commodity）としてとらえた方がふさわしいと考えられる。
② 顧客コスト（Customer Cost）
　顧客コストは，従来顧客が購入する価格以外にかかる配送料やリサイクル費

用等と位置づけていた。しかし，コストプラス法によって利益にコストを加えて価格を売価とする考え方がある。この考え方は顧客から敬遠されそうであるが，花王によって2003年に市場導入された「ヘルシア緑茶」は明確なブランド・ポジションを規定することによって絶大な支持を受けた。

ヘルシア緑茶はお茶系清涼飲料全体を狙うのではなく，茶カテキンと体脂肪との結びつきにより，30代から50代の健康に関心の高いサラリーマンをターゲットにすると規定した。そしてダイエット食品とはポジショニングを明確に変え，生活習慣病の予防の一助として毎日の食生活に取り入れてもらう飲料水として位置づけたのである。容器を350mlとした絶対価値をつくり出し，味に苦味を残して通常のお茶との相対価値をつくり出し，価格を180円とすることで価値価格を顧客に印象づけた（恩蔵, 2004, pp. 31-32）。ヘルシアは少ない量でも高価格で提供する価値コストの獲得に成功したのである。したがって顧客コスト（Customer Cost）は，価格に付随してかかるコストではなく，顧客がある商品に対して見合うコスト（Cost）をみずから選んでいるということである。

③ 利便性（Convenience）

顧客が利用する流通経路は変化してきている。わが国では高齢化社会やICT（Information and Communication Technology）の普及によって流通チャネルが多様化してきたことから，顧客の求める価値に合致した入手容易性が変わってきている。例えば，メーカーは市場調査を行い生活者のニーズとウォンツを探り出すことによって卸売業や小売業を経由せず，直接生活者の元へ商品やサービスを提供しているのが見受けられる。したがって顧客から見た利便性（Convenience）に加え，企業と顧客の考え方を合わせたチャネル（Chanel）を展開していく必要がある。

④ コミュニケーション（Communication）

コミュニケーションは，4Pから7Pとして加えた3つのPの項目に関係してくるものである。サービス業は実際に体験しないで商品内容を認識させることは難しいため，従業員の行動すべてが顧客とのコミュニケーションとなり得る。

プロセスにおいては，安定してバラツキのないサービス提供を行うことによって企業と顧客とのコミュニケーションが図れる。FP が顧客との相談業務をする前に，FP バッチやライセンスカードを提示することによって顧客は信頼性を持つことができるであろう。今日，コミュニケーションは多様化していることから，さらなるリレーションシップの構築が不可欠となってくる。

物的環境については，建物や屋内設備，外観，内装等，施設内の明るさや清潔さ等によって顧客の評価は変わってくるだろう。顧客はその経験を感じた通りのことを友人や家族に話をするだろう。それが口コミとなって企業の評判またはブランドとなって，そのサービス提供者の評価となる。

(4) 認知から共感・志向へ

従来のマーケティング理論における伝統的なマーケティング・ミックスの4Pは，企業側の視点に立った企業の利益（Profit）を目的とした発想であった。しかし4Cは，企業と顧客の関係を示した信頼性（Confidence）を目的としている。その信頼性の確立をするには，サービス提供を行った時の相互の実感，体感，共感性を生み出すことが重要である。そのためには1つのサービス提供ごとに，認知（Awareness）させ，次にサービスのイメージ（Image）を持たせ，サービスを理解（Understand）してもらう。その理解が共感（Emotion），志向（Oriented）へと導くことで，信頼性＝コミュニティ形成をもたらすのである。

1.3 小 括

本章1.1節は，サービス・マーケティング戦略とファイナンシャル・サービスの関係性として，はじめにサービスとは何かをさまざまな論者からその意義や見解を見出し，サービス・マーケティングの分類や品質評価を論じた上で，マーケティング戦略におけるサービス・マーケティング戦略のポジションを示した。そこでは多数の論者のサービス分類枠組みを紹介してきたが，サービスというものをいかに分類するのが複雑なことであるか理解できる。

現代におけるICTの普及は，今まで有形物だったものが無形のサービスとしても利用できる。また技術革新によってサービススピードが上がり，そのスピードの質や期間の長ささえもサービス行為の評価の一部となっている。したがって，今日では各業種においてサービスが行われるという共通性を持っていることから，サービスの分類を業種で区分するよりサービスそのものの行為による分類を提示した方がよいのかもしれない。

　1.2節は，サービス・マーケティング戦略と特性として，まずマーケティングコンセプトにおける標的市場，顧客ニーズ，統合型マーケティング，収益性の4つの柱について，それぞれ具体的に説明した。次に，リレーションシップ・マーケティングを取り上げ，サービス業におけるサービス・マーケティングのトライアングルを紹介し，特にサービス業におけるインタラクション・プロセスを通じた価値形成について論じた。さらに，サービス・マーケティング・ミックスにおける4Pから7Pへの分類の必要性および4Pから4Cへの変換について，それぞれの内容を説明し，マーケティング一般論と比べて，サービス・マーケティング戦略における独自的特性を論じた。

【注】
1) サービス特性における「無形性」，「同時性・不可分性」，「変動性・異質性」，「消滅性」については，ほとんどの研究者が同様な性格づけを行っている。
2) 3人がつくったサービス品質モデルをサービス・クオリティ・ギャップ・モデルと位置づけ，サービスの提供を失敗に導く5つのギャップが示されているという (Kotler, 2000, 邦訳, p. 542)。
3) 2003年から継続されていた証券税制の優遇措置「上場株式等の譲渡所得等に係る軽減税率」が2013年末に撤廃され，現行の10％（所得税7％，住民税3％）だった税率が平成26年1月1日から本則の20％（所得税15％，住民税5％）に戻った。税負担が増加傾向にある中，新たな制度として同日から少額投資非課税制度 (NISA) が創設された。NISAは個人が投資を通じて家計の資産形成を促すことを目的として，英国の貯蓄支援制度「Individual Savings Account（個人貯蓄口座）」

を参考にその日本版として「NISA」と名づけている。
4) 朝日新聞2014年5月8日付1面の記事を一部引用したものである。

第2章
サービス・マーケティング戦略と
パーソナルファイナンシャル・
サービスのポジション

2.1 サービス・マーケティング戦略の諸要素とパーソナルファイナンシャル・サービス

1 サービスの価格設定
(1) 価格の設定の目的と方法

　価格設定の目的から導かれる価格戦略は，サービス業全体のマーケティング戦略と関連づけられる。価格は，依然として企業の市場シェアや収益性を決定する最も重要な要素の1つであることは今もなお変わりはない。サービスという無形のパフォーマンスは，有形財に比べて価格設定が困難である。物財でさえコストを重視した価格設定をしてしまう。サービス組織は，価格設定方針を決める際に多くの要因を考えなければならない。そしてサービスの市場提供をどこにポジショニングするのかについて決定しなければならない。

　価格設定の目標には，利益志向とボリューム志向の2種類がある。利益志向の目標は，資源や労働力におけるサービスの投資が高リターンを生み出すことに重点を置く。ボリューム志向の目標は，多くの顧客を扱うこと，獲得することに重点を置く。企業は3種類の価格設定方法により，この目的を達成する戦略を開発できる（図2－1）。

　サービスを運用していく際に重要となるのは，底値，すなわちサービスを生産するすべての費用をまかなうことができる最低価格である。これをコストに

図2-1　価格を決定する三脚モデル

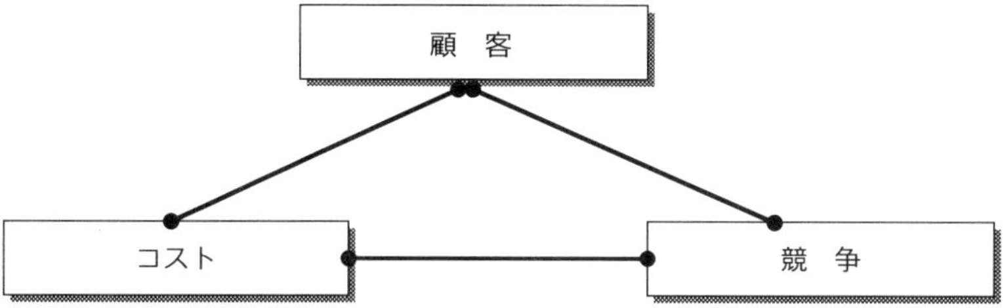

```
         顧　客
        /      \
      /          \
   コスト ────── 競　争
```

出所：Fisk et al., 2014, p.116.

基づく価格設定の方法とする。またサービス組織は原価から利益マージンを加えて顧客が払いそうな最高限度の価格に焦点を当て，顧客に基づく価格設定を決定する。さらに他企業との競争という面からサービスの価格を設定する。競合他社と価格を同じにするか，価格を上げるか下げるかを決める。価格設定の三脚は価格の下限と上限の間に位置づけられる。こうした3つのアプローチを組み合わせて，顧客（Customers），コスト（Costs），競争（Competition）という3つの重要な要素を扱うのが理想である。これらの要因をまとめて価格設定の3Cと呼ぶこともある（Fisk et al., 2014, pp.116-117）。

この三脚モデルの3Cを主な要素としてサービス価格が決定される。したがってサービスの価格設定方針の決定には次のような手順が考えられる。

図2-2　サービスの価格設定方針の決定

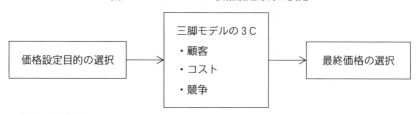

出所：筆者作成。

この価格設定方針の決定には，三脚モデルの3Cがどのような機能をするのかが重要な要素となる。サービス価格設定を行うに当たり，3Cアプローチを

融合していくことで最終価格の選択がいかなるものか示すことになる。

(2) 三脚モデルの3C機能
① サービスの価格と顧客価値の関係
　価格設定の3Cのうち，顧客価値の関係について考えてみる。顧客はあるサービスについて個々が考える価値以上は代金を支払おうとはしない。顧客はサービスから得られる便益やニーズの充足が費用を上回れば，そのサービスは価値があると知覚する。価格は状況によって変化するものである。もし顧客が緊急で受けたいサービスがあるならば，顧客は通常より多く支払うことによってサービスから得られる便益やニーズの充足を得るであろう。しかし，多くのサービスの便益は，サービスを実行した時点またはサービスを経験した後でしか確認できない。またサービスを受けた後でも品質評価は難しい。顧客が事前にサービスの能力を評価することが難しい場合，価格が代理指標としてサービスの質と価値を示し，企業は競争に基づく方法で価格設定を行い，競合他社より高い料金を設定することで提供する価値も大きいと顧客に知覚させている企業はある（Fisk et al., 同上書, pp. 117-118）。
　顧客は自分にとって価値のあるものならば，そのサービス提供場所が遠くてもその時間や労力を合わせて，そのサービスの価値を判断する。費用より提供される価値の方が大きいと思うからである。こうした費用／便益を考慮しながら，顧客は自分にとっての知覚価値を見出している。
　サービス提供の知覚価値は，需要の価格弾力性に反映される。弾力性とは価格の変化に対する需要の反応度を示す概念である。価格の変化が顧客の需要に大きく影響するものが弾力性の高いサービスといい，価格の変化がほとんど販売量や需要の変化を引き起こさないときは，価格に対して非弾力的である，または弾力的でないサービスとなる。
② コストに基づく価格設定
　次にコストに基づく価格設定について考えてみる。コストに基づく価格設定は，サービスを生産，デリバリー，マーケティングする等総コストを基にして

行う価格設定のことで,価格はサービス組織のコストをもとに決定される。
　企業のコストには固定費と変動費がある。固定費は生産高や売上高によって変化しないコストのことであり,顧客数にかかわりなく発生する費用である。変動費は販売した数量に依存する費用である。財とサービスとの大きな違いは,サービスでは同じ資源を利用するほかのサービスと間接コストをいくらか共有することである。これを共通費と表すことができる。異なるサービスを受けている顧客同士がスペースや備品そのほかの設備を共有するのであれば,それらの固定費(資源の総利用時間に基づいて発生する)は,共通固定費となる。こうした共有資源が顧客数によって変動するならば,共通変動費となる。一般に共有される費用の多くは固定費である。サービスの価格計算におけるこうした費用の関係は図2－3のように表すことができるとされる（Fisk et. al., 同上書, p. 119）。

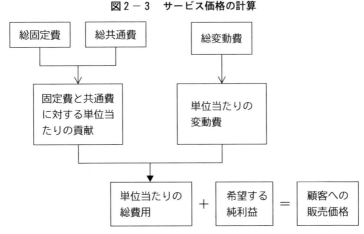

図2－3　サービス価格の計算

出所：Fisk et al., 2014, p. 119.

　それぞれのサービス組織では有形財の場合と同じく,提供するサービスの価格とサービスの生産費用が特定量の利益を生むために必要とされる顧客数を決めるのである。損益分岐点の分析を用いて販売すべきサービスの単位数量や費

用をまかなうために必要な顧客数を求めることができる。損益分岐点は，固定費と共通費の合計額を販売価格から単位当たり変動費を差し引いた差で割る。

大多数の企業は各種のサービスを用意しているため，損益分岐点分析をするのは非常に複雑である。価格が変わると損益分岐点も変化し，需要変動に従って変動するため，サービス業における価格設定は，商品に値段をつけようとしても，容易に値段をつけられそうでつけられないものでもある。

③ 競争に基づく価格設定

最後に3Cのうちの競争について考えてみる。競争において競合サービスとの差別化がほとんどなされていないサービスを提供している場合は，サービス組織は競合者が設定している価格を常に注視し，これに応じた価格設定を自身の提供サービスにしようとする。この場合は競争に基づく価格設定が行われていることとなる。顧客が市場に提供されているサービスにほとんど違いがないと考えた場合，顧客は単に最も安価なサービスを選ぶであろう。この状況では提供サービスの単位当たりのコストが最も低いサービス組織に販売上の競争優位があると考えられる（Lovelock and Wright, 1999, 邦訳, p.258）。

しかしサービス提供についての価格設定はそれぞれサービス組織戦略のみならず，サービス提供プロセスについても考えなければならない。例えば，直接来店した顧客と同社のホームページ（以下，HPという）を通じて来店した顧客との間で価格が異なる場合，これは販売促進の戦略とも関係するが，予約による早期割引とは別に，事前に来店する前にネット利用したことにより割引されるサービスや常に店の前で割引券を配って顧客を来店させているケースは表面的には競争に基づく価格設定が行われているとしても，実際には通常価格から割引いた価格で提供していることになる。

市場の需要や企業のコストで決定される可能な価格の範囲内でサービス組織は競合他社コストと価格，競合他社がとりうる価格面での反応を計算に入れなければならない。自社のオファーと競合他社のオファーが類似していたら価格を競合他社に近いものにしなければ売り上げは落ちるし，自社のオファーが劣っていれば競合他社以上の価格はつけられない。自社のオファーが優れていれ

ば競合他社よりも高価格をつけることができる。ただし，競合他社が自社の価格に応じて価格変更する可能性があることを念頭に置いておかなければならない（Kotler, 2000, 邦訳, pp. 573-574）。また業界によっては価格設定を規制する法律が制定されている場合がある。これらの戦略が顧客にとってもサービス組織にとっても効果的であるか否かはそれぞれの立場によるが，近年ICTの発展によって販売促進戦略は無限に近い試みがされており，それによる競争に基づく価格設定は以前に増して激化していることは明らかである。

(3) 最終価格の選択

価格設定のための三脚モデルが明らかになれば，サービス組織が価格を選択する準備は整ったことになる。価格設定の三脚は価格の下限と上限の間に位置づけられるものであるが，これらを考慮すると下記の図のようにまとめることができる（図2-4）。

価格の上限と下限の距離が大きければ大きいほど，さまざまな工夫の余地が

図2-4　価格設定のための3Cモデル

高　　価　　格
→ この価格では需要は見込めない

| 価　格　の　上　限 |
・顧客が支払おうとする最大額

| ・サービス独自の特徴に対する顧客の評価 |
| ・競合他社の価格と代替サービスの価格 |
| 　　　　　　コスト |

| 価　格　の　下　限 |
・サービス組織がコストに照らして耐えうる最低価格

低　　価　　格
→ この価格では利益は見込めない

出所：Kotler, 2000, 邦訳, p.574を一部加工。

生まれるであろう。一方，価格の上限が下限を下回る場合は，3つの選択肢がある。1つ目は，当該サービスには競争力が皆無であるのでサービス提供を続けるべきではないというものである。2つ目は，当該サービスについて競合者のサービスと差別化し，価値を付加することである。3つ目は，公共・非営利のサービス組織の場合に適用されるもので，政府による補助や個人からの寄付など第三者の資金提供により，コストのいくらかをカバーすることで低価格でのサービス提供を可能とするものである。これは，保健・健康，教育，公共交通サービスといったサービスを提供する組織で幅広く用いられている（Lovelock and Wright，同上書，邦訳，p. 266）。

　多くの消費者は，価格を品質の目安に利用している。企業は，輸入品価格の高騰や増税等によるやむ得ない理由により値上げすることがある。予測において販売数や売上高の減少など少なくとも打撃を受けるだろうと覚悟するだろう。それが意外にも販売数や売上高が伸びる商品やサービスがみられることがある。それには顧客の知覚価値や知覚品質の影響も考えられる。今までいい商品やサービスであっても，それは価格によってイメージされていたかもしれない。しかし，真の品質について価格以外の情報が手に入れば，価格は品質の目安としての重要度が低くなる。そのような情報が手に入らないと，価格は品質の証として作用する（Kotler, 2000，同上書，邦訳，p. 581）。

　これは，競合者よりも高い価格設定をしたことによって顧客のその商品・サービスのセグメントとポジショニングの変化があったのかもしれない。さらに競合していた商品・サービスであるならば，その競合から抜け出し新たなセグメントとポジショニングの地位を獲得したのかもしれない。

　サービスは創造的に価格設定をする機会を提供する。サービス組織が認識すべきことは，価格は顧客が支払わなければならない費用を意味するだけではないということである。価格は顧客との間に良好な関係を築き，品質を表しサービス組織の長期にわたる収益性に貢献するものである（Fisk et al., 同上書，p. 124）。顧客の知覚するサービス価値に基づく価格設定については，生活シーンに合った価格設定が今日必要と迫られている。

2 サービスの価格と諸課題

　サービスの価格についての課題はいくつかある。価格の表現（名称，用語）に関わる課題，サービスの提供単位の設定についての課題，サービスの支払いをいつ，どこで，どのように行うかの課題，会員制と一般と分けた場合の課題，差別価格に関する課題など，サービスは無形性であるため，サービスの価格は購買時点やサービスの利用の仕方によって異なる。顧客にとって支払いの対象が有形財ほど明確ではない。

（1）サービスの価格表現

　サービスの価格名称は何に支払い，何の対価なのか明確にするために多くの種類の用語が使われている。例えば，大学や英会話学校では授業料，ホテルでは宿泊料，高速道路では通行料，スポーツクラブでは会費，博物館や美術館では入館料，電気，ガス，水道は使用料，弁護士，税理士，FPなどプロフェッショナル・サービスに対して支払う場合は報酬（フィー），銀行ではサービス手数料（チャージ），アパートを借りた場合は家賃などサービスの価格を示す用語（名称）はさまざまなものがある。またサービスは本質的に利用権が取引されるので，利用権を保証する「チケット（券・切符）」や「証票」を形式上では購入する形になっているところもある。例えば，電車は切符（乗車券）を購入する。スクール教室での授業料や会費は，月謝制ではなくチケット制になっているところが多い。

　しかし，提供されるサービスが社会またはターゲット市場において馴染みのないサービスやサービス内容に相応しい価格を表現するのに見合った既存の名称がない場合は，新しく創造するか借用しなければならない。例えば，「パスポート」という言葉は，年間単位や1回限りでもその後の追加料金なしでサービスが受けられるパッケージサービスとして名称が使われることが多い。年間単位の場合，「年間パスポート」を所持することで，割安感やサービス利用の内容の充実を行い，また毎回の購入手続きの手間を省くなど，パスポート会員となることで一般顧客との差別化を図る機能がある。

新規のサービスや複雑なサービス内容となっている場合は，名称をどうするかは重要なマーケティング課題となる。価格やチケット・証票の名称が，支払いの対象（提供されるサービス）がどのようなものであるかを端的にあるいは包括的・統一的に，また象徴的に示すことになるからである。またこれらの名称をサービスブランドとして商標登録され企業のブランド名として機能する場合もあるだろう（小宮路，2012, pp. 56-58）。

（2）サービスの提供単位

有形財の多くは，個数や台数の単位によって提供される。一方，サービスには無形性があるため，個数や台数の単位ではなく時間や回数，期間の単位で提供されるものが多い。時間の分類については後述するが，回数の単位については，例えば，ホテルでは1泊，学習塾では1授業（1コマ），有料道路では1回の通行がそれぞれの提供単位となる。ただし，どのような提供単位になるかは，価格の名称と同様にサービスごとに多様性がある。

サービス利用に継続性や反復性がある場合，サービスの提供単位をどうするかがマーケティング上の重要な課題となる。通常は提供の最小単位とともに継続性や反復性を反映した提供単位がいくつか設定される。例えば，バスや電車には1カ月，3カ月，6カ月の定期券がある。前述した「年間パスポート」は，期間内であれば何度でも利用できる場合と回数が決まっている場合があり，それぞれ別々の価格設定がされている場合が多い。

サービスの提供単位の基本設定を考える必要がある。1つは，提供の最小単位のみとする場合，今1つは最小単位と回数・期間に基づく複数の提供単位を設定する場合，さらに最小単位を除外して回数・期間に基づく提供単位を設定する場合がある。例えば，基本設定として1単位でのサービス提供と価格設定のみとする場合，1単位でも支払可能であるが，10回または20回チケット等の複数回の価格設定を行う場合，1単位での支払い設定はなく回数券方式の価格設定とする場合といった選択肢がある（小宮路，同上書，pp. 58-59）。

次にサービス提供の最小単位について考える必要がある。物理的にあるいは

社会通念上,最小単位は固定されている場合も多い。しかし,最小単位の縮小・分割あるいは拡大の余地がないわけではない。例えば,弁護士の相談は提供の最小単位は1回だろう。その1回は何分間であるべきだろうか。1人1人のサービス供給能力は固定的であるので,1回を何分間として設定するだけで1日当たりの延べ相談件数が左右され,設定すべき1回当たりの価格も異なってくる。また普段稼働していない時間帯(早朝,深夜)を使うことによって提供単位の源泉となる場合もある。標準的な最小提供単位とは異なる提供単位を設定することはできる。

資格の学校「TAC株式会社(本社:東京都千代田区)」は,社会人をターゲットとした早朝クラスを開講している。通常の授業より1コマの時間は短く,値段設定も通常のコースと異なる価格としている。さらにアフターサービスとして通常の授業をWEB配信によって視聴することができる。これには日中時間がない人にとって朝の時間という特性を生かすほか,個々に合ったライフスタイルの構築が行える。

最後に回数・期間に基づく提供単位について考えてみる。まず回数・期間はどの程度のものを何種類設定するかが課題である。一般に回数・期間に基づく提供単位は一種の「まとめ売り」である。価格設定としては「割引」されて,回数・期間が多く長くなるほど,最小単位当たりの価格換算は安価になるのが通常である。したがってこの種の価格設定の特徴は,①サービス提供の最小単位当たりの収益は低下する,②前払い式であるため収益の安定に資する,③最小単位ごとの料金の支払い・徴収に関わるコストも削減できる,④あらかじめサービスの需要量とサービス供給能力の稼働水準の見込みが立つ,⑤実際には必ずしもすべてが利用されるとは限らず,その分変動費がかからない,というところにある。回数・期間に基づく複数の提供単位を最小単位とともに設定する場合,それぞれの顧客の比率をどのように見積もり,それぞれに応じてサービス供給能力をどのように割り振るべきかが課題となる(小宮路,同上書,pp. 60-61)。

（3）サービスの支払い対象の種類・範囲

　サービスの無形性には，支払い対象の種類や範囲を価格設定上どうするかという課題を生み出している。例えば，スポーツクラブは会費（年会費や月会費）を支払って利用するが，その内訳にタオル使用料や特定のレッスン費を入れるべきなのか別途設定にすべきなのかによって，スポーツクラブのコア・サービスがいかなるものか根本的な問いかけをしているといえる。有形財は，多くの場合，物理的に対象がひとまとまりして存在しているのでわざわざセットにしない限り，それぞれのまとまりの単位で販売すればよい。しかし，サービスの場合は無形性があるのでどこまでをひとまとめとして価格を決めるかが常に課題となる。この課題はサービスの価格設定において「包括価格－要素別価格」軸を生み出すことになる。ここですべてが包括価格に含まれる場合とすべてが要素別価格になっている場合とに分けてみる。

　すべてが包括価格に含まれる場合は，関連するサービスすべてを包括して価格を設定することにより，顧客にとっては料金体系が単純になり，サービス要素ごとにいちいち支払わなければならない煩わしさを回避できる。一方，サービス提供側にとっては，一種の「まとめ売り」ができ，サービス要素ごとの価格設定・徴収に関わるコストも削減できる。

　一方，すべてが要素別価格になっている場合は，サービス要素をすべて分離し，別々の価格を設定したとすると，顧客は必要な要素を自分で選択して組み立てることができ，不要なサービスまで購入せずに済む。例えば，ホテル宿泊に食事付きにするか素泊まりにするかで料金設定が異なる。人によって食事は自分で食べに行くと決めている場合もあれば，時間の都合上不要と考える人もいる（小宮路，同上書，pp. 61-62）。

（4）会員制メンバーシップ制度

　サービスの利用に継続性や反復性がある場合は，会員制等のメンバーシップ制度を採用しているところがある。この種のサービスは，メンバーシップ（会員）に対する価格が入会金といった形で設定されていることが多い。顧客は入

会金を支払って会員となり，さらに年会費を支払う2段構えの価格設定となっている。この場合，入会金はメンバーシップに対する支払い，会費は実際のサービス利用に対する支払いと認識されるのが一般的である。

　こうした価格戦略は，サービスの価格設定におけるバリエーションが可能となる。この種の価格戦略でよく行われる「入会キャンペーン」は，紹介をすると本人分の入会金が無料または割引等となり，メンバーシップに対する支払いを割引または無料にする価格プロモーションである。キャンペーンは新規開業時や新年度等の会員の入れ替わり時期に多くみられ，サービスの供給能力の稼働率の基礎となる会員の母数を確保するために行われる。いったん入会してしまうと，「入会金の必要な競合サービスに今から乗り換えるのは面倒」，「会員になったことによって仲間ができた」といったところから，スイッチングの障壁の構築にもなる（小宮路，同上書，pp. 62-63）。

　この制度の問題点は，顧客が月ごと，年度おきごとによって個々の事情により初めから単身赴任等の長期不在が決まっている場合やケガや病気によって，サービスは受けられないが，サービス制度は継続したいと思っている場合にある。サービスを継続することによってポイントアップや少数の人だけしか与えられない特別なサービス制度を設けていることがある。そもそもサービスが受けられないとわかっていて会費を払うのはもったいないし，会員を辞めてしまうと今までのサービス継続がなくなってしまい，再度サービスを受けるようになっても，サービス待遇は初回と同じ新規扱いとなることが多い。

　例えば，スポーツジムの会員になって毎日通いつめ，その結果，サービスランクも最高水準を受けていたが，急に転勤が決まり今までどおりに通えなくなってしまった。しかし，数年後には戻れる予定であるため，戻ってきたときには再びそこのジムを通おうと考えていても，一度会員を辞めてしまうと以前辞めた時と同じサービスが受けられないのであれば，心変わりしてしまうかもしれない。さらにジムの雰囲気が変わり，ジムで知り合った人がいなかった状況になってしまうと，ほかのスポーツジムに移ってしまうかもしれない。加えて転勤先で同じ系列のスポーツジムがあり，そのまま継続して同じサービスを利

用しようと考えていても，転勤先にてほとんど新規扱いにされたのであればあまりいい気分にはならないだろう。

　塾の会費を入会金＋月謝制にしていたとして，急な病気で入院して2～3カ月間まったく塾に通えなくなった場合，欠席していても月謝を払うべきか，あるいは休んでいた（サービスを受けていない）からその期間分の会費を払うべきなのか迷いどころであろう。塾を辞めたわけでもなくたまたま来られなかっただけであって，サービス継続を受ける意思はあるはずなのに，塾側が欠席分をそのまま月謝分の料金にしてしまうのは少し心苦しい気になるだろう。

　これは個々の制度にもよるが，年会費だけ支払っておいて現在個々が持っているランクのサービス利用の継続権のみを得ておく場合と，一度退会し時期を見て再入会する際に入会金＋年会費を支払う場合とが考えられる。会員制による2段構えの価格設定をしている場合は，ある常連顧客は長期不在となるが，時期を見て再来店するとはじめからわかっているのであれば，サービス継続料における価格設定を行うことも考えられるのではないだろうか。

(5) 差別価格

　同一の提供サービスであっても，対象とする顧客セグメントの違い等により異なる価格とする場合がある。これを価格差別と呼び，価格差別を実現するために行われる価格設定が差別価格設定であり，設定される価格は差別価格である。同じサービスでも料金に大きな差が生まれるのかというと，サービスには不可分性と消滅性の特性が含まれているからである。差別価格設定は，有形財においても行われるが，今日サービスの提供においても多用されている。サービスにおいて用いられる主要な差別価格には以下の種類がある。差別価格をどのように用いるか，これはサービス提供上の重要な課題となる（小宮路，同上書，p. 63）。

① 顧客セグメント別差別価格

　顧客セグメントごとに需要の価格への反応度が異なる場合に，反応度が低いセグメントは通常価格とし，反応度が高いセグメントは低価格にして誘引する

ことが行われる。例えばサービス提供の理念上望ましいセグメント利用を促進する場合や時期別・時間帯別差別価格と連動して閑散期等にセグメント利用を促進する場合等のケースがある。差別価格設定は，学生料金やシニア料金，レディース料金等，年齢別や性別等のデモグラフィック基準で行われることが多い。そのため社会規範や社会通念上の制約に特に敏感であることが求められる。

② 時期別・時間帯別・イメージ別・場所（地理）別差別価格

サービス提供によって時期別・時間帯別に異なる価格を設定するケースがある。例えば，同じ内容の旅行ツアーでも繁忙期と閑散期では価格設定が大きく異なる。時期別価格設定の中でも特殊な形態に収穫価格設定があり，ホテルや航空会社で予約率を高めるのにしばしば利用される。カラオケボックスは平日の昼間は値段が安く，夜や休日は割高である。海岸にある青空駐車場も閑散期は時間制とし，繁忙期は1回1,000円など駐車の回転率と顧客の利用負担を考えながら設定している。

提供する商品やサービスのコストがどの場所において同じであっても，場所によって異なった価格が設定されている所が多い。例えば，まったく同じサイズのペットボトル飲料でもスーパーで買うのと映画館で買うのとでは映画館の方が割高である。これは，映画館という特定の場所からその場で買えますよというサービス料を含んだ価格設定によって提供している。映画館に付随する商品の価格設定にはイメージ料が含まれているかもしれない。映画館でポップコーンを買う人は多い。映画館で買うポップコーンは通常に比べたら割高である。だからといってポップコーンをほかの安いところで買って映画館に持ち込むことはしないだろう。同じポップコーンでもある安い店で買って食べるイメージと，映画館で買ってその場で食べるイメージはまったく違うと考える。さらにポップコーンと同時に飲み物が欲しくなりジュースを購入してしまうシーンはまさに映画館の構図である。この時期，この場所で，この時間に何かをすることが自分にとって最高の気分だという生活シーンは誰にでもある。

1つ1つの分別したものに価格設定をするだけでなく，いろいろな組み合わせをすることによってサービス価格の価値を上昇させることが可能となること

が考えられる。

③ 予約タイミングによる差別価格

ある同じ日程でホテルに泊まり隣部屋（どちらもツインルーム）だった2グループ（各グループ2人）がいるとしよう。あるグループは、1カ月前に予約を入れたため通常価格よりも割安で泊まっている。また別のグループは前日たまたま空きを見つけて通常価格を払って泊まっている。ホテル予約の場合、28日前、14日前、7日前で価格がそれぞれ異なる。実際の宿泊日になるにつれて通常価格となる段階別料金設定はまさに予約タイミングによる差別価格設定である。スポーツ観戦やコンサート等も一般に前売り券の方が当日券よりも安価に設定されている。また電話会社は回線の混雑度を計算し、電話回線の負荷レベルを曜日・時間帯ごとに分類し、顧客の回線使用量に対応して、多くの電話会社は日中、夕方、夜、週末に割引料金を設定している。

各業界によって一日のうち、どの時間帯において客が少なく、どの時間帯がピークであるかはデータや経験上把握し、わかっている。そこで顧客の少ない時間帯に顧客の数を増やすため、その時間帯につき非常に低い価格を設定していることが多い。提供能力に制約のあるサービスの需要変動に対しては、マーケティング手段として価格の重要性を強調する戦略が好ましい（Fisk et al., 同上書, p.114）。

(6) イールド・マネジメント

イールド・マネジメントは、顧客セグメントと予約時・予約タイミング別差別価格をうまく組み合わせることで、サービスの供給能力の稼働率と平均販売価格の双方を確保しつつ、供給能力の提供単位当たりの収益（平均収入額）を最大化するように管理する手法である。この手法は、空港会社、ホテル、レンタカーなどの供給能力が制約されているサービスで幅広く用いられている。イールド・マネジメントにおけるイールド（Yield：供給能力の提供単位当たりの収益）は、以下のように定義される。

第2章 サービス・マーケティング戦略とパーソナルファイナンシャル・サービスのポジション ◎── 55

$$\text{イールド} = \frac{\text{収益}}{\text{提供可能な供給能力}} = \underbrace{\frac{\text{収益}}{\text{提供された供給能力}}}_{\text{（平均販売価格）}} \times \underbrace{\frac{\text{提供された供給能力}}{\text{提供可能な供給能力}}}_{\text{（供給能力の稼働率）}}$$

供給能力の稼働率向上と高い平均販売価格は基本的に背反する。稼働率の向上はしばしば値引き・割引によって達成されるが，平均販売価格を押し下げる結果となる。一方，平均販売価格を高い水準で確保しようとすると高価格のゆえに顧客数が減少し，供給能力の稼働率が低下する。イールド・マネジメントは，上記の定義式に示されるように背反する稼働率と平均販売価格を同時に追求することを意味している（小宮路，2012, pp. 65-66）。

このようなサービスでは，供給能力そのものを動かすことは大きな費用がかかるが，すでに供給能力1単位を追加販売するのは比較的低コストですむ。この種のサービスを提供するサービス組織にとっては，数学的モデルに基づき定式化されたイールド・マネジメント・プログラムは非常に有用である。このプログラムは，需要レベルが変動する場合，価格弾力性により市場が分割できる場合，サービスの予約や事前販売が可能な場合にも有用である。より高い価格でも顧客または市場セグメントが存在するのに別の顧客（市場セグメント）に供給能力を当ててしまうと機会費用が生じることになる（Lovelock and Wright, 1999, 邦訳，pp. 360-361）。ここで予約システムにおけるセグメント問題と課題の例をあげてみる。

- 飛行機の座席は，事前にどれくらいの割合をツアー・グループ客や特別割引価格の乗客で埋めておけばよいだろうか。座席を空けておけば，急な出張で搭乗が必要となった客が正規運賃で利用してくれるはずである。
- 主要駅近郊のビジネスホテルやシティホテルは，競争が激しく，宿泊料金の大幅な早期割引を実施することで予約客を確保する。しかし，予約なしで当日訪れる客の存在も無視はできない。当日客は正規の料金で宿泊してくれるので部屋当たりの収益性向上に資することから，予約で全室を満室にしてしまうのは必ずしも望ましくない。
- 修理・保守点検サービスは，緊急の修理依頼に対応できるよう供給能力の

一部を残しておくべきだろうか。緊急の仕事は割高でも支払ってくれるし，新しい顧客の開拓となる。

これらの例の共通した課題は，供給能力を埋めて稼働率さえあげればよいのかということである。しかし必ずしもよいというわけではない。この課題に対する解決策としてイールド・マネジメントは生み出された。より収益性の高い顧客が後からやってくる可能性を見積もる方法が必要である。ここで重要なのは，これまでの実績についての詳細の情報や現在の市場状況，優れたマーケティングのセンスが問われるのである。

3　サービスコスト

（1）サービスコストとは

　サービスの価格設定は有形財に比べて困難であり，さらに顧客にサービスを提供するのに要するコストの算定は，有形財の生産に必要な労働，原材料，設備稼働，保管，輸送などのコストを算定するよりも困難である。一方，顧客側はサービスには同時性を有するため，サービス・ファクトリーという決められた場所で決められた時間にのみサービス提供が可能になることが多い。これはサービスを受けるために顧客がサービスの直接の対価以外にさまざまなコストを支払わなければならないことを示す。サービスがサービス・ファクトリーにおける顧客自身の体験である場合には顧客にとってより強く意識される。この種の知覚コストのことをサービスコストと呼んでいる。

（2）サービスコストの心理的分類

　ラブロックら（Lovelock et al.）によると，サービスコストには6つのコストがあるとしている。

　サービスコストには，購入価格に加えて必要となるサービスその他金銭的コストと非金銭的コストに分けられる。金銭的コストは，サービス施設への移動のための運賃・ガソリン代・駐車料金，その他経費のことである。顧客には自分でチャネル機能行為を遂行するために負担しなければならない費用がある。

図2-5 サービスコストの種類

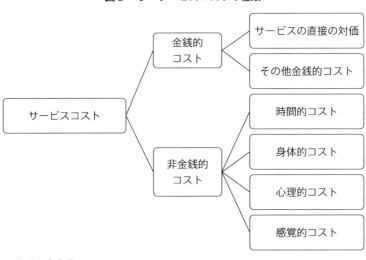

出所：小宮路，2012，p.69。

購入のために赤ちゃんを預けたベビーシッター代や本来の目的の場所へ行く間に外食した外食費も含まれる。サービス購入に関わるすべての支出（サービスそのものの購入価格を含め）を「サービスの金銭的コスト」という。

一方，非金銭的コストは，多くの状況下において顧客が負担しているさまざまな費用である。これを流通業では消費者費用と呼んでいる。非金銭的コストには，検索，購買，利用のそれぞれにおける時間，努力，不快感がある。顧客がサービス生産に関与するということは，精神的，肉体的な努力を課されることや雑音，熱，臭いなどの感覚面での不快さにさらされる場合があることを意味する。経験属性や信用属性の高いサービスでは，不安という心理的なコストも伴う。これらを踏まえて非金銭的コストには，次の4つのカテゴリーに分類することができる。

① サービスの時間的コスト

時間的コストは，サービス・デリバリーに必ず伴うものである。顧客は，その場所までの移動時間（往復），店内滞在時間だけでなく，サービス情報をあ

らかじめ得るための検索時間なども含まれる。顧客にとってみればこれは機会費用となる。その時間をアルバイトに充てていたら収入を得られていたかもしれない。

② サービスの身体的コスト

身体的コストは，疲労や不快感に伴うものであり，さらに極端なケースではサービスを受けようとするときに発生する可能性がある。例えば，受付場所での混雑による疲労のため，店内駐車場において事故が起きるかもしれない。サービス状況によっては余分なエネルギーが必要となる場合がある。セルフサービスは，ほかの顧客とぶつかって飲み物をこぼすかもしれないし，グラスを落として思わずケガをしてしまうかもしれない。このような気遣いどころも身体的コストに含まれる。

③ サービスの心理的コスト

サービス受給に伴う精神的な努力，サービスに対する違和感，不安・心配等の心理的コストが，サービスの比較・選択の過程や特定サービスの利用に際し生じることがある。例えば，初めて診察を受けた病院で注射をしてもらう場合，注射を打った時に痛くないのか不安や心配が募るであろう。もしかしたら本来の注射をする前に痛め止めのための注射を打つ場合は，結果的に2回注射することになる。痛め止め用の注射をすべきかどうかは別として，サービスの同時性と消滅性等の特性から一度やってみないとわからない状況となるので，有形財と比べてサービスの受給前の心理的コストは大きいものだと考えられる。

④ サービスの感覚的コスト

感覚的コストは，人の五感のいずれかに不快な感覚がもたらされるものである。サービス環境において生じるこの種の感覚は，音（店内のBGM）がうるさい，臭いが不快，冷暖房が冷えすぎ，暖めすぎ，座席の座り心地が悪いといったことが含まれ，さらにサービス環境が魅力的に感じられない，退屈である，あるいは内装や装飾品のセンスが気に入らず不愉快といったことがあげられる。

この種のサービスコストを1つの一連の行動で考えると，例えば海外旅行ツアーに行く場合は，旅行代金（サービスの直接の対価）とともに飛行場までの交

通費がかかる（その他の金銭的コスト），待ち時間・移動時間を要する（時間的コスト），肉体的に疲れる（身体的コスト），不慣れな海外旅行への不安や恐怖感がある（心理的コスト），海外での食事が合わず，往復の飛行機も乱気流で揺れて怖い思いをした（感覚的コスト）とすることができる。

(3) サービス対価とサービスコストの関係

　サービス対価を下げれば，サービスコストを削減することができるのであろうか。人によってはある場所に行って受けるサービス対価よりもそこまで行く交通費の方が高いかもしれない。また海外旅行の計画をして予定を立てたとしても，目的の場所での滞在時間より家から飛行場へ向かい，そして飛行機を往復する時間の方が長いことがあるかもしれない。

　現在では平日に各銀行のATMで預貯金の取引をした場合の利用手数料が無料となっているところが多い。しかし手数料が割安になっても，そのATMがある店舗まで行く交通費の方が高いならば，手数料が高くても近所に提携先ATMのあるコンビニで取引を行った方が時間の短縮にもなるし，安上がりであるかもしれない。それでもそのサービス受けたい，あるいはどうしてもその場所へ行きたいと思うときはサービスコストの負担を考えないだろう。それは個々のベネフィットであり価値観でもある。

　目的の場所へたどり着く過程として，乗り物（席）はどれでもいいから早く到着してほしいと思う人は少なからず存在する。例えば，翌日の早朝に目的地にたどり着くにしても当日の始発に新幹線を乗るのか，新幹線より安い深夜バスを利用して前日の夜に出発して翌日の朝にたどり着くのか，あるいは前日の夜に目的地近郊に到着してホテルで一泊するのか，それぞれ選択の余地はいくつかある。そういう場合は低い対価であれば対価以外の各種コストの増大は構わない顧客セグメントと各種コストを削減できればより高い対価でも構わない顧客セグメントが存在することになる。サービスの価値を高める上でのトレード・オフは重要な要素となる（小宮路，同上書，pp. 70-71）。

(4) サービスコストにおける結果品質と過程品質の関係

上記 (3) の例「目的地に着く」という点では, どのパターンも結果として受けるサービスはいわば同一である。しかし,「サービス・エクスペリエンスで受けた扱い」が大きく異なる。これは,「サービスの結果品質は同じであるが, サービスの過程品質は異なる」と表現できよう。サービスの提供側にとっては, 結果品質で差別化できないときは過程品質での差別化を図ることにより, 顧客にとっては過程品質における差異こそが選択の基準となる。ここに過程品質別のマーケット・セグメンテーションとサービス提供が成り立つ (小宮路, 同上書, p.71)。

(5) 非金銭的サービスコストのベネフィット化

サービスの価値を高める上で,「非金銭的サービスコストのベネフィット化」は選択肢の1つとなる。非金銭的コストは顧客にとって常に回避すべきコストとは限らず, 自分でこれらのコストに対処し体験することこそが顧客にとってのサービスの価値を生み出している場合がある。ここでは非金銭的コストをサービスのベネフィットとして知覚される。サービスの多くは顧客にとっての体験 (サービス・エクスペリエンス) である。サービス・エクスペリエンスの非金銭的コスト部分を苦労やリスクと考えるか楽しみや価値と感じるかは人それぞれであり, サービス提供上の基本設計の問題としてとらえることができる (小宮路, 同上書, pp.71-72)。

4 サービス・マーケティング戦略におけるサービスの利用時間 (期間) による分類

前述したサービス・マーケティングにおける価格設定とサービスコストには, 価格設定においてはサービス時間配分 (単位) による価格設定をどうするかが1つの課題でもあり, サービスコストについては実際のサービス受給時の前後においても顧客にさまざまなコストが発生すると述べた。では, 顧客が感じる総合的なコストはどういったものであろうか事例を合わせて考えてみる。実際

各サービスの利用時間（期間）に焦点を当てて，利用時間（期間）による分類をすることにより，今後のサービス提供への顧客満足向上へと図れるものであると考えられる。そのために各サービスの利用時間のポジションを明確にする必要がある。

（１）サービスの利用時間（期間）による分類

　わが国においては，ここ30年の間で生活者の購買意識・行動・体系，すなわち生活者のライフスタイルが変化し，それは企業のマーケティングそのものに影響を及ぼし，戦略的革新を求めてきた。現代においては，環境要因の変化により消費プロセスにおいてもさまざまな環境要因の変化が時間コストを増大させている。詳しいことは後述することにするが，環境要因の変化が時間コストを増大させているのであれば，1つのサービス行為のみならずそれに付随するすべてのことを考慮した判断が必要である。また1つのサービスが「生活シーン」と根づくためには，「生活シーン」とサービス行為に密接な関係がないと成り立たない。

　サービス・マーケティング研究領域におけるノルディック学派のマーケティング理論は，とりわけ生産側と顧客との相互作用に注目を置き，サービス財を中核においてリレーションシップ・マーケティング概念を構築してきた。その中でグルンルースは，「サービス消費が成果物の消費ではなくむしろプロセスの消費であること，そこでは消費者やユーザーはサービスの生産過程をサービス消費の部分として知覚していることに注目を置いている」と述べている（南，2005，pp. 83-84）。

　ノルディック学派の定義は，リレーションシップ・マーケティングが1つのプロセスであることを強調しており，リレーションシップの視点では，物理的な財と製品はほかの諸々のサービス要素とともにプロセスの一部分となると定義づけている。さらに顧客は財やサービスのみを見ているのではなく，全体としての提供物を見ており，製品について一番良い，あるいは安全な使い方についての情報から買ったものに対する配送，設置，修繕，メンテナンス，問題解

決に至るまでのすべてのものを要望していることが指摘されている（南，同上書，p.84）。

サービスには，「無形性」，「生産と消費の同時性・不可分性」，「変動性・異質性」，「消滅性」4つの特徴があり，目に見えずその場でサービスの生産と消費が同時に行われて消滅してしまい，また手元に残すことができない対象物であることを述べてきた。また有形財と無形財を分類し，現代における有形サービスから無形サービスの移り代わりについても言及した。しかし，その財を提供する企業と従業員と顧客の関係など，サービス提供に関する記述の中で，サービス時間とその前後の影響についてサービスコストの心理的な分類はされているが，利用時間による具体的な分類はされていない。

財や業種で分けてみても，配送や修繕，問題解決等サービス行為そのものに共通点があるものである。あるサービスを受けたいと思い行動し始めてから1つのサービス行為を完了するにあたる時間，例えばお店に入って待ち時間から会計をして外へ出るまでの時間，家から注文して手元に届くまでの時間，サービスを受けるに当たり実際自分の都合によって拘束される時間等，必ずしもサービス行為が行われている時間そのものが顧客のニーズや不満にそのままつながるものでもない。しかし，1つの過程において1つのサービス内容と別に総合的にニーズが評価されるものであるならば，それは主に時間によって評価されるものであろう。そこでまずサービス自体の利用時間の分類をしてみることにする（表2-1）。

表2-1のように時間で分類してみたものの，サービス自体を中止にせざる得ない場合，時間や場所が足らない場合，および注文したがモノ自体がない場合など，顧客ニーズ状況によっては無限で受けられるサービスと制限が出てしまうサービスと2つに分けられる。さらに制限が出てしまうサービスの要因として，「時間や場所」が足らないケース，「人材」が足らないケース，実際に「提供したいがモノ自体がない」ケースに分けられる。そこで，サービスの利用時間（期間）による分類で挙げた例を基に制限が出てしまうサービスと無限で受けられるサービスとどちらも当てはまるサービスとに分類してみる。

第2章 サービス・マーケティング戦略とパーソナルファイナンシャル・サービスのポジション ◎―― 63

表2-1 サービスの利用時間（期間）による分類

1時間以内で完了するもの	短距離の交通機関，ファーストフード，出前によるピザ，ATM等
1～2時間前後で完了するもの	長距離の交通機関，理美容室，マッサージ，時間使用貸し，レストラン等の食べ放題や飲み放題サービス（コース）等
半日～1日かかるもの	自動車のメンテナンス，産業用設備の修理，レンタカー利用，エンターテイメントによるテーマパークの利用等
1日～1週間	クリーニング，宅配（長距離），CD・DVDレンタル，ホテルの宿泊，旅行代理店によるツアー等
1カ月～1年以内	建築，病院の診察（数回にわたる場合），トレーニングルーム（長期間による効果を知りたい場合），短期ローン等
1年以上（長期）	保険，教育，長期ローン，会計サービス，金融投資，携帯電話の利用（2年縛り）[1]，インターネットのプロバイダー回線契約（2年縛り）等

出所：筆者作成。

① 状況により制限が出てしまうサービス
- 時間・場所 → ATM，使用貸し，テーマパーク，交通機関
- 人材 → 理美容師，マッサージスタッフ，診察をする医者，建築をする大工，専門家
- モノ → ファーストフード，CD・DVDレンタル
- 上記3つのどれかまたは複数の要因によって制限が出てしまうサービス → 修理，飲み放題サービス（コース），宅配，クリーニング，旅行代理店におけるツアー，ホテル

状況により制限が出てしまうサービスの1つ目として，なぜ「時間や場所」によって分類したのかというと，実際にそのサービス自体を受ける時間が短時間であることや時間自体が決まっているにもかかわらず，待ち時間や満員等でサービスコストを消費する時間が増え，しまいには諦めるという状況になることもあるからである。

ATMにしてもATMの操作自体は数分もかからないが，時間帯によっては

行列となり諦めてしまう人もいるだろう。使用貸しというのは，テニスコートや体育館，公民館等の施設使用や短時間利用によるネットカフェ等のことを指しているのだが，この日の何時に使用したいと思ってもあいにく満室であったり，利用できても混雑状況によっては時間短縮されることもある。テーマパークに新しい乗り物が登場すると，何時間も並んで新しい乗り物を乗ろうとする。例えば，東京ディズニーランドの人気アトラクションは常に行列である。その状況で何時間待ちでもその乗り物に乗るのか，それとも諦めるのか。また並んでも待機中に故障が発生してしまい乗れない可能性もある。

　交通機関において，朝夕のラッシュや休日は混雑すると予測しているのならば，自分の希望の時間に合わせて乗るためにみずから前もって準備をするだろう。しかしあまりにも乗車客が多く希望通りとならない場合や増発しても乗車が打ち切られる場合もある。さらに自宅から場所が遠すぎて往復時間とテーマパークの滞在時間を合わせたら，とても自分の持つ余暇時間に合わず諦めている人も多いだろう。

　これらはサービス品質やサービスコストに係わるものである。顧客は容認範囲（求めるサービスと妥当だと思うサービスの範囲）を持っている。どんなことがあっても顧客から求められるサービス，顧客が妥当だと考えるサービス，顧客の目から見て理想的だと考えるサービスなど，顧客は期待に関していくつもの基準や水準を持っているため，顧客の期待を明確にすることは容易ではない（Fisk et al., 2004, 邦訳, p.205）。

　サービスには同時性があるため，顧客は決められた時間に決められた場所まで予定通りに出向く必要のある場合がある。その決められた時間までに行くまではいいが，本当に受けたい時間を確保するために余裕を持った時間配分をしなければならないのであれば，顧客はそのサービス受給に伴う感覚的コストを支払っていることになる。顧客はサービスの利用に際し，サービスの価格だけでなく，ほかにもさまざまなコストを支払っている。

　2つ目の「人材」については，もし特定の従業員からサービスを受けたい場合，これも待ち時間と同様，いつ受けられるかわからない状況になるかもしれ

ない。また需要によって価格設定が高くなる場合がある。これは，サービスの生産と消費の同時性・不可分性やインタラクティブ・マーケティングの場合にも当てはまる。顧客は特定の個人の技能を購入し従業員との関係性を保とうとしている。

3つ目の「モノ」については，サービスを受けようとしてもその対象物がないことを指す。ファーストフードで食事するスペースはあっても，商品が売り切れているならばそのサービス自体が成立しない。レンタルサービスもレンタルする商品自体がないとサービスは受けられない。サービス自体の提供はできても，顧客のニーズや在庫切れによってサービスが制限されてしまうことがある。

また上記の3つに必ずしも当てはまらないが，3つのいずれかまたは複数の偶発的な要因によって制限されてしまうサービスもある。クリーニングや修理については，工場の修理スペースが空いていない場合や修理部品の在庫がない場合がある。簡単な修理ならば場所を問わず修理ができるが，そこではすぐ終わるものでも時間や人材不足等によって翌日に持ち越される可能性がある。このように顧客のニーズと企業運営が一致しないことがある。

飲み放題サービス（コース）は時間の提供はできても飲み物自体がないと成立しない。ただこれには時間というサービスであるため，人材による直接サービスと違って商品が提供できるため時間の繰越というサービスが設けられているところもある。宅配については，宅配をすること自体のサービスは行えても対象物の在庫がなく，また交通機関の乱れによって宅配を制限することはある。

制限が出てしまうサービスの要因として，サービスといえども有形財も交えたサービスとなっているため，在庫や場所（空間）がないとサービス自体が受けられない場合がある。ATMにしても周辺に同じサービスが受けられる場所がない場合には，1カ所に集中してしまい短時間で用事がすむものが短時間ではなくなってしまうのである。交通機関は運送というサービスであるが，バスや電車という乗り物がないと増発はできない。したがって無形性サービスにおいても有形財の組み合わせによってサービス提供が行えない場合がある。

しかし標準的な時間でサービスを受けるに当たって，いろいろな偶然が重なったことで前後の待ち時間を合わせた消費時間が多い場合や，また一人当たりのサービス提供時間が制限されてしまう場合が想定されるのであれば，サービス提供者は事前に対策を打ち出すだろう。営業時間を超えても最後の顧客までサービス提供を行う，または割引券等を渡して次回優先的にサービスを受けられるようにする等，顧客の苦情にも対応しながら時間とサービスの効率化を図っていくだろう。ただこの場合でも，顧客にとって十分なサービスが受けられ，サービス商品に見合った時間であると感じられる処理時間を設定すべきである（山本，2007, p. 144）。

② 無限に受けられるサービス
- 保険，ローン，会計サービス，金融投資，携帯電話，インターネットのプロバイダー回線契約

無限に受けられるサービスは，サービスは無形性であるという特性から顧客のニーズさえあれば無限に提供できるものととらえる。これらは，顧客のニーズによって発生している無形の商品であるため，数が決められているわけでもなく，最初から在庫としてあるわけでもない。保険のしくみについては後述するが，各企業によって1つの商品として販売数を制限していることはあってもその商品は限られているであろう。また保険やローンは1年以上の契約として販売されるものが多く，また携帯電話やインターネットのプロバイダー回線契約については利用条件によって2年継続契約としているケースがあるため[2]，サービスの中では即効性でサービスを消費するのではなく，最も長期的に時間消費する商品であるといえる。

③ どちらにも当てはまるサービス
- 旅行ツアー，教育，ホテル

旅行代理店におけるツアーについては，ツアーの企画自体に形はないが，ツアーに人数制限を設け1つの商品としてすることがある。教育については，習い事や塾のことを指し，また利用時間による分類で1年以上としたのは，習い事や塾へ通うとしても最低でも1年間もしくは1年以上は通うであろう前提で

1年以上に分類した。ただし1年未満の習い事や1回2時間前後のセミナー参加についてもここでは教育として分類する。

　教育サービスは，前述した「サービス・システム」にも該当するものである。しかし，例えば，ある有名講師や教室運営の都合上人数制限をかける場合がある。ただ，講義自体を録画し，後に通信サービスやWeb配信サービスによるサービス提供を行えば，顧客は講師とも会わずして自分の時間の都合に合わせてサービスを受けることができる。これは，サービスに在庫がないようで在庫があるような商品の1つであるといえよう。

(2) 時間の分類と予約システムの関係性

　サービスの利用時間を分類するに当たり，サービス提供についてはその前後の時間も加味した上で判断を行っている。その1つの対策として予約システムを取り入れて前もって安心感を顧客に持たせることが望ましいが，予約できるサービスもあれば，必ずしも予約できないサービスもあるため，予約というサービス込みでの分類は行わなかった。予約をしたとしてもサービスを受けたいと思った時から実際にサービスを受けるまでのジレンマは生じている。しかしサービスは生産と消費の同時性があるため，提供者側もサービスを受ける側もその場の行為で満たさなければならないが，予約システムの取り入れや顧客の行動を管理することで本来のサービスの質が上がる場合もある。

(3) サービス・エンカウンターにおける顧客の時間と行動管理

　企業はサービス商品を提供し，顧客に価値を提供する場である「サービス・エンカウンター」の管理を重要視する。エンカウンターの管理には，顧客の行動，環境，時間の3つの管理が課題であるといわれている。

① 顧客の行動管理と顧客の学習

　顧客が予約時間に決まって現れるのであれば，あらかじめサービスの生産を開始するに当たって準備をすることが可能である。顧客のプロフィールが把握できているならば，なおさら個々に合った準備をすることによって円滑にサー

ビス提供を行うことができる。他方,時間通りでないと,あらかじめ決められたサービス提供時間の中で最高なサービスプランを提供できるかどうかは不確定となる。

さらにサービス・エンカウンターの価値を高めるにはサービス・エンカウンターにおける顧客の学習度も必要とする。顧客が受けるサービスに対して学習をしていけば,より高度なサービスを提供することが可能となってくる。例えば,教育サービスにおいても顧客が受けた授業後に復習を行い次の授業へ望めば,さらなる高いレベルの授業内容を提供することができるかもしれない。最終的には,こうした学習の蓄積によって顧客にスイッチング・コストを発生させることができ,学習が一定水準に達すると,ほかのサービス商品に乗り換えることで発生する顧客の費用負担は高まるのである。繰り返し購入が行われるようなサービスを提供する企業は,エンカウンターでの学習を積極的に進めて,スイッチング・コストを高めるように促す必要がある(山本,2007,p.145)。

このようなことから企業からサービス提供を受けている間に顧客自身が受けたサービスについて学習することによって波状効果も生まれるのである。

② 環境の管理

サービス・エンカウンターを重視させるには,顧客に対し顧客自身が行うサービス作業において的確に伝える必要がある。そしてサービス提供者と顧客が存在する「環境」を管理する必要がある。例えば,「株式会社あきんどスシロー(本社:大阪府吹田市)(以下,「スシロー」という)」は,回転寿司を一皿100円(+税)で提供し世界初の回転寿司総合管理システムを採用した。レーンから回ってきたものを取ることもさながら,顧客の注文はすべてタッチパネルで行われ,出来上がり次第順次レーンから回ってくる。通常レーンから回ってきたものについてもお皿にICチップを付け350m以上回ったら自動で廃棄している。

実際店に入ると,顧客は席に着き最初に従業員からタッチパネルの利用方法について説明を受ける。わかりやすいインストラクションがなければサービス提供に問題が生じる。この段階のミスは後で従業員が行う作業を困難にするだ

けでなく，顧客に不要な負担をかけさせてしまい顧客満足につながらなくなる恐れもある（山本，2007，p.144）。

また待ち時間が長くなりそうな場合は，待ち番号の用紙にQRコードを載せQRコードの読み取りからスシローの会員登録をすることによって[3]，テーブルに座れるまでの待ち時間が近くなると知らせてくれるサービスを行っている。さらに来店からの待ち時間予約だけでなく，スマートフォンアプリから来店時間に合わせた予約方法をとっている。実際待ち時間が発生している状況においては，来店して受け取る待ち番号予約と連動させて先着順に待ち番号を発行している。これはあくまでも予約待ち優先の権利を得ているにすぎないが，予約の時点で実店舗とアプリの複数チャネルによって，顧客来店獲得を行っている。

スシローはITを取り入れたことによってサービス品質と食に対する安心や安全を確保し，顧客と待ち時間の管理を行い，環境面もまた顧客や時間の管理も怠っていない。さらにサイドメニューを活発化し，従来の回転寿司イメージの方向性を変え，さらなる進化を遂げている。これによってスシローは国内の回転すし業界において売上高日本一の回転寿司にまで成長しているのである。

③ 時間の管理

もし顧客とサービス提供者が同じ時間に同じ場所にいるという条件をそろえるためには，時間の管理が必要である。一番簡単な方法はサービス提供者がいつもその場所にいて需要の変化に対応できるようにしておくことである。需要の変化に対しては，提供能力を増減させたり待ち行列をつくったりして調整するのである（山本，2007，p.148）。

ヘアカット業界で10分の身だしなみをモットーに，価格を1,000円（＋税）と割安で展開している理髪店チェーン「キュービーネット株式会社（本社：東京都渋谷区）（以下，「QBハウス」という）」では，混雑状況が確認できるよう信号をイメージした店頭表示で顧客の待ち時間を表示している。緑色はすぐにサービスが行える状況にある状態を指し，黄色は5〜10分待ちという状態，赤は15分以上待つ状況になるという表示を行うことで待ち時間の状況を知らせて

いる。またQBハウスの最大の特徴はシャンプーやブロー，シェービングサービスを削減し，さしたる価値の低下を伴わずにコストと時間を削減している。顧客の中には，こうしたサービスにあまり価値を感じず時間の無駄であると思いながら，付き合っている顧客も少なくない。

　こうした顧客を市場標的の対象とし，サービスよりもむしろ価格や時間を重視する顧客を絞り込み，顧客に対して短時間・低価格の理髪サービスという価値を提供し，さらにその価値を確実かつ効率的に実現するためにエアーウォッシャーや独自の管理システムといった差別的な価値提供方法を考案していったのである（池尾ほか，2010，p.38）。

　新商品や初売り等，人気商品が販売される時，またはさまざまなイベントチケットを扱っているチケットぴあや，イベント会場で直接チケットを販売するチケット売り場には，人気興行の前売りチケット購入のために前日から長蛇の列ができる。特にチケットを購入する際の列の並び方のルールや購入1回当たりの枚数制限を各会場によって定められているところがある。

　行列になったとしても顧客に不満を残さないようにする方法は重要である。あまりにも列が長いと顧客がサービスを受けることに対してあきらめてしまい，販売機会を逃してしまうことは前述したとおりである。しかし列に並び待ち続けることにサービス提供の価値を受ける達成感があると考える人もいる。列をつくらない方法として，整理券方式や予約システムを取り入れ，時間の管理と顧客の行動管理を把握することはできる。さらに前日から並ぶと予想されるイベントがありそうなエンターテイメント施設では，並ぶ列を決めるため前もって決められた時間を予告してその時間に顧客を集合させ，整理券配布や事前に列作成をすることによって，顧客の体調管理や近隣とのトラブル防止，また当日会場において混乱をさせないよう工夫を行っている。

　このような入場列作成のルールを業界では「シート貼り」といっている。そうすることによってある程度の需要を予測することはできるが，好ましい顧客に優先的にサービス提供を行うことができなくなる場合もある。

5 購入前・購入後のサービスコストと価格設定の関係

　これまで本章では価格設定とサービスコストの関係を明らかにし，それに経過するサービスの利用提供時間の分類を行った。しかし今日まで論じられているのは，購入時までと購入した商品を消費した後の顧客満足によるリピーター確保のためのマーケティング戦略が中心となっている。有形財は一度購入した後の消費サイクルが早く，満足すれば再び同じものを購入し，満足しなければ次の商品へと移り変わる心理的要素が強い。しかし，サービスにおいては，4つの特性により常に同じサービスから毎回同じ感触が得られるとは限らない。

　また時間を要して効果をはかるサービスについては，一度のみのサービス提供では全体の効果が表れないサービスもあれば，そのサービス提供期間中において何か付随するものが出てくるかもしれない。その付随の必要となった原因がサービスにあるか自分にあるかもわからずに，サービス提供のすべてを評価するのは無理があるだろう。

　サービスコストは購入時や利用時のコストだけでないと考えらえる。サービスの検索や代替比較した場合に費やした時間は検索コストといえる。また最初のサービスを受け終わった後に追加コストが発生していく場合がある。これを事後的コストとする。例えば，医師の診察を受けた結果，再診料が必要な場合やメンテナンス効果をさらに持続するために必要な追加サービスを支払うことがある。これはクロスセルやアップセルとは意味合いが違う。

　検索コストにはサービスの感覚的コストを受けるかもしれないし，事後的コストについても治療効果にあまり効果がないと感じてしまうのであれば，その費やした時間と努力は無駄なものとなってしまうかもしれない。反対に，購入前に徹夜して行列に並んだ場合でもサービスコストは発生する。したがってサービスのトータルコストの決定は目に見えるコストだけではないといえる。

　さらに価格とサービスの関係性から，通常より低価格でサービスが少ない商品やサービスを購入した結果，購入による最終的なニーズの完了を前に無駄に時間や別のサービスを費やすこととなるケースがある。これは，こういう時にはこういうモノが必要であるということではなく，自分みずからこういう購入

をした結果，自分のニーズが完了する前に予期もしていないサービスコストが発生してしまったということである。したがってある商品について，有形財と無形のサービス料込で価格設定されている場合と，サービスなしの製品価格のみで提供された場合のサービス代が削減された分のサービス価格の価値をもう一度みずから見直す必要がある。

(1) 購入後のサービスコスト

　購入後のサービスコストの考え方は基本的にラブロックが分類した6つのコストと同様である。金銭的コストは4Pと4Cの価格とコストの関係に関連する。

　例えば，安上がりにするため，家具や電化製品を店からの配送料なしで購入したとしよう。近頃ホームセンターではトラックを無料で貸してくれるサービスがあり，多少商品が大きくてもすぐに持ち運びはできる。またタンスやテーブルなどは組み立て式の商品が増えている。しかし，すぐに家に持ち帰ったのはいいが，組み立てができない人は少なからずいるだろう。そうなると後日組み立ててくれる業者を頼むか，代わりの別の人に頼むかどちらにしても金銭的コストはかかってしまう。同時にすぐに購入品が活用できない時間ロスと身体的・心理的・感覚的な非金銭的コストが生まれる。そうであるならば最初から配送を依頼し組み立てサービスを行ってくれる選択をした方がよかったかもしれない。さらにいうと組み立て前のタンスは中間製品であり，組み立てして初めて商品となる。自分で組み立てることを求めているニーズがあるかもしれないが，商品となって初めてその価値が生まれ，活用することができる。

(2) 継続的サービスコスト

　サービス提供のうち1回のみではサービス提供の効果が表れず，数回サービスを受けることによってそのサービスの本当の効果（商品）となるものもある。これは，前出「表2－1サービスの利用時間（期間）による分類」のうち1カ月以上に分類したサービスが当てはまる。病院の診察は1回では完治しないケー

スが多い。またスポーツジムでプログラムを組んだ場合，休まず数回通ったことによって本来の目的であるサービス提供が完了する。教育についても，1回の授業だけではすべてを教えることはできない。これらのサービスは継続してすべてのプログラムが終わった時または解決したときにそのサービスは商品化する。その間のサービスコストは，金銭的コストでは毎回の通う交通費等その他経費であるが，非金銭的コストにおいては各コストにおいて無意識なストレス反応となるような感覚を経験する。

（3）購入後の追加購入によるサービスコスト

上記（2）において，継続的にサービス提供を受けても効果がないと感じ，サービス効果を高めるためにほかのものを付随して買う，あるいはサービス提供から脱落する顧客は少なくない。例えばダイエット目的のためにスポーツジムに通ったとしても，ある程度続けたが目的達成されないと思い，別のものに手を出したとしよう。これはスポーツジムのサービスプログラムが自分に合っていないことが原因なのか，自分の私生活が合っていないのかわからない状態で，サービス効果を高めるためにほかのものを付随して買うのは，金銭的にも非金銭的にもサービスコストとなる。

時間がかかるサービス提供においては，このようなことにならないために顧客は購入する前の自己判断が必要であるし，他方企業側はこのような状況になることを誘引してしまうようなマーケティング戦略をとるのは好ましくないだろう。

6　パーソナルファイナンシャル・サービスの価格設定とサービスコスト

（1）パーソナルファイナンシャル・サービスの価格設定と価格の時間的リフレーミング[4]

パーソナルファイナンシャル・サービスはサービスの中では即効性でサービスを消費するのではなく，最も長期的に時間消費する商品だといえる。グゥオー

ビル（Gourville, 1998）は，サービスを消費が継続する継続消費（Ongoing Consumption）と一回で完結する単発消費（Lumpsum Consumption）の2タイプに分類している。継続消費条件では年ベースの携帯電話サービスとスポーツクラブの料金，単発消費条件では往復航空代とホテルでの滞在料金があげられる（白井，2012, pp. 39-40）。

ファイナンシャル・サービスは，一括払いよりも分割払いによってサービスの提供を受けながら消費していく商品が多い。住宅や自動車はローンを組めば，ローンを支払いながら住宅や自動車を利用することができるし，保険商品は月々の支払いを遅滞なく続けていけば途中何らかの事態が生じても保険サービスを受けることができる。しかしローンは別として，月々の支払いといっても契約した途端，本来の顧客のニーズとは違うところに利用期間の義務が生じてしまい，長期間にわたって支払わなくてはならないサービス，あるいは月々の価格設定はされていても，長期間にわたり結果的には高額な支払いをしているサービスは多くある。保険においては10年，20年と月々の支払いを継続的に行っているのであれば，累積すると満期金を受け取る額に近い金額を支払っていることになるだろう。

携帯電話の利用（2年縛り），インターネットのプロバイダー回線契約（2年縛り）は，あるサービスを安く受けられる代わりに2年という利用期間を設定して，2年経過後は自動更新という形で取引の継続性を図っている。企業側にとってみれば，取引の継続性と顧客の囲い込みをすることによって顧客とのリレーションシップを構築できるというマーケティング戦略ではあるが，それは誤解である。この場合の顧客の囲い込みはポイントシステムやペナルティのある長期割引契約を離反すると損をするという仕組みをつくることである。携帯電話の2年縛りによって顧客が維持されたとして「お客様との間に深い絆が生まれました」というのは，そこには取引の継続があってもリレーションシップは存在しないはずである（久保田，2014, pp. 24-25）。

個人顧客側の視点からみると，2年縛りという継続契約を行ったことで自動的に24回の月額料金が発生することとなる。月々の基本料金が5,000円であ

るとすると，1年間（月12回）で6万円，2年間（月24回）で12万円支払う義務が発生することとなる。企業側は表面上では月額の料金プランを提示しているのみで，総合的な販売価格での料金設定の細かい説明は積極的には行っていない。今日において，携帯電話やパソコン，タブレット端末等は今やコミュニケーションツールの1つというより，なくてはならない生活ツールの1つという位置づけとなってきているが，消費者が一度買ったら長く使い続けるだろうという心理と価格設定と取引の継続における顧客とのリレーションシップの構築は必ずしも一致しているとは限らない。

　ファイナンシャル・サービスである自動車保険では，保険料金を1年単位で支払うなど料金と補償される期間が明確になっているのに対し，有形財である自動車は長期に使用されることが主であり，購入は一度で完結するので販売価格と使用期間の関係は曖昧である。廃棄までの使用期間は消費者自身が決定する。比較的高額の製品カテゴリーでは，使用期間を意識した上で販売価格の高低を判断したり買い替えを考えたりすることがあり，使用期間は価格判断への影響要因であると考えられる。

　このようなことから白井（2012）は，本来の支払金額を示した状況において，価格の時間的リフレーミングの特性が消費者の反応に与える影響を調べている。実験そのものの分析は印刷広告を用いて長期に使用される高額の有形製品を対象とし，本来の支払金額を示した状況において価格を時間的にリフレーミングして表現するときに，使用期間と時間的単位の2つの特性が消費者の購買意思決定に与える影響について分析したものである。その分析として，時間的単位は「1年あたり○○円」のように長い単位を採用した方が消費者のリフレーミング表現態度は肯定的となる。また一日や一週間などの短い単位を用いるときには使用期間を長期にすることでリフレーミングを高められる結果が得られたという[5]（白井, 2012, p.41, pp.47-48）。

　白井（2012）は，有形財における価格の時間的リフレーミングの特性について消費者の反応に与える影響を調査していたが，今後の課題としてファイナンシャル・サービスにおける使用期間と時間的単位の2つの特性を明らかにし，

サービス財における時間的リフレーミングの特性について消費者の反応に与える影響を調べる必要性があると考える。

(2) ファイナンシャル・サービスにおけるサービスコスト

　保険の見直しに行ったら，さらに割高な契約をさせられるのではないかとか，聞きなれない商品を買わされるのではないかと不安に思う人はいる。銀行へ相談に行っても待ち時間があり，自分の資産状況を話すだけでも恐怖感がある。そのような予感がよぎった上で，みずからサービスコストを負担するのは気の進まないことだろう。

　現代において情報があふれる中，情報の取捨選択は必須のものとなっている。ファイナンシャル・サービスを行う店舗は銀行を含めて全国でもかなりの数の店舗がある。顧客のニーズをどれだけ受け止めることができるかによって，サービスコストの感覚が変わってくるかもしれない。しかし真剣にライフプランを考えるに当たって，サービスコストの観点からサービス料金の見直しをすることはあっても，サービス対価を下げてサービスコストの削減を実行しようと考える人は少ないであろう。また細かいサービスでの選択はあっても積極的にファイナンシャル・サービスの労苦やリスクを考えるようなことはしないであろう。

(3) 保険料の価格設定と購入後のサービスコスト

　ネット販売を経由した場合の保険料は通常に比べて安くなることから，自動車保険をネット型サービスで申し込む利用者が増加している。しかしまだ自動車保険のネット販売シェアは，自動車保険シェア全体の10%にも満たしていない。ネット申し込みで済ませようとするほとんどの利用者は，保険料が安いことが主な理由である。その背景には，保険料にお金をかけたくないということのほか，あまり自動車を乗らない生活傾向にあり，自動車は必要であるが保険に関しては乗車頻度に合わせた保険料相当で済ますという要因があるものと考えられる。

さらに通信販売やネット販売によって保険サービスを購入する人は，保険の知識が豊富であるという調査結果がある。入院や死亡という知らせを聞いて担当者が駆けつけ面倒な手続き等を手伝ってくれるわけではなく，これらは自分で手続きしなければならない。実際のところ自分で考えて自分で判断し，自分で行動できる人だけがオンラインで安く保険を購入できるのである（中村，2003，p. 19）。

通信販売やネット販売の価格設定の考え方は，4P理論における価格（Price）の考え方であって，4C理論のコスト（Cost）の考え方ではない。ネット販売という利便性から販売形態が拡大し，そのメリットとして購入の複雑さをなくし，これまで販売してきた価格より割引できるという企業視点が主であった。しかし，デメリットについてはすべて顧客負担となると，購入後のサービスコストが増大する。

コストプラス法は，利益にコストを加えて価格を売価とする考え方であるが，サービス業において企業の人件費のすべてを企業コストと考えるのは大きな間違いであり，顧客の営業担当者そのものが顧客における商品価値となる。それが顧客におけるサービスに対して見合うコスト（Cost）であって，単に割引された差額分のコスト（価格）が浮いたわけではない。有形財においてネット販売で安く家具を購入したとしても，組み立て方がわからないと手間がかかる。こういった時に直接家具店に行って配送料に加えて組み立てもしてくれるサービスを付けた価格で購入した方が，多少値段が高くても精神的なコストは軽いかもしれない。したがってネット販売の割引設定は，割引されたコスト価値分を再び顧客にとっての価値となるように企業視点を考え直さなければならない。

（4）パーソナルファイナンシャル・サービスのニーズ（Needs）とウォンツ（Wants）の特質

パーソナルファイナンシャル・サービスは人々にとってどういう存在であろうか考えてみる。今まではファイナンシャル・サービスについて，将来において何となく必要という感覚であっただろう。しかし，バブル崩壊後の日本経済

において長引く超低金利や終身雇用制度の変化等により特に若い世代には,「自分の資産は自分で守る」という意識が芽生えているとはいえ,非正規雇用あるいは収入が伸び悩んでいる低所得者の若者においては,ファイナンシャル・サービスを受けようと思っても受けられる余裕がないかもしれない。それでも若者は将来へ向けてのビジョンやニーズは持っているはずである。

ニーズは「衣食住」,ウォンツは「衣食住以外」と簡単に例えることが容易である。ニーズとウォンツを満たすためにお金を増やす方法を身につけることが手っ取り早い方法かもしれないが,ファイナンシャル・サービス自体を我々は望んでいるわけではないことを気にかけておくべきだし,ファイナンシャル・サービスを受ければ本当のものを手にできると考えることは疑問が残る。家を買うにしても個々のライフプランにおいて一戸建ての家か,マンションかまたは賃貸物件にするか,そういったこともニーズとウォンツの分かれ目であろう。人によってはファイナンシャル・サービスを利用することでニーズとウォンツが満たされていたのかもしれない。

パーソナルファイナンシャル・サービスのニーズとウォンツを考えるに当たって,いくつかの現状認識と問題点がある。1つ目は,前述したようにファイナンシャル・サービス自体を我々は望んでいるわけではないことが考えられる。または本質的に興味を持てないことが考えられる。2つ目は,ファイナンシャル・サービス提供の特徴からサービスを受けようと思っても受けられない人々がいることが考えられる。3つ目は,パーソナルファイナンシャル・サービスにおける知識が欠如していることから,将来におけるビジョンは持っていてもパーソナルファイナンシャル・サービス自体が自分にとってニーズなのかウォンツなのか判断ができないことが考えられる。

このようなことからターゲットを絞る際もプロセスを明確に示し,ファイナンシャル・サービス自体が個々によってどこに位置されるのか明らかにすることで,個々人のファイナンシャル・サービスに対するニーズとウォンツの区別を持つことが必要ではないかと考える。人によっては財産等の余裕のなさから,ファイナンシャル・サービス自体が受けられなくても将来のビジョンにおいて

「人生の幸福」というニーズを個人の中で満たしているかもしれない。もっともそれが個々人にとっての価値共創なのかどうかは，疑問の残るところである。

2.2 パーソナルファイナンシャル・サービス・マーケティングと戦略手段から見た特質

1 パーソナルファイナンシャル・サービス・マーケティング商品の戦略的要素

（1）パーソナルファイナンシャル・サービスにおける商品体系の構築

　パーソナルファイナンシャル・サービスにおける商品は，保険業界や証券業界等においてそれぞれの商品に法的規制が組み込まれているため，販売する業態は限られている。しかし，証券会社にしても保険会社にしても代理店含めて数多くの販売店がある。株式取引と保険業態のチャネル体系例は後述するが，個々人により生から死までサービスを受ける商品はそれぞれ違うかもしれない。繰り返し購入する商品もあれば一生のうち1回しか購入しない商品もある。それぞれの基本機能や使用機能は商品やサービスによって異なるかもしれない。しかしパーソナルファイナンシャル・サービスを購入するに当たって共通していえるのは，個々に求めている長い間の幸福感をどれだけ満たすことができるのかが求められていることにある。そのためには商品やサービスにどのような機能があり，どう使用するのかを顧客にイメージさせる必要がある。

（2）パーソナルファイナンシャル・サービスにおける商品体系の例

①　サプライチェーンの側面から見た商品開発システムの商品構造図

　図2－6は，サプライチェーンの側面から見た重点得意先の製品・商品情報に基づいた製品開発・商品開発システムの商品構造図を援用して，パーソナルファイナンシャル・サービス・マーケティングとしてのパーソナルファイナンシャル・サービスにおける商品コンセプトを描いたものである。サービスという無形のものを提供していく中，パーソナルファイナンシャル・サービスにお

図2-6　パーソナルファイナンシャル・サービスにおける商品コンセプト

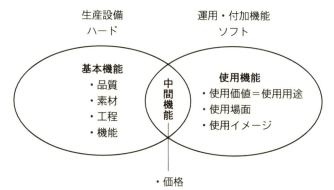

出所：新津重幸「マーケティング講義録（高千穂大学授業レジュメ）」
（2013年5月）を一部加工。

いては，より独自化した具体的な商品コンセプトを顧客に提供していかないと，より複雑で困難なイメージが付きまとうだけで顧客のニーズさえも曖昧になるだけである。

a. 基本機能

- 品質
  顧客が実際に抱いているニーズ・期待とサービス側が考えるニーズ・期待の一致が求められる。
- 素材
  人材能力におけるサービスや専門知識を有することによってパーソナルファイナンシャル・サービスに対する信頼性と安心を持たせる。
- 工程
  工程については，後掲の図（図2-9～図2-13）で示すとおりマーケティング・フローとチャネル機能を明らかにしなければならない。
- 機能
  パーソナルファイナンシャル・サービスを預かる・貸す・運用することによって製品（Product）がパーソナルファイナンシャル・サービスとして

の商品（Commodity）となる。

b．中間機能

中間機能は基本機能，使用機能の間にあり，両者に共通するものである。

・価格（手数料）

パーソナルファイナンシャル・サービスの場合，顧客と継続的に接触するサービスであるため，手数料についてはその顧客の生涯価値から価格設定することが重要となる。例えば，銀行（証券）口座において預金残高の少ない顧客は，口座維持と引き換えても付随したサービスや金融商品を購入する期待は低い。そのような顧客に取引手数料を引き上げた場合，取引をやめてしまう恐れがある。

今日の時代背景から若い顧客の大半の口座残高は少ないものであろう。取引手数料を引き上げたことによって，若い顧客が将来優良な顧客になる可能性を銀行側は失っているかもしれない。長期的なサービスを利用する顧客を保有する場合は，時代背景による価格設定より顧客の生涯価値に基づいた考え方が望ましい。

c．使用機能

・使用価値（使用用途）

運用をすることによって現在から将来へ向けての安心感と将来へ向けての幸福，ベネフィットを受け取ることができる。

・使用場面

老後，学費，ローン返済，保険満期，祝い金，その他不慮な出来事等の場面で使用される。

・使用イメージ

将来へ向けた計画性を考えることができる。少額の配当金や株主優待は少しばかりのお小遣いと考えられる場合がある。

（3）これまでの金融サービスにおける商品開発のプロセス

銀行では普通預金・定期預金・住宅ローン・カードローン等の金融商品，決済の自動引き落としや給与・年金振込・入出金等のサービスが金融サービスに

おける商品と位置づけすることができる。証券会社では株式・債券など有価証券の売買の取次ぎ，生命保険会社では，終身保険・定期保険・傷害保険などがある。商品というとき品質機能，品揃え，名称，販売単位の設計とライフサイクルの管理が含まれる。

金融商品についてどれも同じであるイメージが強い。しかし近年の金融自由化によって商品そのものに差が出ており，個々の商品は同じであっても，それを組み合わせた新商品が増加している。銀行においては保険や証券取次業務など扱える商品の範囲が拡大した中で，どの商品を取り扱うかの選択が重要となり，商品が増えればそれだけライフサイクル管理が必要となる。他方，顧客側は多様化する新商品の購入において十分吟味する必要があるだろう。

通常，新商品の開発には多大なコストが伴う。開発には年月がかかり，市場導入のためのマーケティング費用はもとより，金融商品ではシステム開発が必須であるため，費用はさらに大きくなる。さらに，たとえ少数でも保有し続けている顧客が存在すると撤退が難しくなる。これらのリスクを最小限にとどめることがマーケティングの重要な使命の1つである。誰かの思いつきや他社が始めたからといった理由で新商品・サービスをスタートしてはいけない。リスクを減らすためには，それらのアイディアが成功するかどうかを科学的に検証する必要がある（戸谷，2006, p.29）。

図2－7は，これまでの金融サービス・マーケティングにおける商品開発のプロセスを示したものである。新商品・サービス開発時には，図2－7のようなプロセスを経る。

この商品開発のプロセスにおいては，①ニーズのある市場を見つけて，土台となるモノ・サービスのアイディアをつくる。②アイディアを具体的なモノ・サービスに設計する。それがうまくいく見込みがありそうならば，③テスト・マーケティングが行われ，合格したものだけが，④市場に導入される。そして普及のための施策を行い，最大収益を上げるため定期的に見直しを行いつつ，適切な時期に撤退するという，⑤ライフサイクル管理が行われる（戸谷，同上書, p.30）。

第2章 サービス・マーケティング戦略とパーソナルファイナンシャル・サービスのポジション ◎── 83

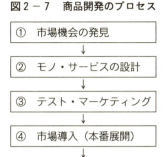

図2－7　商品開発のプロセス

① 市場機会の発見
② モノ・サービスの設計
③ テスト・マーケティング
④ 市場導入（本番展開）
⑤ ライフサイクル管理

出所：戸谷，2006，p.30。

　経済が成熟し，消費者ニーズが多様化・複雑化した社会では，顧客ニーズを正しく迅速に理解することが商品開発の第一歩である。潜在的・顕在的顧客ニーズを発見し，ニーズに合う新商品を開発する場合もあれば，新しい技術が開発され，顧客のニーズとマッチさせたり，ニーズを喚起したりして商品化される場合もある。技術開発に端を発する商品であっても，工場を出た時点では製品にすぎず，流通経路にのせて消費者にその価値を伝えるコミュニケーションが行われて初めて商品となる。今日においてサービス財は，技術が「顧客にとって価値のある商品」となって顧客の手に届くまでにやらなければならない（戸谷，同上書，p.160)。

(4) 地域金融機関の商品開発におけるサービス・マーケティング
　　―大垣共立銀行のサービス・マーケティングの商品戦略の事例―
　日本は，1990年代の規制緩和によって金融業界も例外ではなく年々諸制度や販売業務が緩和されていった。今日，銀行業においては投資信託の販売や保険販売の一部が解禁となり，さらに銀行店舗の営業時間が原則自由となった。現在ではネット利用による24時間取引が可能となり，地域金融機関の競争激化は単に地域内だけの競争にとどまらなくなっている。そのような中で地域金融機関の商品開発プロセスと商品戦略を取り上げ，どのような商品戦略とサー

ビスを行っているのか，大垣共立銀行のサービス・マーケティングの商品戦略の事例をもとに説明することとする。

大垣共立銀行（本社：岐阜県大垣市）は，地方銀行にもかかわらず，預金者を対象として数々行われたアンケートやイメージ調査において，全国展開している銀行等を抑え1位を獲得するなど，「革新的」なサービスを展開し続けている金融機関として知られている。特に，「ATMの利便性」，「行員の対応の迅速さ，親身さ」，「地域社会への密着度」においてのイメージが高く，「顧客目線」に立った良質のサービスを提供していることがうかがえる。さらに大垣共立銀行は独自のマーケティング革新を不断に実行してきたともいえる（住谷, 2006, p. 85）。

大垣共立銀行の商品開発プロセスは，①各自がそれぞれの自由な発想で企画書を作成し，②業務開発部内で企画書を回覧し課題などのチェックを行う。次に，③②で業務開発部として実施となれば役員宛に企画内容の説明を行い，④役員による実施可否の判断を受け，実施が認められれば，⑤商品化というプロセスを示している（住谷，同上書，p. 108）。

この商品開発プロセスを通過した大垣共立銀行の商品戦略の優位性は，3点あると考えている。1つ目は，「自己選択メカニズムの効果的活用」である。銀行を利用する顧客のニーズは多種多様であるため，多種多様な顧客のニーズを売り手である銀行側がこれを正確に把握することは難しい。このようなケースで，異なった価格に異なった特性を持つサービスの組み合わせを顧客に提示すれば，顧客はみずからのニーズに合ったサービスを自分で選択することで，どのようなニーズを持っているのかに関する情報を売り手側に提供してくれることになる。この現象を「自己選択メカニズムの効果的活用」という。

大垣共立銀行は，総合口座（普通預金），ゴールド総合口座，スーパーゴールド総合口座という3つの異なった価格に異なった特徴を持つ口座を商品としている。ゴールド総合口座とスーパーゴールド総合口座は所定の口座管理手数料が必要であるが，ATM・コンビニATM「ゼロバンク」[6] 時間外利用手数料や大垣共立銀行本支店間振込手数料を無料にする等，サービスの差別化を図っ

ている。さらにスーパーゴールド総合口座は外貨預金為替手数料や投資信託の申し込み手数料のキャッシュバック等を行っていることから，資金運用ニーズを積極的に持つ顧客はみずからのニーズを開示するであろう。給与振り込みや公共料金の引き落としを主に口座を開設したいと思う人は，ゴールド総合口座を開設することによってみずからのニーズを開示するだろう。

　このような「異なる価格に異なるサービスの組み合わせ」を提供することは，「自己選択メカニズム」を通じて，顧客のニーズに関する情報がより把握しやすくなるメリットがあり，売り手側は顧客志向に合わせたマーケティング戦略をより容易に実践することが可能になる（住谷，同上書，pp. 89-91）。

　2つ目は，「クロスセリングによる囲い込みを容易にする商品ラインアップ」である。「クロスセリング」とは，自社の商品やサービスを受けている顧客に対して，さらに関連するほかの商品やサービスを販売していくことを意味するが，大垣共立銀行の提供する商品には，この「クロスセリング」を容易にし，顧客との関係を維持していこうとする姿勢がうかがえる。

　大垣共立銀行の経営理念に「コンセプト」化というキーワードがある。さらにコンセプトから「フィット」と「コーディネート」に分けられていくのだが，「コーディネート」については資産運用に関するニーズを潜在的に探し出し預金者に投資信託など関連商品を積極的に「クロスセリング」していく戦略として具体化されている。例えば，前述のゴールド総合口座とスーパーゴールド総合口座には，投資信託やローン等，ほかの関連する商品を購入する際の優遇サービスが多く設けられている。顧客の「囲い込み」には，1995年に開始された「サンクスポイント・プレゼント」の貢献が大きく，総合口座の取引に応じてポイントが加算され，貯めたポイントと各種特典との交換サービスやATM時間外手数料無料，金利優遇等さまざまな特典があり高額な特典と交換できる可能性のある「夢のある」設定になっている（住谷，同上書，pp. 87-91）。

　3つ目は，銀行の枠にとらわれない革新的サービスを通じて顧客に高い利便性を提供するために，業界の垣根を超えたコラボレーションを積極的に行っていることである。その代表的な例として，前述した「サークルKサンクス」

との提携によるコンビニATM「ゼロバンク」をあげることができる。手数料を無料としたコンビニATMを核に，集客力を向上させたいサークルKサンクスと大垣共立銀行のキャッシュカードを利用する顧客に24時間365日利用できるATMの設置を飛躍的に拡大させたい銀行側の狙いが一致して，この「ゼロバンク」という革新的サービスが実現したのである（住谷，同上書，pp. 91-92）。

　大垣共立銀行は地域金融機関の商品開発において，常に顧客の立場に立ったサービスを提供している。多くの銀行は地域密着を掲げ，「地域に愛され，親しまれ，信頼される銀行」を基本的経営理念の合言葉として，地域に合ったサービスを展開しているが，そこではただ単に地域社会に合った商品開発を行うだけでなく，パーソナルファイナンシャル・サービスに根づいた商品開発が求められる。その中で大垣共立銀行は全国に多数ある銀行業においてライフプランにおける個々のニーズを満たすパーソナルファイナンシャル・サービス商品の開発を先駆けて行っているといえる。

2　パーソナルファイナンシャル・サービスマーケティングにおけるマーケティングコミュニケーション戦略の特質

（1）パーソナルファイナンシャル・サービスにおけるコミュニケーション体系の構築

　いかに「よい商品・サービス」であっても，顧客ニーズを満たすことができるその良さが伝わらなければ買ってもらえない。顧客にその魅力をわかってもらうためにはコミュニケーション（伝え方）が重要になる。サービスは無形であるため，実物を見せることができる有形財にくらべ伝え方は難しい。そこで，これまでのパーソナルファイナンシャル・サービスにおけるコミュニケーション体系を人的顧客接点，広告における戦略に分けてみる。

① 人的顧客接点

　企業は顧客に商品やサービスの価値を伝える経路を多数有している。顧客からみれば，それはどのように情報を得るかを意味する。何らかの購買決定のた

表2－2　購買時の情報源

	人的情報源	非人的情報源
一般情報源	・友人，知人 ・家族 ・専門家（セミナー，無料相談を含む）	・新聞，雑誌記事 ・テレビ，ラジオ番組 ・書籍 ・ネット情報（SNS含む）
企業情報源	・セールスマン ・店舗窓口担当者 ・セミナー，無料相談	・広告 ・カタログ，パンフレット

出所：戸谷，2006，p.179を一部加工。

めの顧客情報源は表2－2のように分けられる（戸谷，2006，p.179）。

　発信者がその商品・サービスを販売する企業か否か，また伝達媒体が人間かそれ以外であるかによって大きく4つに分類される。この中で銀行・証券・保険などの金融機関がこれまで最も活用してきた情報源は，企業が発信者で人間が伝達媒体である場合，つまり金融機関の従業員が直接顧客として相対して商品・サービスを説明するという方法であろう。顧客との直接接点の多さは金融機関にとって大きな強みとなっていたが，自由化による競争激化と不良債権処理の過程でコスト削減を進めていった結果，金融機関の顧客接点は大きな変化が生じている（戸谷，同上書，pp.179-180）。

　パーソナルファイナンシャル・サービスにおいてセミナーや無料相談は，最もサービス商品について情報を知ることができる人的顧客接点である。セミナーは1つのテーマについて説明するため，そのテーマについて興味があるのであればセミナーを聞くことによってより理解が深められるであろう。無料相談は，個々に関心や不安があることについてダイレクトに気軽に相談できることから，答え（解決策）がすぐに出せなくても非常に重要となる情報を得ることができる。セミナー，無料相談は税理士やFP等の専門家が独自に行う場合，市町村が各地で行う場合，企業が（専門家に依頼して）行う場合等さまざまな形態がとられる。

② 販売促進・コミュニケーション広告における戦略

　商品の良さを顧客に伝える手段である販売促進・コミュニケーションには，PR（パブリックリレーション）・IR（インベスター・リレーションズ：投資家向け広報活動）からボーナス・キャンペーンなどの販売促進活動，顧客と直接相対する従業員の使う商品説明資料まで，対顧客コミュニケーション全般が含まれる。自社の開発した新しい金融サービスが素晴らしいサービスであるとしても，顧客にその価値を理解してもらわなければそのサービスは購入してもらえない。

　サービスは無形であるため表現の仕方が難しいことや顧客がサービスの重要性自体を理解していないことが多く，コミュニケーション戦略は金融業界が最も苦手としているものの1つである。しかし，サービスは無形である特性から，特にファイナンシャル・サービスはモノの財よりも顧客の考え方によって評価が左右するものである。マーケターは，それぞれの顧客の心理を理解し，自社の商品やサービスを「素晴らしい」と思ってもらえるような伝え方をする必要がある（戸谷，同上書，p.33，p.183）。

(a) TVCM における戦略

　顧客へのコミュニケーション方法の中で，TVCM（Television Commercial）や新聞広告など多くの顧客の目に触れるマス・メディアを媒体とする広告は，最も費用のかかるものの1つである。ところが，ファイナンシャル・サービスの広告・宣伝の現場では，メッセージを伝えたい相手が誰でどのような価値観を持っていて，何を訴えれば最も効果的なのか，そのためにどのようなメディアが適切なのかといった基本的な事柄に十分な注意を払っていないことが多い。さらにどの商品・サービスがどのような顧客のどのようなニーズを満たすために，何をどのように伝えるべきなのかが明確になっていない。そのため従来，サービスの特徴を羅列するだけのポスターや広告代理店の製作者の感覚や担当者の好みで TVCM が作られている傾向が強かった（戸谷，同上書，p.33，p.183）。しかし現代の TVCM においては，1つの商品についてストーリー性（連続性）を持たせ，視聴者側が次の CM 制作を楽しみと思わせるような展開が増えている。

こういった金融サービスにおける TVCM においては，個々のライフプランに合わせて，こういう時にはこういうサービスを受けるという「生活シーン」を取り入れながらの構成となっている CM がみられるようになった。例えば保険会社の営業マンが個人宅へ訪問し，話をするという昔ながらにみられる光景を新たな顧客サービス信頼構築の原点として，その場面をそのまま CM に流している企業はある。また自動車保険は，常に顧客満足度 No. 1 とうたった伝達方法を採用しているのが多くみられる。企業の都合という視点だけでなく，顧客とのコミュニケーションを図っている事例をそのまま CM 上に反映させてパーソナルファイナンシャル・サービスを身近なものへと日々努力している状況がうかがえる。

(b) 広告における情報量とその処理能力

パーソナルファイナンシャル・サービスは，顧客層の幅が広く，顧客がそれぞれのライフプランにおいて必要な情報をどこから，どれくらいの量を集めてくることも人によって違うため，それぞれの内容に対する反応は異なる。そういった情報収集・処理の行動は，その顧客の商品やサービスに対する知識や関心のレベルや方向性に左右される。別の言い方をすると，入ってくる情報を処理する「動機」と「能力」に左右される大量の情報が世の中にこれだけ溢れている現代では，あらゆる情報の中から取捨選択をしなければ顧客は使うことができない。取捨選択のレベルは人によって違うであろう。

例えば，将来の老後資金のために，ある運用商品について NISA を使って真剣に詳細を検討しようと思うのは，その顧客にそうするだけの動機がある場合である。その動機に当たるのが，パーソナルファイナンシャル・サービスに対する関心度合いである。顧客が資産運用に強い動機（関心）があったとしても，次に実際に情報を処理できるかどうかという能力の問題が生じる。その能力に当たるのが，顧客の資産運用に関する知識の深さと自分のライフプランにおけるパーソナルファイナンシャル・サービスに対する意識の高さである。

動機も能力もある顧客は，大量な情報が入ってきてもうまく消化することができる。動機はあるが能力（知識）が足りない顧客，逆に知識はあるが関心が

低い顧客，あるいはどちらも有しない顧客では，同じ商品やサービスでも見え方が異なる。個々によって情報源も集める情報の種類も量も異なる。それぞれの顧客の情報処理の方法に合わせた広告宣伝を考える必要がある。コミュニケーション戦略において誰をターゲットにするのかは最大の焦点であるため，異なる顧客層に異なる訴え方をするのは当然のことである（住谷，2006, pp.55-56）。

（2）顧客の心理的要素

重田（2007, p.137）は，人は何かをしてもらったら相手に何かのお返しをしようとする心理があると述べている。これを心理学では「好意の返報性の法則」という。日常生活においてお返しするという行為は一般的なことであり，この行為は企業と顧客の関係にも当てはまる。商売において「お客様還元セール」という言葉を耳にするが，これも企業側から顧客への感謝をこめてセールを行う，すなわち値引きすることによって売上を還元する戦略であろう。

無料サンプルや低価格でお試しキャンペーンを行うサービス業は数多くあり，プロモーション手段においてよくあることである。しかし金融サービスにおいては，経済合理性がないとして却下されることが多い。その代わり限定された定期預金口座の金利について期間限定で，ある条件を満たしたら金利を上げるという特典サービスがある。例えば地方銀行がプロスポーツチームのスポンサーとなって，地元スポーツチームが勝ったら金利を上乗せする地域密着ならではのサービスが各地で行われている。これも地域と企業と顧客が一つになってスポーツにおける感動を共有したことによる日頃の感謝から金利を上げることによって，違った形での「お返し」という心理的要素でもある。

銀行のATMの時間外利用にかかる手数料は，顧客にとって非常に評判の悪い施策の1つである。しかし，これを無条件で廃止した銀行は少ない。多くの場合，取引数や資産金額が一定以上だったら条件つきで無料にしているケースが多い。この条件つき手数料免除で顧客が感動して，そのお返しにほかの取引を増やしていこうというケースはあまり見られない。これは，「何かをしてもらったらお返しする」の「何か」のポイントがずれているからである。「何

か」のポイントは3つあると社会心理学の権威チャルディーニは以下のように述べる。すなわち1つ目は,「自分にとって重要であるものであること。」,2つ目は,「自分のためにカスタマイズしたものであること。」,最後に,「自分が期待していた以上のものであること。」である。これらの3条件がそろった時,お返ししようという気持ちが生まれるのである(戸谷,2006,p.188)。

銀行ATM時間外手数料は,時間外に使う人にとっては重要であるし,一定以上の取引をしている人だけに対するオファーなのでカスタマイズしているといえる。しかし,ATM入出金手数料についてはそもそも「自分のお金を出すのになぜ手数料を払わなければいけないのか」と思っている顧客がほとんどで,自分が期待していた以上のものとは気持が反対となり,後で銀行側から手数料を無料としますといわれてもお返ししますという気にはなれない。ここでの最大の問題は,銀行が「何かをしてあげる」前に,まず顧客が「何かをしてくれる」ことを要求していることにある。

多くの金融関係者が,採算が合わないだろうと考えていたATM時間外入出金手数料を無条件で無料化し,ごく少数の銀行では顧客満足度は高く好業績を上げている。この事実をほかの銀行も真剣に受け取るべきであろう。これには好意の返報性の法則が関係しているといえる(戸谷,同上書,pp.188-189)。

(3) インターネット戦略における消費者行動モデル

SNS社会は,新たな生活者コミュニティをもたらし,企業と生活者との共生・共感を前提とした市場戦略アプローチ手段へと転換が認識されるようになってきている。現代において若者におけるTV離れが加速し,スマートフォン所有率が増えていることによって若者を中心としたSNS社会はもはや実生活と切り離すことができない生活環境条件となっている。これをさらに若者へ向けた価値創造の構築に進化させるにはどうすればよいのかを考えてみる。

コミュニケーション戦略の手段であるAIDMAモデルは,消費者の購買行動をAttention(注意),Interest(興味・関心),Desire(欲求),Memory(記憶),Action(行動)でとらえ,A=Actionを期待して,売上に結びつけるこ

図 2 − 8　電通の AISAS モデルの概要

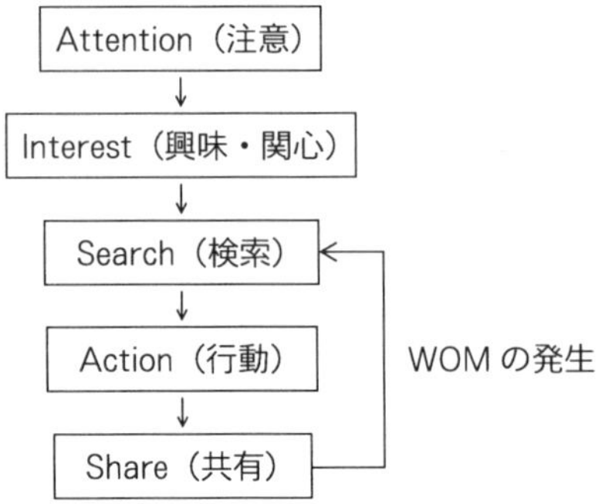

```
Attention（注意）
    ↓
Interest（興味・関心）
    ↓
Search（検索） ←──┐
    ↓            │ WOM の発生
Action（行動）    │
    ↓            │
Share（共有） ────┘
```

出所：青木ほか，2012，p. 133。

とをゴールとしていた。しかし，今やネットコミュニティによる派生効果がないと，今日の市場は創造できなくなっている。これに関して，インターネット時代の新たな消費者行動モデルとして電通が提案している AISAS（アイサス）は，Attention（注意），Interest（興味・関心），Search（検索），Action（行動），Share（共有）という5段階を想定しているとする（青木ほか，2012，p. 133）。

　この消費者行動モデルを援用すると，現代の若年者を中心としたファイナンス知識における状況とインターネットによる新たな生活者コミュニティのつながりを以下のように説明することができる。

　Attention（注意）は，気づかせるということだが，日本においてパーソナルファイナンス教育はまだまだ乏しい。金融資産ゼロ世代が増加していることや若年層の投資意欲が低いこと，またクレジットカードによる自己破産が増えていることもお金に関する知識が低いということがいえるだろう。そのために特にパーソナルファイナンス研究に力を入れている日本 FP 協会，金融財政事情研究会，パーソナルファイナンスの専門家である FP 等が，派遣授業やセミナーを通じて「気づかせる」行動を行っている。

　Interest（興味・関心）は，気づかせることによって興味・関心を持たせるとともに，自分で考えさせることが必要である。

　Search（検索）は，話を聞いたこと，広告で知ったこと，情報番組で気にな

ったことを書店や図書館に行って調べることであり，これはインターネットで検索することも同様であり，インプットしたものをアウトプットすることによって，パーソナルファイナンシャル・サービスが実際どういうものなのか理解する。

　Action（行動）によって，実際に購入し，その商品の評価をShare（共有）する。モバイル環境でのネット利用をベースとして，買った商品の評価やさらに気になった商品や広告の印象を人に伝え，ネットに書き込むことによって情報の共有と情報交換が活発化して，共感やつながりといった面での消費者間の相互作用をとらえることが重要になってきている。

　それにより，SNS等の書き込みによってほかの人が共感を持ち次々と検索されることや友人同士の会話によってWOM（Word of Mouth：口コミ）が発生する。なお，最近では，ソーシャル・メディアのさらなる普及と背景に共感を重視したSIPSモデルが提案されている。これは，Sympathize（共感），Identify（確認），Participate（参加），Share & Spread（共有・拡散）という4段階からなるモデルである（青木ほか，同上書，p.134）。

　さらに，ネット上での商品の購入行動プロセスの拡張モデルとして，アンヴィコミュニケーションズが提唱したAISCEASモデルは，Attention（注意），Interest（興味・関心），Search（検索），Comparison（比較），Examination（検討），Action（行動），Share（共有）というように，AISASモデルから変化させている。しかしこのような購入行動プロセスは，メールやインターネットがなかった以前から行っている。

　SNSだけでなく，2012年のヒット商品となったLINEも若者の利用が増大しており[7]，電子メールより簡易に使え，文字だけでなく，写真やHPのURLまでもが瞬時に送ることができ，そしてグループごとに登録しておけば一度に何人もの人に送れる。1人が興味を持って検索し行動をした情報が共有することによってそれがまたほかの人へと繰り返される。この共有・拡散スピードは分刻みレベルで行われている。このような現代における情報スピードと共有・拡散スピードは限りなく加速している。

インターネットは膨大な量と多様な検索機能をもたらした。しかし消費者が意思決定をするに当たって，消費者が情報を処理できる範囲を超えるような大量の情報は，かえって意思決定の質を劣化させる「情報過負荷」の現象を引き起こしている。また，どのサイト情報が信用できるのかという信憑性判断の困難や選択的バイアスの問題は，マス・メディアの時代よりも深刻化したともいえる。法人，個人問わず情報の公開によって権利等の訴訟も起こりかねない。したがって消費者は多様化した情報の取捨選択が必要であり，そういったことを気づかせることも企業が今後の広告・宣伝活動をしていくうえでの1つの課題でもあろう。

3 パーソナルファイナンシャル・サービス・マーケティングにおけるマーケティング・チャネルの特質

(1) パーソナルファイナンシャル・サービスにおけるチャネル体系の構築

マーケティングを理解するに当たって，購買－生産－販売といった一連の企業活動の構造を理解することが不可欠である。サービスにおいては無形性であるため財そのものは無形であってもサービス提供するにあたっての元素材からサービス完成までの流れは存在する。直接人の手によってサービス提供する場合はあるが，パーソナルファイナンシャル・サービスのような構造が複雑である商品を扱うサービス行為には，サービス提供におけるマーケティング・フロー一連の工程を体系化する必要がある。

マーケティング・チャネルがマーケターと標的購買者を結びつけるものであるとすれば，サプライチェーンは原材料から完成品までつなぐより長いチャネルを意味する。サプライチェーンの理解には，川上から川下に至るサプライチェーンの構造と川下から川上に至るデマンドチェーンの構造からなる2つの概念が存在する。しかし，サプライチェーンは価値提供システムであり，企業はサプライチェーンから生じる総価値の中からある程度の利益を得るにすぎない(Kotler, 2000, 邦訳, p.19)。したがって元素材から生活者までいきわたる全体のトータルサプライチェーンを見た場合のチャネル体系を構築する必要がある。

(2) パーソナルファイナンシャル・サービスにおける株式取引のチャネル体系

顧客は，自分のニーズを満たす商品やサービスについて十分な情報を有しているとは限らない。他方で，顧客の周りにはさまざまな商品やサービスが溢れていることから，顧客は自分自身のニーズに気づいていない場合も少なくない。パーソナルファイナンシャル・サービスは保険（生命保険と損害保険）や株式取引といった構造が複雑である商品を扱うサービス行為であるため，金融市場から金融機関を経由した生活者市場までの流れをサービス・マーケティングとしてとらえたサプライチェーンに関わるチャネル体系を援用したパーソナルファイナンシャル・サービスの領域体系を示す必要がある。パーソナルファイナンシャル・サービスの領域を株式公開している株式取引の流れを例にとると，図2－9のように示すことができる。

図2－9 株式取引におけるパーソナルファイナンシャル・サービスの領域とチャネル体系の流れ（例）

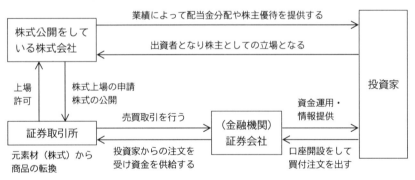

出所：筆者作成。

株式取引がパーソナルファイナンシャル・サービスの1つだとすると，株式という元素材は株式会社が資金調達を円滑に行うために株式を発行する目的で作られており，証券取引所に株式を上場することによって一般に公開されるようになる。それが素材から商品への転換に当たるであろう。証券取引所（株式市場）で公開されている株式は，一般の投資家が証券取引所で直接取引するこ

とはできず，証券会社を通じて取引を行わなければならない。したがって証券会社はマーケティングのポジションでいう卸売業や小売業に相当するものとしてとらえることができる。そして投資家は証券会社を通じて株式の買付注文を行い，証券会社は株式という市場提供物について情報を伝達し，取引を実現させモノやサービスを物理的に提供するためのマーケティング・フローをなす役割を果たしているのである。さらに証券会社が投資家の資金運用の手伝いをすることによって株式という製品（Product）がパーソナルファイナンシャル・サービスとしての商品（Commodity）となりえるだろう。

また株式保有におけるさまざまな特典として配当金の分配や株主優待がある。配当金の分配や株主優待をすることによって株式保有の価値や企業の業績価値を上げることとなるが，出資者となり株主としての立場になることによって経営参加が行える。ファイナンシャル・サービスの視点からみると，経営参加することによって株の価値が上がりパーソナルファイナンシャル商品としての価値が上がるかもしれない。また企業側からみても，誰が自社の株を購入しているかの市場調査の一部となるかもしれない。企業と投資家の関係は，企業が株式を発行するファイナンシャル商品を通じて独自の戦略を見つけ出すことができるものではないかと考えられる。

（3）パーソナルファイナンシャル・サービスにおける保険会社のチャネル体系
① 保険会社の販売形態チャネルの仕組み

パーソナルファイナンシャル・サービスにおける保険会社の販売形態チャネルの仕組みについて説明することにする。保険募集は保険業法によって定められている。保険業態には，直営といわれる保険会社と保険会社の委託を受けて保険契約の締結の媒介を行う代理店や金融庁の登録を受けた保険ブローカー（保険仲立人）によるサービス提供などさまざまな形態がある[8]（図2 - 10）。

証券会社においては株式自体に支払う金額（買付金額）はどこの証券会社へ行っても同一であり，保険会社にしても保険契約や保証内容が同じ保険であるならば，直営店または代理店でも保険料自体の支払いは同一である。顧客にと

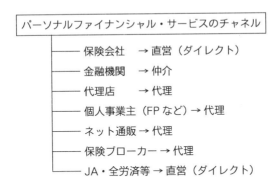

図2-10 パーソナルファイナンシャル・サービスにおける
保険会社の販売形態チャネルの仕組み

出所:筆者作成。

っては,その店が直営店か代理店であるかどうかはブランドの好みもあると思うが基本的には気にしないであろう。ただし証券会社や保険の販売形態によって販売サービスや手数料が異なる。それ以上にパーソナルファイナンシャル・サービスの商品コンセプトがいかに構築されているかによって,各店舗のステータスが変わってくるものだといえる。

② 損害保険会社の販売マルチチャネルの仕組み

保険の種類を大きく分けると,生命保険と損害保険の2つに分かれる。生命保険は人の身体を対象とした保険であるが,損害保険は対象物やサービスを対象とした保険であるため,そのサービスを提供している販売店を代理店とし,おのおのの扱う業者をチャネルにすることが合理的であった。損害保険会社ではマーケティングのターゲットに合わせたチャネル整備をしてきた。商品別や地域の本部組織のほかに,チャネル別の営業推進組織をおくことでチャネル別のマーケティング施策を立案している。図2-11は,損害保険会社のマルチチャネルの仕組みを図にして示したものである。

代理店の形態を分類すると専業代理店,兼業代理店,企業代理店に分かれる。専業代理店は保険販売にほぼ専念している代理店のことで,一人で業務を営ん

でいるものから，多くの従業員や支店を抱える法人までさまざまな規模のものがある。

　兼業代理店は本業と関連の深い保険商品を販売する代理店のことで，自動車ディーラーや整備工場，旅行代理店，税理士・FP事務所などが当てはまる。新規で車を買う場合であれば，ディーラーで購入と同時に自動車保険の契約を行えれば便利である。国内・海外旅行傷害保険を旅行代理店で契約できるのであれば安心である。税理士が中小企業向けの保険販売を代理店として行う場合，FPを兼ねることで，単に企業向け保険の販売だけでなく当該取引先企業の従業員のライフプランに沿った保険商品の提案をすることにより，より良い価値創造をつくり上げることができる。

図2-11　損害保険会社のマルチチャネルの仕組み

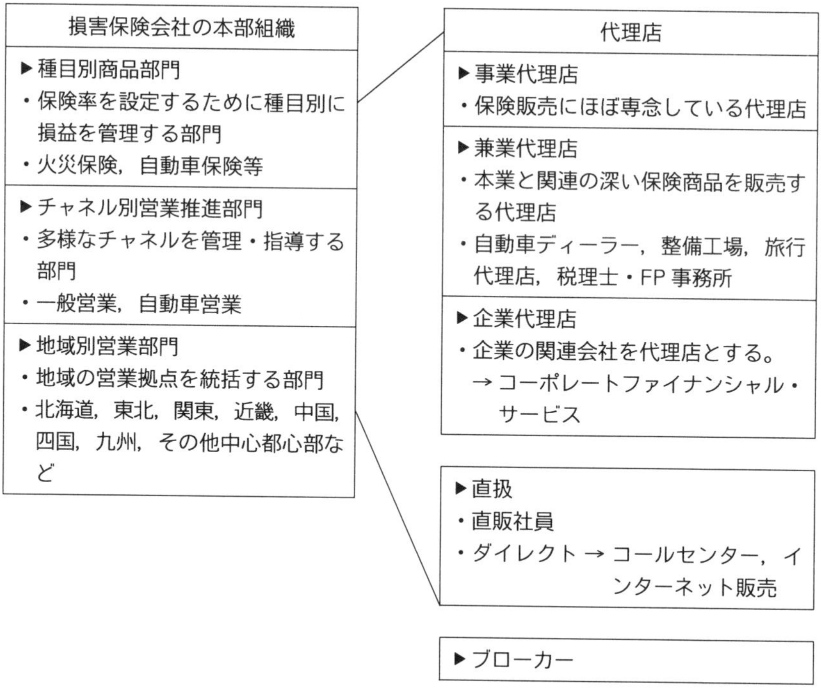

損害保険会社の本部組織	代理店
▶種目別商品部門 ・保険率を設定するために種目別に損益を管理する部門 ・火災保険，自動車保険等 ▶チャネル別営業推進部門 ・多様なチャネルを管理・指導する部門 ・一般営業，自動車営業 ▶地域別営業部門 ・地域の営業拠点を統括する部門 ・北海道，東北，関東，近畿，中国，四国，九州，その他中心都心部など	▶事業代理店 ・保険販売にほぼ専念している代理店 ▶兼業代理店 ・本業と関連の深い保険商品を販売する代理店 ・自動車ディーラー，整備工場，旅行代理店，税理士・FP事務所 ▶企業代理店 ・企業の関連会社を代理店とする。 　→コーポレートファイナンシャル・サービス
	▶直扱 ・直販社員 ・ダイレクト→コールセンター，インターネット販売
	▶ブローカー

出所：岸本，2005，p.115を一部加工。

企業代理店は，企業向けの工場火災保険や貨物保険などの高額の保険を販売するときに，その関連会社が代理店となるケースがある。これはコーポレート・ファイナンシャル・サービスに該当する。

　直扱のうちダイレクトについては，英国などでは，ダイレクトの損保会社が短期間で大きく成長した事例があるが，英国はブローカー・チャネルが主体であるのに対し，日本では兼業代理店などを中心とした既存チャネルが主体でありその利便性が高いため，代理店によるダイレクト販売はそれほど成功を収めているとはいえない（岸本，2005，pp. 114-115）。

(4) パーソナルファイナンシャル・サービスにおける教育ローン（資金）におけるチャネル体系

① 教育資金におけるパーソナルファイナンシャル・サービスの領域

　教育資金はライフプランにおける3大資金の一つである。教育ローンはパーソナルファイナンシャル・サービスの1つである。教育ローンも住宅ローンや自動車ローンと同様にローン自体そのものを欲しいわけではなく，教育費を投入することによって自分の子供の成長を促すことやみずからの知識や技能，態度を身につけることによって将来への夢の実現，または活躍の場を求めて教育への投資を行うものである。

　これまでは教育資金というと子供の教育費というイメージが強かったが，終身雇用崩壊の傾向から社会人になっても転職先ステップアップのために資格取得やみずからの自己形成の場を設けるため，大人になっても教育費の捻出をすることが当たり前となってきた。したがって教育費の捻出は今までの子供を対象とした教育費だけでなく，会社による福利厚生制度や社会保険（雇用保険）からの給付も教育資金におけるパーソナルファイナンシャル・サービスの領域に入ってくるものととらえることができる。そしてその教育資金の使い道は個々によってさまざまなチャネルへと移っていくものだといえる。

　教育ローン（資金）を説明するに当たって，パーソナルファイナンシャル・サービスの領域となるものとその教育資金の使い道にはどのようなチャネルが

図2−12 教育資金におけるパーソナルファイナンシャル・サービスの領域

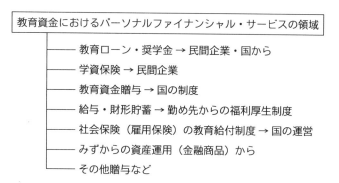

出所：筆者作成。

あるのか明らかにしなければならない。図2−12は教育ローン（資金）の領域を図示したものである。

② 教育資金となるパーソナルファイナンシャル・サービスのソース

　教育資金となるパーソナルファイナンシャル・サービスのソースは多数ある。例えば日本政策金融公庫や金融機関による教育ローン，独立行政法人日本学生支援機構による奨学金制度，生・損保保険等からのサービスである学資保険，社会保険の教育給付制度，財形貯蓄，教育資金贈与，金融商品の運用から得られる資金などがある。しかし，教育資金は小学校から大学卒業まで約1,000万円はかかるといわれている。それに加えて習い事や学習塾，さらに社会人からのキャリアアップ学習を含めると多大な費用がかかる。今日において教育ニーズがあるにもかかわらず，それに対する消費支出が追いつかない状況は少なくない。

③ 商品の種類
a. 教育ローン・奨学金

　教育ローンは、主に公的教育ローンである日本政策金融公庫「教育一般貸付」と独立行政法人日本学生支援機構の奨学金の2つがある。教育一般貸付は融資の対象となる学校に入学・在学する生徒・学生の保護者が利用できる。

b. 学資保険

　学資保険は、生・損保、かんぽ生命などで販売されている保険サービスである。最長は22歳満期であるが、ほかに15歳満期または18歳満期と高校・大学進学時によって保険金が支払われるタイプがある。契約者である親が死亡もしくは高度障害状態となった場合は、原則としてその後の保険料は免除となる。あらかじめ将来の受取額が決まっているため、今後金利が上昇した場合には利回りの面でほかの金融商品よりも不利になる可能性がある。中途解約をした場合は、受取る満期金の額が払い込んだ保険料を下回ることがある。

c. 教育資金贈与[9]

　教育資金贈与は、祖父母から子（30歳以下）への教育資金贈与について1,500万まで非課税となる制度である。この範囲には「学校等に直接支払われるもの」と「学校等以外に直接支払われるもの」と分けられているが、「学校等以外に直接支払われるもの」に資格取得を目的とした学習が該当する。平成25年4月1日から平成31年3月31日までの制度となっているが、この非課税措置の背景からも高齢者世代の保有する資産の若い世代への移転を促進することにより、子どもの教育資金の早期確保を進め、多様で層の厚い人材育成に資することになる。これは、マーケティングの観点からいえば、十分お金が使える層とシニア層の孫需要や50〜60代となるシニアの子供への消費のクロス・マーケティングによるパーソナルファイナンシャル・サービスの1つであるといえる。

d. 社会保険（雇用保険）の教育給付制度

　教育訓練給付とは、厚生労働大臣指定の教育訓練を受講開始前に雇用保険の被保険者期間が3年以上ある被保険者が、その教育訓練を受講・終了した場合に費用の一部が支給される制度である。この制度は、失業者の再就職や資格取

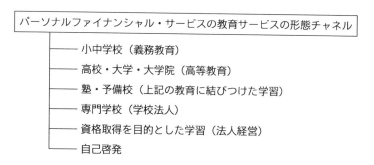

図2-13　パーソナルファイナンシャル・サービスにおける
教育サービスの形態チャネルの仕組み

出所：筆者作成。

得によるキャリアアップによって今後の収入増の期待の意欲を高める背景がある。平成26年10月から中長期的なキャリアアップを支援するため，専門実践教育訓練給付が加えられ，給付内容が拡充された[10]。

　本書でいう教育サービスは学校による教育のみではなく，個々のキャリアアップのための資格取得を目的とした学習や自己啓発も含まれる。そこで教育サービスの形態チャネルの仕組みを示してみる（図2-13）。

　これらの各チャネルには小中学校を除き，通信教育にも力を入れている。新しいコミュニケーションツールを利用してのダウンロード配信や地域に散らばっている受験対象者をターゲットとして，地域の代理業者や提携校（フランチャイズ）を結びサテライト配信することで，ロットの大きさ，家から校舎までの距離時間の短縮，空間的利便性，モノやサービスの多様性，サービスのバックアップ（フォロー）等，顧客が望むサービス水準を満たそうとしている。マーケティング・チャネルを設計する者には，優れたサービスを提供するほどチャネル・コストを上げ，顧客価格の上昇に結びつくことが明らかとなっている（Kotler, 2000, 邦訳, pp. 607-608）。

2.3 小 括

　本章2.1節では，サービスの価格設定について論述した。サービスの価格設定についてはサービスの4つの特性から価格設定をするのは非常に困難であり，有形財と同様にコストを重視した価格設定を行いがちである。サービスの価格設定方針は，第一に価格設定目的の選択を行い，そこから価格を決定する三脚モデル（3C）の重要な要素を組み合わせることで最終価格の選択がいかなるものか示すことになる。

　サービス・マーケティングにおける価格設定とサービスコストでは，価格設定においてはサービス時間配分（単位）による価格設定をどうするかが1つの課題であり，サービスコストについては実際サービス受給時の前後において顧客にさまざまなコストが発生する。サービスには時間という制約があるため，実際各サービスの利用時間（期間）に焦点を当てて，利用時間（期間）による分類をすることにより今後のサービス提供への顧客満足向上へと図れるものだと考えられる。それを踏まえてサービス・マーケティング戦略の中で，パーソナルファイナンシャル・サービスはどのポジションにあるのかサービス行為の前後を含めた時間の分類をすることで，パーソナルファイナンシャル・サービスは最も長い時間を要するサービスだといえる。

　そこで企業側は顧客の囲い込みと既存顧客の維持によりリレーションシップを強化する戦略を図るのだが，企業の戦略によっては顧客との価値共創と離れている部分があり，取引の継続はあってもリレーションシップは存在していない場合が多い。

　先行研究において白井（2012）は，有形財における価格の時間的リフレーミングの特性について，価格表示において消費者の反応に与える影響を調査しているが，今後の課題としてファイナンシャル・サービスにおける使用期間と時間的単位の2つの特性を明らかにし，サービス財における時間的リフレーミングの特性について消費者の反応に与える影響を調べる必要性があるだろう。

2.2節では，これまでの商品の戦略的要素を中心にパーソナルファイナンシャル・サービス・マーケティングの戦略手段からみた特質について論じた。ファイナンシャル・サービスの戦略的要素はこれまで金融マーケティングの部類として論じられてきた。しかし今日まで論じられてきている金融マーケティングは，個々の商品に対する地域金融機関のマーケティング戦略に焦点を絞ったものが多く，サービス・マーケティングの中でも金融サービス分野を対象としたマーケティングの研究は歴史が浅い。

顧客は，生活ビジョンがあってもパーソナルファイナンシャル・サービスについての知識が曖昧で不安であることから，その不安を取り除くためにパーソナルファイナンシャル・サービスの商品コンセプトやチャネル体系を今一度考える必要がある。

これまでの金融サービス・マーケティングにおける商品開発のプロセスは，従来多くの金融機関が顧客と自社との取引のみを基準として顧客属性や取引履歴のデータをもとにセグメンテーションの軸としてきたことから，本来の顧客の全体像がわからないまま接していた部分があった。マーケティングコミュニケーション戦略における伝統的なコミュニケーションプロセスは，メッセージの一方向伝達に支配され，かなり集中したマスコミュニケーションとしてみえる傾向にあった。

チャネル戦略については，教育サービス提供業者におけるマーケティング・チャネルの流れは，株式取引や保険契約のチャネル体系だけでなく，教育資金のニーズとその支払いの流れを論述した。これは教育資金に該当するパーソナルファイナンシャル・サービスを具体的にチャネル化することによって教育資金サービスがどの領域にあるのか明確にする必要があったからである。教育資金贈与制度を利用したクロス・マーケティングによる戦略は現代における2極化社会に対応した戦略といえる。

【注】

1) 「2年縛り」は，主に各携帯電話会社等が行っているサービスで，あるサービスを安く受けられる代わりに2年という利用期間を設定し，利用開始から2年未満にそのサービスの解除を行いたい場合は高額な違約金を支払わなければならない。このことを利用者の間では「2年縛り」と呼んでいる。なお，2年縛りについては，業界等関係機関で見直しの議論がなされている。
2) インターネットのプロバイダー回線契約は，プロバイダーと回線は別々の会社によって構成されており，それぞれの契約を結ぶこととなっている。それぞれの利用条件によって2年継続契約という条件が組み込まれている。
3) QRコードとは，1994年にデンソーの開発部門が開発したマトリックス型2次元コードである。QRはQuick Responseに由来し，高速読み取りができるように開発された。当初は自動車部品工場や配送センターなどでの使用を念頭に開発されたが，現在ではスマートフォンの普及などにより日本に限らず世界的に普及している。
4) 「価格の時間的リフレーミング（temporal reframing）」とは，販売価格の水準を変えることなく消費者の価値魅力度を高めることを目的とした戦略のことである（白井，2012，p. 32）。
5) 白井（2012）は，この実験結果についていくつかの問題点が指摘されると述べるが，実験過程等具体的内容については，この文献を参照されたい。
6) 「ゼロバンク」とは，株式会社ゼロネットワークスの登録商標で，「サークルKサンクス」の店舗等に設置されているATMの愛称である。
7) LINEとは，2011年6月からスタートした，スマートフォン向け無料通話＆メッセージアプリのことである（コグレほか，2013，p. 3）。
8) 保険ブローカーとは，日本損害保険協会または生命保険協会が実施する保険仲立試験に合格し，金融庁の登録を受けている者である。
9) 文部科学省「教育資金の一括贈与に係る贈与税非課税措置」のパンフレット資料から要約。
10) 専門実践教育訓練給付は，受講開始日現在で雇用保険の被保険者であった期間が10年以上ある被保険者が，その教育訓練を受講・終了した場合に費用の一部が支給される。

第3章

ファイナンシャル・サービス実務の諸領域

3.1 ファイナンシャル・サービスの特質

1 ファイナンシャル・サービスの戦略的定義

（1）ファイナンシャル・サービス・マーケティング

　マーケティングは，顧客ニーズを満足させることによって組織的なパフォーマンスを向上させることに焦点を合わせるビジネスへのアプローチである。当然外部に焦点を合わせているが，マーケティングは顧客だけに焦点を合わすことができない。優れたマーケッターはまた，競争者の活動に気づきその活動を理解しなければならない。顧客が欲するところのものを供給するために，競争者よりも活動を効果的に行うためには，組織自体が上手であるところのものの理解力，その組織が所有する資源や能力，さらに顧客を満足させるために展開することができる手法や方法を必要とする。

　マーケティングプロセスや活動（環境分析，戦略と計画，広告，ブランディング，製品開発，チャネル管理など）はすべての組織に関連があるが，一般的サービス，特にファイナンシャル・サービスは多くのほかの有形財とかなり異なっているということに注目すべきである。

　エニュー＆ウェイト（Ennew and Waite）はファイナンシャル・サービスにおけるマーケティングの特質を説明した上で，マーケティングにおけるファイナンシャル・サービスの定義を以下のように述べている（Ennew and Waite, 2013, p. 61）。

第3章　ファイナンシャル・サービス実務の諸領域　◎── 107

　ファイナンシャル・サービスは，個人，組織およびこれらのファイナンスに関するものである。すなわちファイナンシャル・サービスは，個人の無形資産（金や富）に向けられるサービスである。ファイナンシャル・サービスという言葉は，しばしば，銀行サービス，保険（生命保険と損害保険），株式取引，資産管理，クレジットカード，外国為替，貿易ファイナンス，ベンチャーキャピタル等すべての領域を幅広くカバーするために使われる。これらのサービスは，異なるニーズの領域に適合し，多くの異なる形をとるように設計されている。これらのファイナンシャル・サービスは，いつも供給者と消費者との間に正式な（契約上の）関係を必要とし，それらは概して一定程度のカスタマイゼーションを必要とする。このような商品の多様性で引き起こさせるマーケティング問題は多くある。

- いくつかのファイナンシャル・サービスは非常に短期的な取引（例えば株取引）を含むが，年金やモーゲージなどのサービスは非常に長期間である。
- 商品の複雑性の点からみると一様ではない。個人消費者のための基本的な普通預金は比較的単純であるようだが，レバレッジバイアウト（LBO：借入金を用いた企業買収）のためのファイナンス構造は高度で複雑であるかもしれない。
- 顧客はニーズと理解のレベルの双方の点から見て一様ではない。企業顧客は彼らが購入したいと望むファイナンシャル・サービスのタイプに関してかなりの専門知識と技術を持っているが，多くの個人顧客は最も簡単な商品が複雑で時には混乱することもあるだろう。

　このようにファイナンシャル・サービスは多様性と多くのさまざまなタイプを持っているため，ファイナンシャル・サービス・マーケティングについて一般的な説明をするのは難しい。実際にすべてのマーケティングチャレンジはファイナンシャル・サービスのすべてのタイプに適合しないであろうし，すべての解決があらゆる状況に作用しないであろう。マーケティングの技術は，ファイナンシャル・サービスが提起するチャレンジを理解することができないし，特別な知識・特別なサービス・特別な顧客タイプの状況に適合する創造的で実

用的なアプローチを明確にすることができない。

（2）商品の分類

上記ファイナンシャル・サービスの定義では，ファイナンシャル・サービスの商品の例として，銀行サービス，保険（生命保険と損害保険），株式取引，資産管理（自動車・不動産），住宅ローン等の各種ローン，クレジットカード，外国為替，貿易ファイナンス，ベンチャーキャピタル等の領域を幅広くカバーするものであると述べている。ファイナンシャル・サービスをパーソナルファイナンシャル・サービスとコーポレートファイナンシャル・サービスに分類すると，ほとんどが商品を利用することに関しては同じではあるが，貿易ファイナンス，ベンチャーキャピタル等の領域についてはコーポレートファイナンシャル・サービスに特化したものだといえる。

企業がファイナンシャル・サービスを購入した際は，企業会計において帳簿に記載し年次決算に財務諸表として記録をする。財務諸表には，貸借対照表（B/S），損益計算書（P/L），キャッシュフロー計算書（C/F）等があり，それらに株式取引や資産管理の評価の増減を含めた年ごとの状況を把握している。さらに大企業においては，今後の見通しや長期にわたるファイナンシャル・サービスの売買を行った場合は，株主に情報の提供をすることによってファイナンシャル・サービスの購入意思や実施状況を明確にしている。

個人はどうであろうか考えてみる。個人は家計簿が主流となっているが，家計簿は簿記でいうと帳簿をつけているのに過ぎないため，家計簿だけでも資金のプラス・マイナスの把握はできるが，長期的な資金の流れを把握することは難しい。個人が長期的な資産設計を構築するに当たっては，ライフイベント表やキャッシュフロー表を中心とした提案書が，1つのパーソナルファイナンシャル・プランニング商品を把握する全体的な資料として根づくことが必要となっている。企業だけでなく，個人（家計）も企業の財務諸表に代わる1つの形をつくる時代が到来している。これをパーソナルファイナンス諸表と名づける。

会計ソフトにおいては，勘定奉行や弥生会計等企業用の販売管理ソフト，給

与計算ソフト，顧客管理ソフト，青色申告ソフト，確定申告ソフト等，また個人事業用では青色申告ソフト，確定申告ソフトが販売されているが，パーソナルファイナンスにおいてはライフプラン提案書作成用等の FP ソフトが普及している。FP ソフトの機能には提案書を作るだけでなく，相続診断や税額計算，公的年金の計算等にも対応しており，ファイナンシャル・プランニングのすべてに網羅したソフトだといえる[1]。FP ソフトは業務用のイメージが強いが，FP 資格を持っている人ならば使いこなせるだろう。しかし個人は，そのサービスそのものがほしいのではなく，個人がライフプランを考えるに当たり，FP が個人に提案するサービスについて必要といわれている3大資金（「教育資金」，「住宅資金」，「老後資金」）を賄う生活ツールの一部として，これらの商品やサービスを利用しているのである。

2　ファイナンシャル・サービスの実務特性

（1）ファイナンシャル・サービスにおける無形性の性質

　第1章1.1節では，サービス・マーケティングにおける，サービス一般論における無形性について論じた。ではファイナンシャル・サービスにおいてはどのような性質なのかを論じる必要がある。

　無形性（不可視性）については，ファイナンシャルアドバイザーによって提供されるサービスは，顧客の視点からみて一度経験されると購入の意思決定をするときに得ようとしているサービスの質を本当に知ることができないという問題が顧客に残る。金融商品にしても顧客が多くの専門知識を持って買いに来るのは少ないだろうし，また購入後の効果も予測できていない部分が多い。

　顧客の視点からみても購入されるサービスの質は評価することができない困難がある。したがって顧客は多くのサービスの専門的複雑性を受けたことによって評価することができず，最も投資に熱狂的な人達だけがファンドマネージャーの特別な市場において最良の投資決定をしたかどうかを本当に決定することができるであろうことを意味する。

　顧客がファイナンシャルアドバイザーや投資マネージャーを事前に評価し議

論することはできる。しかし、いくつかのサービスにおける不十分さが明らかになることには時間がかかるかもしれない。また特別な結果が生じるときでも、それは運なのかもしれない。例えば資産ポートフォリオの価値が下落した場合、この失敗が純粋に不十分なアドバイスによるものであっても、実際には予期せざる市場問題の結果によるものであると顧客が自信を持って確信することができるのかは疑問である。対照的にスマートフォンやテレビのような比較的複雑な製品では、潜在的な原因と結果の関係により明確なアイディアを顧客に伝えながら、商品の質（スマートフォンの反応や接続、テレビの画質と音）をただちに見ることができる。

　全体として経験の信用の質の優勢さは、ファイナンシャル・サービスを受ける顧客がそれを受け取りその結果購入の意思決定をするとき、そのほとんどがリスクを経験することであろう何かを確信していないことを意味している。このようにファイナンシャル・サービス・マーケティングは、購入プロセスが促進される方法で特別な注目が払われなければならない（Ennew and Waite, 同上書, pp. 64-65）。

（2）ファイナンシャル・サービスの特有な特質
　第1章でサービス・マーケティングにおけるサービスの4つの特性（無形性、同時性・不可分性、変動性・異質性、消滅性）について言及したが、さらにファイナンシャル・サービスにおいては、一次選択行動の非完結性、ファイナンシャル・プロバイダーの受託責任、不確定消費、消費デュレーションという特質がある。

① 一次選択行動の非完結性
　金融商品の選択は一次的な商品選択（加入、契約締結）だけでは選択行動が完結せず、時間経過に従って選択可能な複数の行為で構成される複合的存在（選択行動プロセス）としてみるべきである。ファイナンシャル・サービスをいつまで継続し、いつ解約するかといった2次的選択がサービス効用を特定化、顕在化させるために不可欠である。

選択行動プロセスとは，サービスの購入・加入，サービスの継続，サービスの解約・換金，サービスの変更・転換，サービスの完了・満期を指す。ファイナンシャル・サービスの選択行動は「選択連鎖」といった連続的であり状態的なものである。生命保険は，「加入」，「継続」，「解約」などを一連の選択群とみることができる。株式においては，「購入」という選択行動とともに「どのタイミングで売るか」が重要な意思決定事項となり，運用益を出すことによって顧客にとって初めて満足度の高い選択行動として完結する（田村，2002，p. 134）。

② 受託責任

受託責任は，ファイナンシャル・プロバイダーが顧客に提供するファンドマネジメントやファイナンシャルアドバイスに関して有する暗黙の責任に関連する。いかなるビジネスも供給する商品の質，信頼，安全面の点から顧客に対し責任を有するが，この受託責任は，おそらくファイナンシャル・サービスの場合にはより大きいものであろう。

購買者に責任を考えるというより，むしろ長期にわたるファイナンシャル・サービスは供給者に責任を気づかせなければならない。実際に供給者のニーズは顧客の需要よりも大事だと考えられる。例えば，自動車保険を契約した顧客に対する責任のために保険会社は高いリスクがあると考えられる顧客に対し，その需要に応じることができないと感じるかもしれない。

同様に銀行は，もしローンの交付が顧客に多額の負債を築き上げさせるだけであると心配するならば，借り手に信用を供与しないと決めるかもしれない。実際にこの責任を十分に認識しないことが，負債の返済の見通しがほとんどない個人に対して，クレジットカードを与えたクレジットカード会社への厳しい批判を導いたのである。そして安全性を後退させ，終局的には世界的な金融危機を引き起こした多くのモーゲージ購入者にとって大損失という結果を招いた，サブプライム顧客へ貸し出した無謀なモーゲージに対して，銀行や貸主にも同様な批判がある。

マーケティングの観点からは，これらは特別な商品（ローン，保険，クレジッ

トカードなど）の購入を望む顧客があまりにもリスクが高いと考えるがゆえに，顧客とのニーズの差が拡大し，それにより商品の供給を拒絶する機関が広まってしまうことに異常な問題をもたらすのである（Ennew and Waite, 同上書, p.72)。

③ 不確定消費

ファイナンシャル・サービスに消費される金銭が直接的な消費ベネフィットを生まないということは，多くのファイナンシャル・サービスの本質内にある。いくつかの場合には，将来における消費機会をつくり出すかもしれないし，ほかの場合には買い物をする個人にとって実態消費の感覚がないかもしれない。現在有する所得から現金預金を消費した場合，同じ額を消費したとしても多くの個人にとっては貯金するよりは楽しいことかもしれない。退職時の適正な年金基金を築き上げるのに必要とされるレベルの保険料は，現在から未来へ向けて必要とされるモチベーションを与えるために，これまでにない楽しい消費を必要とするだろう。

一般保険の場合には，多くの顧客は他局面のサービスを消費することを望まないだろう。所与の政策に対して要求する必要がないと望んでいるだろう。同様に生命保険の場合は，消費者は給付が死亡時に生じるという所与の契約において，消費者がファイナンシャルベネフィットの受取人になることは決してないだろう。もちろん，両方の場合において消費者は保険事故に対して給付請求する資格以上のものを購入する。消費者は心の平和と保護を購入する。しかしながら，後者の2つのベネフィットは特に触れることができないものであり，消費者は彼らが支払う価格に比べて受け取るベネフィットを依然として疑問視するままにしている。

多くの個人顧客にとって，この種のサービスは本質的に興味の持てないものであり，窃盗，病気または死のような喜ばざる出来事としばしば結びつけられるものではない。ファイナンシャル・サービスは多くの人が考えるのをあまり好まない商品であり，確かなファイナンシャルニーズが認識されない危険がある。危機疾病保険のような商品の低い受給率は，起こり得る可能性を考えるこ

とに対して顧客があまり気の進まないものとなるだろう。多くのファイナンシャル・サービスの複雑性とマーケティングにおける透明性の欠如は顧客がこれらのサービスニーズと適合するという道筋を認識することができないことを意味する。

マーケティング執行役員は，顧客が決してできないベネフィットのために消費財やサービスの現在消費を減じるような触れることのできない商品を市場に求めるので，このような不確定消費はマーケティング執行役員に対して重大な課題を提起する（Ennew and Waite, 同上書, p. 74）。

④　消費デュレーション（消費継続期間）

ファイナンシャル・サービスの大多数は，顧客との継続的関係（当座勘定，モーゲージ，クレジットカードなど）を必要とすること，またはベネフィットが実現する前に時間的ずれ（長期間貯蓄や投資）が生じることにより，サービス期間が長期間または長期間である可能性を持っている。ほとんどの場合において，この関係は契約であり，それは顧客についての情報を機関に与え，供給者間を代えることを思いとどまらせる顧客との結合を築き上げる機会をつくり出すのである。顧客と供給者との長期間の関係は供給者が顧客について持っている情報量によって強化されて，クロスセリング（相互販売）のための相当な潜在性をつくり出す。このようなベネフィシャルである関係のため，また作用する相互販売機会のために顧客との関係がうまくいくようにしなければならない（Ennew and Waite, 同上書, pp. 74-75）。

3　パーソナルファイナンシャル・サービス実務の特性

（1）パーソナルファイナンシャル・サービスの提供領域

パーソナルファイナンシャル・サービスは，個人のライフプランに係るサービス，例えば，保険，住宅，教育ローン，年金（リタイアメント）等のサービスを受益するところに，個人のファイナンシャル目標の達成，個人ニーズの充足があるので，個人はそれに関心を持つ。

パーソナルファイナンシャル・サービスは，一生涯にわたって発生し続ける

顧客ニーズを対象とし，企業がこのニーズに応え続け，長期的な顧客維持を図ることで収益は最大化する。したがって短期収益に振り回されないためには顧客維持のためのモデルが必要である。同時に急速な自由化の進展で市場構造が大きく変化し，新たなパーソナルファイナンシャル・サービスもますます増えている。これから個人のライフプランを考えようとする若者や既存顧客に対し新たなパーソナルファイナンシャル・サービスを提案することにより，サービス提供が行える魅力を持つことが重要である（戸谷，2006, p.4）。

(2) パーソナルファイナンシャル・サービスにおける特性
① パーソナルファイナンシャル・サービスにおける4つの特性の検証

サービス・マーケティングにおけるサービスには，4つの特性（無形性，同時性・不可分性，変動性・異質性，消滅性）があることは前述したとおりであるが，パーソナルファイナンシャル・サービスにおいて4つの特性が本当に当てはまるのかどうか検証する必要がある。

「無形性」についてみると，その中心になっているサービスは無形であるが，それを支える有形部分がある。「同時性」については，生産と消費は同時に行われているのだろうか再考する余地がある。例えば，保険契約者が保険を消費するのは，事故に遭ったり，病気になったりして保険金を手にしたときに消費すると考えた場合，契約（生産）より後に消費が起こることになる。心理的に安心を得ることを消費と考えるならば，生命保険に入っている期間中ずっと消費は続いているのである。したがって契約と消費は同時ではないこととなる。これは，消費デュレーションに当てはまる。

このように考えると，「同時性」の裏にある「消滅性」にも疑問が生じてくる。保険には掛け捨てというサービスはあるが，定期預金が契約と同時に消滅することは，金融機関が破綻しない限りそのような事態は起きないであろう。インターネット取引のように人が介在しないでサービスを行えるサービス提供は増加しており，これは利用時間内であれば平等に個々に対して品質を均等に保ちながらサービスを行うため，「変動性」はそれぞれの操作によるシステム

上の間違えがなければ，サービス内容が変動するというのは考えにくいであろう（戸谷，同上書，p. 22）。

これらの特性を考えるに当たって，戸谷（2006）は，経済学における金融の2つの定義に基づいて，パーソナルファイナンシャル・サービスを決済系サービス（決済・クレジットカード・株・証券 MRF 等）と貸借系サービス（貯蓄・運用・ローン・保険）に分類し，さらにその中からファイナンシャル・サービスを買うまでの過程の品質とそこから得られる結果の品質，つまり過程品質と成果品質に分けて考えている（表3－1）。

例えば，投資信託を購入した顧客にとって，購入時の従業員の応対や説明の態度が過程品質にあたり，その投資信託の運用成績が成果品質にあたる。この場合，過程品質である従業員を高く評価していたとしても，成果品質である運用成績が悪ければ，投資信託そのものへの品質評価は低いものとなるだろう。過程品質はサービスが提供される場で生じる顧客と企業（従業員や ATM などの機械）の間の相互作用の品質である。4つの特性は主にこの過程品質に焦点を当てたものだといえる（戸谷，同上書，p. 23）。

過程品質部分は一般のサービスと同じで，決済系・貸借系とも同時性・不可

表3－1　パーソナルファイナンシャル・サービスにおける4つの特性

		決済系サービス		貸借系サービス	
品質種類		過程品質	成果品質	過程品質	成果品質
サービス財の特性	無形性	無形・有形	無形	無形・有形	無形
	同時性・不可分性	同時	同時（入出金，株式売買，振込）	同時	事前生産
	変動性・異質性	不均質 一部均質	均質	不均質 一部均質	均質 一部均質（ローン）
	消滅性	消滅する	消滅する	消滅する	消滅する

出所：戸谷，2006，p. 23。

分性,変動性・異質性,消滅性を持ち無形性が強い。ネット取引のように機械化されて混雑のない一部のチャネルでは,均質性も保っている。一方,成果品質はそうとはいえない。決済取引では,ATMでの現金の入出金や振り込み,インターネットを介する銀行取引や株の売買等ほとんどの場合がITネットワークを介して金融機関の間,または金融市場と即時に近い状態で取引が行われるので,一般のサービスと同様に同時性と消滅性が当てはまる。しかし,変動性については,決済取引では正しい相手に正しい金額が振り込まれるといった成果に関する差はなく,ほとんどの場合「均質」である。また,貯蓄・運用・ローン・保険などの「貸借」は,事前に商品を設計し,市場で資金を運用・調達して生産することはできるため,「均質」ではあるが,同時性は当てはまらず,すぐに消滅することはない(戸谷,同上書,pp.23-24)。

一部では,ローンのように金融機関が与信審査を行い,その結果,金利差が出たり,貸出そのものが拒否されることがあるため「不均質」な部分がある。このように再整理すると,サービス・マーケティングの枠組みをパーソナルファイナンシャル・サービスへ当てはめることができる範囲や独自に考慮しなければならない部分が明らかとなってくる(戸谷,同上書,p.24)。

(3)「金銭」概念から見たパーソナルファイナンシャル・サービスの特殊性

パーソナルファイナンシャル・サービスを特殊なものにしている最大の要因は,「金銭」である。「金銭」そのものは単独での存在価値はない財であり,金銭と何かを交換することによって価値が生まれる。したがって戸谷(2006)は,金融サービスは上述した4つの特性のほかに,金銭の特殊性である「媒介性」,「価値変動性」,「予約性」,「複合性(補完性)」という特質も考慮されなければならないという。

① 媒介性

マーケティングでは,その対象となるモノやサービスの特性を消費者からではなく,生活者ニーズの視点から見直してみる必要がある[2]。人は家を買うために住宅ローンを借りるのであって,住宅ローンそのものを買いたいと思ってい

る人はいない。これを「媒介性」といっている。そもそも金銭はほかの財やサービスを得る（買う）ための媒介手段である。生活者にとってファイナンシャル・サービスの本質は，個人の人生の価値観や目的（ライフデザイン）を実現するための道具に過ぎない。決済は買った「後」の媒介，運用商品は今使わないお金をためておき，将来何かを買うために使う「将来」の購買の媒介，ローン商品は現在不足している必要な資金を借りて何かを買うという「現在」の購買の媒介である。いずれの金融サービスもそれ自体が目的とされず，真の目的を達成する「手段」として使われる（戸谷，同上書，p. 25）。

　例えば，自動車ローンを借りる場合は，自動車を買いたいのであって自動車ローンそのものが欲しいわけではない。自動車保険についても車を所有・使用するに当たって受容できないと予想したリスクを転嫁するための手段が欲しいのであって，必ずしも自動車保険という手段に頼る必要はないのである。自動車ローンの決め方は，購入する車の買い方に影響される。買う車が中古車の場合は現品限りなので，早く押さえてしまうことが先決である。しかし，ローンを借りることができるかどうかわからなければ，別の客が先に買ってしまうかもしれない。ローンの審査に長い時間がかかってしまうのは困るのである。

　一方，じっくり時間をかけて次の車を検討する場合には，車を探すと同時に自動車ローンに関してもいろいろな情報を集め，最も有利な条件のものを選ぼうという顧客とっては，金利が十分低ければ手続きに多少時間がかかってもかまわないのである。また，ショールームに車を見に行って，欲しいと思ったらその場で決めてしまう人もいる。こういう人は金利や手数料はほとんど気にせず，ディーラーが勧めるローンをその場で借りるかもしれない。

　このように特定のモノの購入と直結するファイナンシャル・サービスにおいては，買おうとするモノに対する生活者の考え方を知ることが必須である（戸谷，同上書，pp. 25-26）。しかし，ライフプランの計画作成において自動車の購入を考えた場合，車を探すと同時にほかのパーソナルファイナンシャル・サービスの運用によって，資金が用意できるのであれば新たに自動車ローンを考える必要はなく，予算内での車選びを行える。これこそがパーソナルファイナン

シャル・サービスの「真の目的」であることはいうまでもない。
② 価値変動性

　金銭は価値をプールしておくための媒介にすぎず，コインを形成している金属や紙，インクにそれだけの価値はない。金銭にプールされた価値はマネーマーケットの動向によって上昇・下落の双方向に変動する。土地は農作物を作り，またその上に建物を建てて利用することによって本来の目的と価値がある。土地ではなく農作物や建物そのもの自体に価値があり，2次的な流通市場は派生的に生じたものにすぎない。金銭もこの性質であるため，資産運用商品やローン商品は，購買後の市場環境によって市場価値が上下する「価値変動性」を持つ。価値変動性によって生活者は継続保有をするか，解約・売却しほかの金融商品へスイッチするかなど次の選択行動が迫られる。株式・外貨預金・債券・投資信託などの市場価格の変動する投資商品だけでなく，元本保証の定期預金も金利が高くなれば解約して預け直すし，ローン商品も市場金利が大幅に下がれば借り換えが発生する（戸谷，同上書，p.26）。

　パーソナルファイナンシャル・サービスは長期間に及ぶものであるため，計画性があっても時代背景や諸事情の変化によって，パーソナルファイナンシャル・サービスの中身を見直したり付け加えたりして，将来へのベネフィット提供へ向けて変更することがある。契約によっては解約できないケースがある。

　例えば，住宅ローンを借り入れた場合，当初は変動金利型を選択していたが，10年後には市場金利の変動によって固定金利へ選択を変える顧客もいるだろう。この場合，1つのサービスを終える（解約する）のではなく，1つの商品に対してのサービス内容を見直すことによって，顧客にリスク負担をかけさせない方法を取っている。契約によっては5年または10年単位で金利選択を変更できるサービスを行っている。一戸建て住宅の場合は，子供の成長や二世帯生活による家族構成のバランスにより増築することもあり得る。引越しや建替えという選択もあるが，ほとんどの人はパーソナルファイナンシャル・サービスの継続性から簡単に踏み切ることは難しい。

　保険や私的年金においても当初受けたサービスそのものを解約するのではな

く，運用方法によってパーソナルファイナンシャル・サービスの入れ替えを行い，将来受け取れるベネフィットの調整を行う制度商品がある。特に契約によって加入者が運用指図を行う場合，運用リスクを避けるために常に見直しと選択が求められる。このように生活者はファイナンシャル・サービス購入後において常に意思決定を迫られることは，パーソナルファイナンシャル・サービスの特質の1つである。

③ 予約性

銀行で決済取引をしたい顧客はまず普通預金口座を開設する。これは，決済サービスの「予約」を行うことに当たる。その後，決済サービスは店舗やATM，インターネット等で生産と消費が行われる。入出金であれば生産と消費はその場で完了する。株式市場や証券市場は商品の種類や取引の種類によって約定日と決済日に多少のズレが生じるが[3]，これは市場ルールで決められていることである。

クレジットカードも同様に，「予約性」がある。カードの申し込み与信審査が終わってカードを取得し，それによって買い物などでクレジットカードを使う権利が発生する。カードローンや当座借越など，一定の金額枠を設定して，その範囲内で繰り返し借入・返済を行える仕組みも同じで借入という「予約」に当たるのである。これらの取引は，コンピュータシステムやATMなどの有形物を利用するが，核心部分のサービスはあくまでも無形である（戸谷，同上書，p.27）。将来において核心部分のサービスについては，モバイル機能を駆使した予約決済サービスが頻繁に行われる時代となるかもしれない。

④ 複合性（補完性）

モノやサービスの購買という本来の目的を達成するために，生活者はさまざまなファイナンシャル・サービスを組み合わせて利用する。これらファイナンシャル・サービスは，連続性や補完性を持って，お互いに関連しながら生活者ニーズを満たしている。これを「複合性（補完性）」と呼んでいる。

例えば，都合上給与振り込みで使っている銀行口座と住宅ローンやクレジットカードの返済に充てる銀行口座が異なる人は少なからずいるだろう。そのた

めに毎月の返済日に合わせて現金を口座に移し替える作業を個々で行うだろう。また定期預金の満期がくる資金でネット取引による株式購入を利用したいと考えている場合には，顧客は銀行口座からより簡単で早く資金移動ができる証券会社を探すであろう。これらには手数料や諸費用なども考慮した上での合理的な判断を行う。このように金融サービス間の相互の関係を無視して金融サービスのビジネスは成立しないのである（戸谷，同上書，p. 28）。

（4）ファイナンシャル・サービスの特殊的・独自的特性による一連の流れ

上記（2）によるパーソナルファイナンシャル・サービスの特性と，上記（3）によるパーソナルファイナンシャル・サービスの特殊性をまとめると，購入前，継続（消費），購入後（結果）と分類することができる。購入前は，銀行側のサービス特性であるファイナンシャルプロバイダーの受託責任と予約性，生活者側の心理性質である媒介性と分類される。継続（消費）している間は，不確定消費，消費デュレーション，市場の流れによる価値変動性が生じる。購入後の結果として，生活者側に一次選択の非完結性や複合性が生じる。

このことから生活者の流れを具体的に表すと，媒介性という手段から時間や市場の流れによって価値変動性が生じ，一次選択の非完結性から複合性へと選択した結果，自然とパーソナルファイナンシャル・サービスの連続性が行われているのである。これはリスク分散投資にも行われる。こういった選択行動プロセスによって，さまざまな特性を通じてファイナンシャル・サービスの真の特徴に気づいていくのである。

一方，企業側は短期収益に振り回されないような顧客維持を行っていかなければならない。一生涯にわたって発生し続ける顧客ニーズを対象とし，企業はこのニーズに応え続け，長期的な顧客維持を図ることで収益は最大化する。これから個人のライフプランを考えようとする若者のような新規顧客や既存顧客に対し，新たなパーソナルファイナンシャル・サービスを提案することで，サービス提供が行える魅力を与えることが重要である。

3.2 ファイナンシャル・サービスにおけるマーケティングの戦略要素

1 ファイナンシャル・サービス・マーケティングの領域

(1) 3つの役割 (2W1H)

　ファイナンシャル・サービス・マーケティングは，ファイナンシャル・サービスというサービスを対象としたマーケティングといえる。それは事業（ビジネス）としてみた場合，どのような領域かを明確にしなければならない。ここでエーベル（Abell, 1980）の提唱した事業の定義（Defining the Business）を基に考えてみる。

　エーベルは，事業の定義を顧客層，顧客機能および代替技術という3次元の観点から，事業の定義の概念化を行っている。すなわち，どのような顧客層（Who）に対して，どのような顧客層ニーズに対応した商品・サービスによって何を（What）を満たし，顧客ニーズがどのように（How），つまりどのような代替技術（手法）で満たされているか，という3つの次元の観点から，事業の定義の概念化を行っている。

　この3つの次元の枠組みは市場と商品・サービスの組み合わせによって規定しているといえるが，ファイナンシャル・サービスを供給する事業者をファイナンシャル・サービス・プロバイダーと呼ぶとすると，ファイナンシャル・サービス・プロバイダーが事業展開に当たって，どのようなマーケティングを遂行するかという観点から，上記の3次元による事業の定義の概念をファイナンシャル・サービス・マーケティングに当てはめると，ファイナンシャル・サービス・マーケティングの領域は以下のように説明することができる。

　ファイナンシャル・サービス・マーケティングの領域はファイナンシャル・サービス・プロバイダーが，①誰に（Who），どのような顧客層（顧客セグメント）に対して―ファイナンシャル・サービス受益者に対して，②何を（What），どのような顧客ニーズの充足を―ファイナンシャル・サービスの供給によるニー

ズの充足を,③どのように(How),どのような手法・アプローチで—特定の顧客の特定のニーズに適合する独自のマーケティング手法を用いて提供する,というように概念化することができる。これを図示すると,図3-1のように示すことができる。

図3-1 ファイナンシャル・サービス・マーケティングの領域

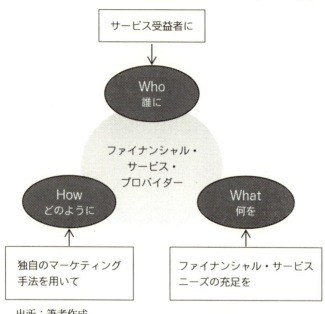

出所:筆者作成。

　エーベルの事業の定義は,事業一般についての定義を概念化したものであるが,前述したように,エーベルの事業の定義で提唱する3次元の枠組みは市場と製品・サービスの組み合わせによって説明するものである。顧客から出発し,顧客ニーズの充足を目指し,充足と満足を達成するために独自のマーケティング手法を用いるという構図は,マーケティングがマーケット・インの発想といわれるように,マーケティングの問題でもある。したがってエーベルの事業の定義の考え方を援用することにより,ファイナンシャル・サービス・マーケティングの領域としてとらえることができる。

(2) ファイナンシャル・サービス・マーケティングにおける顧客の分類

ファイナンシャル・サービス・マーケティングにおける顧客（受益者）には，大きく個人顧客と企業顧客（法人）に分けられるが，それぞれの対象とする顧客に応じて，表3－2に示すようにマーケティングの内容または仕方が異なる。

表3－2　対象顧客別マーケティングの内容

対象顧客（顧客セグメント）（誰に）	提供物（供給されるサービス）（何を）	顧客の目標，ニーズ（何を）	提供方法（アプローチ）（どのように）
個人顧客	パーソナルファイナンシャル・サービス	個人のファイナンシャル目標の達成，個人ニーズの充足	個人向けマーケティングアプローチ
企業顧客	コーポレートファイナンシャル・サービス	組織の維持・発展，組織ニーズの充足	企業向けマーケティングアプローチ

出所：筆者作成。

ファイナンシャル・サービス・マーケティングで提供する（供給される）ファイナンシャル・サービスは，個人顧客でも企業顧客でもその性質は同じである。つまり，サービスの特性である無形性，同時性・不可分性，変動性・異質性，消滅性は，個人顧客向けサービス，企業顧客向けサービスとも同じ性質を持っている。しかし，サービスの性質は同じであっても，顧客サービスに対する目標，ニーズはそれぞれ異なることから，求めるサービスニーズは，個人顧客と企業顧客によって違ってくる。

個人顧客は個人のライフプランに係るサービス，例えば，保険，住宅，教育ローン，年金（リタイアメントプランニング）等のサービスを受益することにニーズがあり，その関心を持つであろう。一方，企業顧客は組織の維持・発展が企業目標であろうから，それを達成するためのファイナンシャル・サービスや有効な資金調達を可能とするファイナンシャル・サービスを受益するところにニーズがあり，そのための組織的な取り組みを行うだろう。したがって前者のサービスはパーソナルファイナンシャル・サービス，後者のサービスをコーポレー

トファイナンシャル・サービスと呼ぶことができるであろう。

このようにファイナンシャル・サービスに対する目標，ニーズが違うのは個人顧客と企業顧客では置かれている環境が異なるからであり，そのような環境の違いによって顧客の目標，ニーズが異なることを認識しなければならない。

ファイナンシャル・サービス・プロバイダーと顧客の関係は，個人顧客と企業顧客によって異なる。それがまたマーケティングアプローチの違いとなって現れてくる。ファイナンシャル・サービス・プロバイダーが供給するサービスは，食料品や日用雑貨等のような商品と違い，時には複雑で理解するのに相当な知識を必要とする場合がある。一般に，個人顧客は情報収集力，知識の蓄積，交渉力において劣る場合が多く，このためファイナンシャル・サービス・プロバイダーと個人顧客の関係は，いわばプロ対アマチュアの関係であり，情報，知識，交渉力等の点で大きな格差があり，この状況を踏まえて，それに適したマーケティングアプローチが必要となる。

これに対して，企業顧客は組織的な対応を行っていることから，ファイナンシャル・サービスにかかわる情報，知識は豊富であり，交渉力も一般に高く，したがってファイナンシャル・サービス・プロバイダーとの関係では，いわばプロ対プロの関係であるといえる。このような状況を踏まえて，プロとして扱うマーケティングアプローチが必要となる。

2　消費者購入の意思決定プロセスとパーソナルファイナンシャル・サービス

（1）ファイナンシャル・サービス・マーケティングの領域における3つの役割（2W1H）

ファイナンシャル・サービス・プロバイダーとファイナンシャル・サービスの販売者を兼ねるFPを例にして述べる[4]。FPは個人のファイナンシャル目標の達成，個人ニーズの充足の手助けをするために，ファイナンシャル・プランニングの6つの実施手順を踏まえたうえで，図3－1であげた3つの領域をもとに，誰（Who），顧客に対して（ターゲット），個人向けマーケティングア

プローチすることにより，何を（What）提供し，そしてパーソナルファイナンシャル・サービスをどのように（How）構築していくことが中心的業務となる。

そして顧客はパーソナルファイナンシャル・サービスについてどれほど理解をして興味を示し，どういうプロセスで意思決定をしていくのか考える必要がある。そうすることにより顧客との相互信頼関係の構築をどのように図っていくのかが重要となる。

① 誰（Who）―購買行動における消費者行動モデル

誰（Who）というのは，相談へ来るのは家計を支える主婦またはその家族の大黒柱かもしれないが，その家族の中に子供がいてまた2世帯で暮らしている場合，その家族すべての人が対象となる。消費者市場の中では，家族は社会の中でも最も重要な購買組織であり，これまで詳しく研究されてきた。家族のメンバーは最も影響力の強い第1次準拠集団を構成する。

購買者には2つの家族の種類があり，方向づけをする家族に両親と兄弟姉妹がいる。日々の購買行動により直接的影響を与える生殖のための家族に該当するのは配偶者と家族である（Kotler, 2000, 邦訳, p. 205）。また個人事業主の社長が相談者の場合，その背後には従業員やその家族が存在し，相談内容には跡継ぎに関する相続・事業承継や従業員退職後の社会保険の年金制度等も含まれてくるかもしれない。さらにリスクに対する保険関連の見直しによりファイナンシャル・サービスを提供するだけではなく，経理状況の見直しの効果もある。これには誰という一人称だけでなく，1つの相談に多数の人が係わっていることに注意を払う必要がある。

マーケターは，家族1人1人の役割や影響について大いに興味を抱いており，その役割は国や社会階層によって大きく異なる。アメリカでは昔から製品カテゴリーによって大きく異なっている。家族のための買い物，特に日常生活に関する買い物は妻が中心的な役割を演じることが多く，旅行や家などの大きな買い物となると，夫婦が協力して意思決定を行う。マーケターは，家族のメンバーそれぞれがどの商品の選択に影響力を持っているのか明確に見分ける必要性がある。

女性が家庭の中で急速に力をつけ始めているということは購買力や購買決定に大きな影響を持っているともいえる。企業経営の権威として知られているトム・ピーターズは，企業のマーケティングにとって最大の機会は女性であることは市場調査の結果でも明白であると述べ，これは日常生活の買い物以外に家，医療，自動車，旅行等の場面で，また職場における女性の躍進からをみても，家庭における昔ながらの購買パターンは徐々に変わってきている（Kotler，同上書，邦訳，p.206）。

　ファイナンシャル・サービスにおいてもまた，FPが持つ専門知識と家庭の暮らしの中での知識は密接しているので，主婦としての必要知識としてFPの資格取得をする例がみられる。したがって夫よりも妻の方が知識を持っている場合もあり，購買による意思決定を考えた場合，最終的な決定権は妻にあるかもしれない。家族といっても，夫，妻，子供がいる家族だけではない。独身者もまた，離婚（子持ち），配偶者と死別，あるいは特別な事情（障害等）のある家族も存在しており，それぞれの家族に対する対応の仕方も変わってくる。

② 何を（What）―消費者購入の意思決定プロセス

　何を（What）というのは，FPにとって何を顧客に提供することができるのだろうかということである。その1つとして経済動向や金融情勢さらには法改正に関してのセミナーを開いて情報を提供する。これにより顧客が今後ファイナンシャル・サービスを購入する際の重要な手掛かりになる。そのような情報は最新の法改正を含んだ，よりタイムリーな情報となるため，話し手も顧客も一度限りの情報の提供と収集では不足する部分がある。つまり生産と消費そして満足がうまく一致しないことがある。加えてFPには顧客が持ちかけてきた相談においてファイナンシャル・プランニングの諸領域を駆使しながら知識を伝えコンサルティングしていく相談業務がある。

　しかし，そのような情報提供や相談業務を行う前にファイナンシャル・サービスについての消費者の理解度がどれほどあるのか考慮する必要がある。最終的に消費という結果となるように結びつける多くの役割を反映することを心にとどめておくことが重要である。例えば，与えられたニーズを満足させる欲望

を主導する役割がある。これは影響者の役割の後に続いて，決定者，購入者そして使用者と導くのである。

　消費者行動を理解するためには，多くの異なるフレームワークがある。実際に研究者の視点から，個人の財およびサービスのあるタイプの消費の意味，性質，重要性までの消費者の調査が増大しつつある。

　しかしながら，ファイナンシャル・サービスの消費者行動に関する調査の大多数は，消費者行動の理解に対する伝統的な認識に基づいたアプローチに頼っている。消費者を理解するこのアプローチは消費者の選択が体系的な処理のある形の結果および情報の評価であるという概念に基づいている。消費者は，購入に先立つ意思決定プロセスにおいて，一連の段階を通じて連続して移動する問題解決者としてみえる。図3－2は，消費者購入の典型的な購買プロセスの「段階モデル」を示している。この図はエンゲル・コラット・ブラックウェル・モデルであるが，エニュー＆ウェイトは非常に簡潔した形で概説されており，最終消費者に対する消費者行動のアプローチの最良の一例であるとして，引用，提示しているものである（Ennew and Waite, 2013, pp. 139-140）。

　本質的には，意思決定プロセスは，購入者が"問題"（すなわち，欲望と現実の状態の間の相違）に気づくときにはじまり行動が動機づけられる。必要なニーズは外的要素（例えば，ほかのものの消費の広告，プロモーション，意識）または内的要素（例えば，安全に対する飢え，喉の渇き，性欲等）の刺激によって引き起こされるかもしれない。その問題を解くために購入者は関連性のある情報のための調査に従事する。そのような情報に基づいて消費者は選択が初期のニーズに最もよく適合することに基づいた購入決定ができ，そして購入を行う代替的選択を評価する。一度購入が行われると，満足の評価，および喜んで推薦すること，喜んで購入することを含むさらなる評価と反応がある。

　問題解決プロセスとして消費者の選択を扱うことは，直感的な訴求を持つかもしれないが，またいくつかの弱点を持っている。実際にこのアプローチは購入決定において合理性を装う。意思決定は非常に論理的で直線的であり，行動の一貫性の程度を呈する。重要なのは，これらの限界を認識することである。

図 3 − 2　消費者購入の意思決定プロセス（5 段階モデル）

問題意識 → 情報検索 → 代替評価 → 購入決定 → 購入後行動

出所：Ennew and Waite, 2013, p. 140.

　またファイナンシャル・サービスにおける消費者の選択は潜在的に，そして非常に複雑なプロセスであることに気づくことである。しかしながら，図 3 − 2 で示した簡単なフレームワークは，ファイナンシャル・サービスにおける消費者の選択の議論を構築する方法として有益である。実際にマーケティングが選択プロセスに影響を与えることができ，また与えるところのある異なる方法を理解する手段として，エンゲルらが提示するモデルは有益である。

　しかし，意思決定プロセスにおけるこの 5 つのステップのすべてが必ずしも購入場面へ連続的に適用されないということも認めるべきであろう。いくつかのケースにおいて，頻繁に購入される簡単な商品に対して，消費者は所与のニーズを満足させる手段に精通しているので，購入の問題意識を直接に生じるかもしれない。ファイナンシャル・サービスは複雑で頻繁に購入されることを考慮に入れると，選択プロセスがより完全で熟考したものであると期待することは合理的であるかもしれない。実際に特に消費者が商品における知識が欠如しているがゆえに，現実には消費者が衝動購入していることを示唆しているのである（Ennew and Waite, 同上書, p. 140）。

③　どのように（How）構築するのか―消費者購入の意思決定プロセス
(a) 問題意識

　次に消費者購入の意思決定プロセス（図 3 − 2）から，ファイナンシャル・サービスをどのように（How）構築していくのか検討し，その中で顧客は何を求めているのか考えてみる。そしてその求めているもの通りの品質の評価，さらに顧客満足へ導くことができることを明らかにする必要がある。個人顧客は個人のライフプランに係るサービス，例えば，保険，住宅，教育ローン，年金（リタイアメントプランニング）等のサービスを受益することにニーズがあり，関心を持つのである。

顧客にとっての問題意識は，ニーズとウォンツの理解と顧客がこれらに対しての二ーズとウォンツによる欲望の程度がどれくらいのものなのかを考える。個人顧客のためのニーズやウォンツは，ビジネス顧客がビジネスの開発段階と状況に依存するのに対し，個人の環境に応じて変化するだろう。

　個人顧客にとって，①支払い遂行（例えば，小切手）のニーズ，②支払いを延期する（例えば，ローン，モーゲージ，クレジットカード等）ニーズ，③保険契約（火災保険，健康保険，生命保険等）に対する保護のニーズ，④蓄財する（投資ファンド，株式，貯蓄型生命保険等）のための資産蓄積のニーズ，⑤情報やアドバイス（例えば，税やファイナンシャル・プランニング等）に対する助言のニーズを含め（田村，2002，p.132），ファイナンシャル・サービスの購入を通じて，満足させられる一連の"ニーズ"がある。しかし前述したとおり，多くの個人顧客にとって，この種のニーズは本質的に興味の持てないものであり，確かなファイナンシャルニーズが認識されない誤解がある。

　一連の利用可能なファイナンシャル・サービスの本質的な訴求の欠如と複雑性の結果として，顧客はさまざまなファイナンシャル・サービスのための"ニーズ"を持っていると積極的に認識せず，顧客は販売時点までの決定プロセスにおいて本質的に受動的なままでいるとしばしば議論されている。この点で，マーケティングプロセスは，これらのニーズの一体化と活性化に焦点を合わせ始めている。これは多くの議論を引き出すのである。パーソナルファイナンスは個人と家族の「良い暮らし」，「人生の幸福」の実現を支えることを目的としている。誕生から相続に至るまで長期間にわたるさまざまなライフスタイルには，さまざまなサービスを受けるであろう。

(b) 情報検索

　情報検索は，自分自身の記憶からまたは外部の情報源から関連のある情報を収集するプロセスをいう。おそらくファイナンシャル・サービスの性質が消費者の受動性を誘引する範囲まで情報検索の範囲は制限されるであろう。消費者は購入プロセスにおいて積極的な情報検索に乗り出しても，情報収集は問題を提起する。

情報収集の重要な要素は概して検索の質と関係するが，無形性と不可分性は，ファイナンシャル・サービスが検索の質では低いが，経験や信用の質では高いことを意味する。消費者は自分自身の先の経験を引き出すことができないのならば，口コミ推薦の形でほかの経験および機関の信頼性に全体として大きく依存する傾向がある。

消費者が情報収集に直面する困難を認めてさえも，情報の正当化と評価に関連してさらなる問題がある。第1に，多くのファイナンシャル・サービスは性質上長期間であるため，その結果，消費者が口コミによってその経験の評価をしたとしても，商品の十分な便益が実現されないので，その経験はよくても非常に部分的であるかもしれない。第2に，多くの商品は個人に効果的にカスタマイズされているので，ほかの経験を評価しても，もし個人環境が違うのであれば，誤った方向に導くことになる。第3に，多くのファイナンシャル・サービスの複雑性は，多くの消費者が情報収集したとしても，実際にその情報を解釈できないか，または誤って解釈するかもしれないことを意味する。情報収集と情報検索の解釈によって結びついた困難は，透明性の欠如または攻撃的なマーケティングによって合成されるかもしれない。

情報検索は明らかに問題が多いが，ファイナンシャル・サービスの消費者理解と知識はかなり向上してきている。したがって自主的な情報源が伸びてきていることを認識することは重要である。日刊新聞はパーソナルファイナンスに当てる部門を持ち，同時に顧客に情報とアドバイスを供給する専門雑誌が増えてきている。最も主導的なウェブポータルサイトもかなりの量のファイナンシャル情報を供給している。このように個人顧客は以前よりも情報量が多くなっていることに気づき始めている。しかしながら，情報を簡単に利用できることは，それがいつもよい効果をもたらすことに慣れているとは必ずしも意味しない。

それに対し，企業顧客においては，ファイナンシャル・サービスの利用について多くの経験を持ち，競争者の提供する商品をよりよく評価できる。また中心となる意思決定者はより多くの専門知識を持っていると考えられるため，情

報検索はオリジナルなニーズがより複雑であるとしても容易に評価することができるであろう (Ennew and Waite, 同上書, p. 143)。

(c) 代替評価

消費者が情報収集に困難を伴うような状況であれば, 代替的サービスを評価しようとする段階においてこれらの困難さは拡大する。多くのサービスのようにファイナンシャル・サービスは物理的な対象よりもむしろプロセスである。経験の質の優位は, 事前購入の評価を難しくさせ, 信用の質が重要であるため, 購入後の評価はいくつかの問題が発生することが多い。概して, 代替は最初の問題意識段階で指定された局面と関連して評価される。もし消費者がある意味でさほど意識しておらず, または問題意識に関して不活発であるならば, 評価のために用いられる基準は十分に明確にされないだろう。

多くのファイナンシャル・サービスにおいて信用の質があることは評価を複雑にする。アドバイスの重要な要素が入っている商品, または人生行路を超えてマネジメントを要求する商品は購入後の評価をすることさえも困難にするかもしれない。特に多くの長期間投資の商品パフォーマンスは, 一部分は適切なファンドマネージャーの技能によるが, ほかの一部分は, 供給者のコントロールを越える経済的要因によって決定される。

このように消費者はこれらの商品の購入においてリスクにさらされている。それはパフォーマンスの不十分さが会社特有の要因によったものか, または外部の偶発事象によるものか決めるのに多くの困難を経験するだろう。このような状況の結果により, 消費者はサービス・プロバイダーを評価し, これらサービス・プロバイダーの特質として信頼と信用を強く握る傾向となる。実際に信頼はファイナンシャル・サービス・プロバイダーとその顧客の関係の中心に横たわる概念である。ファイナンシャル・サービスのマーケティングに含まれるこれらのことは, 消費者の信頼を生じさせ, 信頼を害する政策や実施を回避することに優先権をおかなければならない (Ennew and Waite, 同上書, p. 144)。

(d) 購入の決定

購入は, いかなる予期せざる問題が生じない限り, 通常は代替評価の結果と

してそれに続いて論理的に行われることが期待される。しかし，多くのファイナンシャル・サービスを受けようとする顧客にとってニーズは購入の時点でつくり出される。したがって購入の実際のプロセスは供給者による積極的な販売努力の結果であり，販売スタッフと顧客の相互作用は購入プロセスにおいて特に重要なものであるだろう。しかしながら，思いやりのある威圧的でない販売は効果が高いかもしれないが，ファイナンシャル・サービスの複雑さと危険度は，多くの顧客が押し込みや過剰販売で傷つけられやすい傾向にある。

信頼が極めて重要である産業の部分において，消費者の信頼を多く失うことになることはほとんど疑いない。実際にイギリスのファイナンシャル部門は，個人年金，養老保険証券，そして最も最近では支払保護保険の誤販売の歴史によって特徴づけられる。そのすべての原因は，明らかにマーケティングと販売実施にあるだろう。

さらに購入プロセスは，ファイナンシャル・サービスにおける生産と消費の不可分性によって影響される。遠隔なチャネルの開発は，サービス供給において個人の相互作用の衝突を減らすが，最前線の従業員は依然としてサービスの生産において，重要な"境界にかかる役割"を果たす。それゆえ，購入プロセスに対する重要な影響は，購入者と供給者の間の相互作用であるかもしれない。サービスが，生産のためにサービス提供する従業員と消費者の両方からインプットに頼るとき，サービスのアウトプットの質はこれら当事者の個人の相互作用の性質によって決まることが非常に多い。

受託責任は，ファイナンシャル・サービスをほかのサービスや財と区別する重要な特質として強調される。受託責任の1つの局面は，供給者がある商品の販売に関して自由裁量を行う必要があるということである。例えば，生存や成功の見通しがほとんどないビジネスに銀行が資金を貸すことは不適切であろう。しかしながら，消費者が購入のためインターネットでシグナルを送るまで，その消費者にその商品を供給するのが適切かどうか確認することは不可能であろう。

このようにたとえ購入のための意識的な決定がとられたとしても，その商品

を供給するのに気が進まないという付加的な問題に直面する（Ennew and Waite, 同上書, p. 145）。

(e) 購入後の行動

ファイナンシャル・サービスの購入後の評価は，既述した理由で難しい。実際に評価は技術的側面（何をされたか）よりはむしろ，サービスの機能的側面（どのようになされたか）が多く強調されると示唆されている。なぜならば，技術的側面は評価するのがより難しいからである。

購入後の評価の困難さは，消費者間の認識に関する認知的不協和のリスクが高く，これはブランドロイヤルティをその後に減らすかもしれないということを示唆しがちである。この証拠はあいまいであり，例えば銀行口座のような連続的な商品にとって認識に関する不協和音が高水準であることは，銀行の切り替えが高水準となることに反映される。実際には，銀行を変える消費者の数は増えつつも依然として低い。このことは不協和音の低水準を反映していることを意味する。ただ，スイッチングコストを考慮した場合，消費者は高水準の不協和音に耐えることをいとわないであろう。リスク性のある金融サービスでは，乗換の度合いは高い上に消費者の留保率は低く，認知的不協和レベルの高さを反映している。特にバブル崩壊時にダメージを受けた家計はリスク資産への投資を消極化させている様子がうかがえる。

しかしながら，ある程度の信頼が購入者と供給者の間で樹立されているところでは，両当事者にとって多くの便益がある。信頼の樹立は，購入者－販売者の関係のおいて不活発な程度をもたらす。取り消すことのできない量の時間と努力は，機関の信頼性を評価するのに必要な経験と情報を得るため個人に要求されるので，いったん満足すると顧客は代替供給者を探し，調べるコストを招くよりもむしろその機関にとどまるであろうケースが通常である。いったん信頼が得られると機関は顧客が留保するのに不適切な注意を生じさせ，顧客獲得に過度な協調を起こしながら，顧客はその機関にとどまるだろうと思い込む罠に陥り，マーケティングにとって潜在的な問題をつくり出すのである（Ennew and Waite, 同上書, p. 146）。

3.3 One to One マーケティングと
パーソナルファイナンシャル・サービス

1 消費者価値変化と生活領域

（1）消費者から生活者へ

　日本は成熟化社会と呼ばれた1980年代以降，消費税は1989年バブル到来中に3％導入が施行され，1997年に同5％，2014年4月に同8％，さらに2019年10月には10％に引き上げられる予定となっており，このような消費税の増税は生活者の生活コストに関わるライフスタイルに大きな影響を与えてきたし，また与えようとしている。

　さらにリーマンショック以降の円高や欧州金融危機等の状況が解消されていない中での大地震や原発メルトダウン問題は日本経済を著しく疲弊させ，生活者の生活意識にも，また生活体系・生活行動にも多大な影響を与えている。つまりここ30年の間でも生活者の購買意識・行動・体系，すなわち生活者のライフスタイルが変化し，それは企業のマーケティングそのものに影響を及ぼし戦略的革新を求めてきた。

　マーケティングの戦略原理は，もともと生産から消費に至るさまざまな営みを生産部門も含めて円滑な需給活動をなさしめるために機能する種々の活動にある（新津，1991, p.35）。したがってその原理の出発点は消費者そのものの生活にあり，マーケティング活動において消費者（Consumer）という用語に代わって生活者（Consumer Citizen）といった用語が用いられるようになったのも，消費者そのものの生活の充足や充実（生活創造）をいかに満たそうとするかによるものである。つまり，単にモノを消費する概念でとらえる消費者といった言葉は，みずからの生活について，商品の選択をはじめとして，みずから主張を持って生活を営もうとし，さまざまな生活創造を行おうとする人間に対して必ずしもふさわしい使い方ではない。

　生産と流通に携わる企業としても，またサービスに関わる企業としてもこう

した人間の生活へのさまざまな取り組みを認めたうえでの種々のマーケティングアプローチが求められる。

英語におけるコンシュマー（Consumer）の概念はこうした生活者の意味が含まれているのであろうが，日本においてはその概念を再認識する意味での「生活者（Consumer Citizen）」といった用語を生んだにほかならない。それゆえマーケティングの戦略的基本は，生活者の「生活」そのものに対応する種々の活動と規定することができよう。近年の生活者の価値変化と生活領域の拡大は，旧来の商品開発システムや流通構造，情報システムそのものをハード・ソフト両面において根本的に改善することを求めている（新津，同上書，p.35）。

高度経済成長期やバブル期の時代から供給過多のモノ余りの現象が顕著となり，それが成熟社会といわれる現在においてもなお続いている。今日，ますます消費者の物欲が満たされてくると消費欲求は充足し飽和状態となり，生活価値観の変革と生活行動領域の多次元化が進み，マス市場は分裂し多様なミクロ市場が誕生してきた。モノの飽和状態を迎えた次なる消費欲求の中心は，購入した商品を生活の中でどのように活用し，自分らしさをどう表現できるのかという発想に変わってきた。

個々人が生活者として，個々の考え方や意識，価値観を持ち，その場その場の状況によってさまざまな行動をとる時代となっているが，それは，生活者個々に細分化する One to One マーケティングの志向をますます市場戦略に求めてきているといえよう。パーソナルファイナンシャル・サービスは，少子高齢化を含む生活体系の変化の中で One to One マーケティングの考え方が代表的に位置づけられる領域であると考えられる。本格的な少子高齢化を迎え若年層の結婚の遅れ（晩婚化）や未婚者の増加（未婚化）は，これまでとは異なる新たな家族像や個人像を生み出すことにもなりうる。

（2）生活者の価値観の多様化による市場細分化の考え方

今日，個々の生活者の価値観の多様化が進んでいることから，人口統計学的要因や地理的要因，社会経済的要因などの従来の市場細分化基準による「市場

細分化（マーケット・セグメンテーション：Market Segmentation）」アプローチでは，企業のマーケティング戦略が機能しにくくなっている。今日では，すべての人間がさまざまな次元の価値観を持って，ハイレベルから一般大衆レベルに至るまでの行動をとると一般に解釈されており，これまでのごく一部の生活者群のみに特化した事象で人をくくる方法は通用しなくなっているといえるだろう。

あらゆるヒト（人）があらゆるとき，ある場所，ある状況ではAという行動をとり，異なる次元の場合はBという行動をとるとするならば，生活者の区分はヒトでくくるのではなく，生活者のその時々や状況によって生ずる生活を基準にマーケティング戦略を考えなければならなくなる。

マーケティング戦略はターゲットの選定からはじまる。これまでのヒトをくくる考え方からすると，ターゲットはあくまで選定したヒトの群であり，そのヒトたちの販売商品に対するあり方を想定して戦略の枠組み，特に市場細分化戦略の枠組みと展開を実施してきた。

こうした展開の仕方は，ターゲットを選定したヒトがどの程度その商品（単品）にこだわりを持つか否かが戦略の決め手であるので，その単品にこだわらないヒトには売りに完結しないとしてあきらめていたのである。こうした考え方によるターゲット設定では，供給する商品・サービスを受容しうるライフスタイルを持つ生活者群にターゲットを限定することになる。

生活者の価値観の多様化を前提として，この手法を無為に展開すると，性別，世代別のデモグラフィック特性と生活行動，生活意識，生活体系によるライフスタイルパターンが求められるようになり，さらに1つ1つの世代ごとにより細かな分類が求められてくる。なぜなら本来生活者は1人1人すべての生活体系と構造，生活意識が異なるから，いかに似た者同士をくくるといっても数分類でくくることはできなくなり，数十あるいはそれ以上の再細分化が必要とされる生活者パターンが求められることになる。今日における価値観の多様化は，市場におけるヒトのライフスタイルが100人100様ととらえられるようになり，100人のヒトが100通りのモノをほしがるという状況を生み出している。

ヒトの区分ではモノとの整合性がとれなくなる時代となり，"どんなヒトでもこんなコトではこのモノを使う"といった解釈をしないと，モノ・サービスのターゲットを規定できないといわれるようになっている。ただし，個人の持つ生活構造をベースとした類似生活者群をくくるライフスタイルパターン分析がまったく活用できないというわけではない。特にライフスタイルパターンはそのライフスタイル群の生活者の生活行動・生活意識・生活体系の特性を明らかにしてくれるからである。

パーソナルファイナンシャル・サービスにおいても1人1人個々人のライフスタイルによってアプローチするものであるが，ある一定の法則で個々人のライフスタイル特性を知ることは，その人のライフスタイルに合致した個人サービスの前提となる。

2　顧客維持と顧客対応への関係性

(1) カスタマイゼーション（顧客志向化）

市場の成熟と消費の低迷が続く中，顧客の個別欲求やニーズに合わせてモノ・サービスをカスタマイズして提供するカスタマイゼーション戦略の重要性が高まっている。カスタマイゼーションは，顧客が自分で選択してモノやサービスのデザインができるようにした手法であり，制服や靴などを自分のサイズやデザインに合わせて注文をする，いわば「オーダーメイド（テーラーメード）」が主な例としてあげられる。今日のカスタマイゼーション戦略は，効率性を犠牲にして一品受注生産として時間をかけて製品を完成させるのに代わり，モノ・サービスとその供給プロセスを標準化・効率化しながら個別対応と経済効率を両立させる「マス・カスタマイゼーション（Mass Customization）」として展開されている（片野，2012, p. 45）。

現代の顧客は，生活においてインターネットの利用による情報の収集が容易になった。顧客は何をどう買うかにおいて意思決定をする前に，インターネットにアクセスし，モノやサービスの評価，そして供給業者やほかのユーザー等と情報交換を行い，自分の欲しいモノやサービスをデザインすることも少なく

ない。このような人々の商品選択の視点は単に商品ばかりではなく,企業のブランドまで厳しい評価をする。

　例えば,世界最大規模のメガネ小売業である日本のパリミキは,自由に選べる多彩なデザイン［Select］,半年間の品質（レンズ・フレーム）保証［Support］,プロの視点で笑顔をお届け［Smile］の「3つのS」をテーマに,顧客が自分で希望するスタイル―スポーツタイプかエレガントタイプか,リーズナブルタイプのメガネか否か等を説明すると,そのデザイン・システムが候補製品としてコンピュータ・グラフィックで表示される。フレームを選び終わると,すぐに蝶番やテンプルを選び1時間でメガネが出来上がるのである。企業は自社で製造部門を抱える必要もなく,プラットフォームとツールを提供し,顧客が自分の商品をデザインできる手段を「貸す」のである。モノ・サービス・メッセージを One to One ベースでカスタマイズして個々の顧客に対応できれば,その企業はカスタマイズされていることになる（Kotler and Keller, 2006, 邦訳, pp. 304-305）。

　しかし,カスタマイゼーション戦略を実現する必要な供給能力が判明しても,その能力が顧客自身の持っているニーズに対して,売り手がモノ・サービスをどう活用し,適用させるかが問題である。モノ・サービスの提供過程でどれほどの最新の技術を用いても,顧客ニーズに対して適切に対応できなければ,顧客からの期待も得られない。例えば,自動車,住宅のような複雑な商品は,カスタマイゼーションによって製品のコストが上昇し,顧客の納得する価格を超えてしまうことが考えられる。企業が製品の生産に入ってしまえば顧客は注文をキャンセルすることができないため,有形財でも実際の商品を目にするまでは,自分がどんなものを望んでいるかわからない顧客はいる。またあまりにも複雑すぎて修理や売却すらできないことが考えられる。無形財はサービスが完了しないと自分のニーズに合ったものになっているかどうかわからないこともあり,カスタマイゼーション戦略は無形財によるサービスにも同様なことがいえるものと考えられる。

(2) One to One マーケティングの到来

　マーケティングの戦略のプロセスをみると，それは，不特定多数の消費者を対象とした大量生産・大量販売を基礎としたマス・マーケティングから次第に群として消費者を対象とした One to One マーケティングへと進化してきているととらえることができよう（村上，2008, p. 419）。

　情報技術の進展で，セグメント・ワンを対象としたマーケティングが展開されるようになってきている。インターネットの商業利用は企業が個々の消費者と個別に対応した環境を整え，さらなる市場の細分化を行っていった。市場を細分化し，セグメンテーションを進めていくとニッチ市場に到達し，さらにニッチのニーズ顧客を掘り下げていくと1人1人の顧客にたどり着くのである。このようなセグメント・ワンを対象としたマーケティングを One to One マーケティングと呼んでいる。

　One to One マーケティングは，「1人1人の顧客から得ている売上に注目して，それぞれの顧客に対するシェアを伸ばすことに注力する」とペパーズ＆ロジャーズは提唱している（Peppers and Rogers, 1993）。企業は，顧客1人1人を把握し，1対1でアプローチを続け，そして個別の仕様に従ってカスタマイズしたモノ・サービスを提供することが可能になっている。これは根本的に新しい競争のパラダイムである。マス・マーケティングが本質的に製品中心の発想なのに対して，One to One マーケティングは，顧客中心の発想だといえる。

　表3－3はマス・マーケティングと One to One マーケティングを比較して，それぞれの特徴を列挙したものである。従来のマス・マーケティングでは，同一の商品をできるだけ多くの消費者に売りつけることと考え，その過程において広告，宣伝，販売促進を行い，できるだけ多くの消費者を引きつけ，情報を与え，説得力のあるものとメッセージを送りつづけていた。それとは反対に，One to One マーケティングは，同一の製品を不特定多数の顧客に売りつけることはせず，1人の顧客に長期にわたって異なった品揃えの中から，できるだけ多くの商品を購入してもらうことに力を注ぐのである。そのためには，1人

表3－3　マス・マーケティングとOne to Oneマーケティングとの比較

マス・マーケティング		One to One マーケティング
顧客獲得	→	顧客維持
販売・取引	→	関係づくり
販売促進中心	→	顧客サービス中心
市場シェア	→	顧客シェア
製品品質志向	→	顧客満点志向（クオリティ）
マネジメント志向	→	エンパワーメント志向
モノローグ型	→	対話（コミュニケーション）型

出所：Peppers and Rogers, 1993, 監訳者序文, p.4.

1人の顧客との1対1の独自の関係（リレーションシップ）づくりに専念しなければならない。

　表3－3に示されている事項はリレーションシップ・マーケティング（関係性マーケティング）と密接な関係があると考えられる。この点については第1章1.2節2で述べたが，SNS社会の進展が著しい現代においてOne to Oneマーケティングを行う上での流れとなった背景には，以下に述べるように，インターネットとの連携と顧客対話の2点があげられる。

（3）One to Oneマーケティングにおけるインターネットとの連携と顧客
　　　対話の重要性
①　インターネットとの連携と顧客のデータベース化
　ITの進歩によって顧客のデータベース化が構築されていったことから，データ分析による見込み客の特定や顧客1人1人に対する個別交渉，そして商品に対する販売促進の戦略が取れるようになった。それにより長期にわたる商品や品質の有効な差別化を維持することが難しくなった。またインターネットによるセグメント・ワンを対象としたネット販売は，顧客のデータベースと融合することによって，顧客1人1人とコンタクトポイントで付加価値の高いサービ

スを地球規模で提供することができるようになった。

② 顧客対話の重要性

　One to One マーケティングの基本は，顧客と対話することにより相互に学習し，協業または協働関係を構築することである。SNS 社会は，新たな生活者コミュニティをもたらし，企業と生活者との共生・共感を前提とした，市場戦略アプローチ手段への転換と認識されるようになってきている。しかし，生活者はメディアへの接し方が変わってきたと同時に，いつも変わらない生活動線の中で毎日膨大な情報量にさらされているのである。したがって，企業から生活者への声は届きづらくなっており，企業側がいい商品を作り WEB 上で宣伝しても，単に商品を並べるだけでは生活者は必ずしも反応するわけでもない。これは企業と生活者との間に対立概念があり，逆にコミュニケーション不足へと進んでいってしまっていることを示すものである。

　企業と生活者の間にこのような対立概念があるとすれば，企業が生活者を理解してコミュニケーション設計を行っていかなければならない。21 世紀に入り，いかにデバイスやメディアが変わっても，生活者の生活感性は変わらない。それに気づいた企業は，「モノ×コト（サービス）＝生活シーン」を提供する"コト"づくりという発想へと転換した。2010 年以降にヒットした商品の多くは，パイ（Pie）やシェアの発想から生まれたものではなく，環境問題や個々の生活に合った新たな生活市場の創造発想の商品であるといえる。

　コミュニケーション設計の重要性は，単なる顧客と企業の話し合いではなく，一定の目的や方向性を持つことである。ある商品市場をつくり上げる場合，企業からは顧客に対し，その基礎となる個別な情報の提供を行い，また顧客側は自分自身の個別の情報の提供と認識することにより，生活者がある時点で「ある商品に対して個々人に合致した価値」を共感認識することになる。

（4）One to One マーケティングとリレーションシップ・マーケティングの共通点

　第 1 章 1.2 節 2 では，サービス・マーケティングの戦略性として，コトラー

の考えをもとに,サービス企業のマーケティングは3つのマーケティングタイプからなると述べた。すなわち1つ目は,企業と顧客の関係によるエクスターナル・マーケティング(External Marketing),2つ目は,企業と従業員(サービス提供者)の関係によるインターナル・マーケティング(Internal Marketing),3つ目は,従業員(サービス提供者)と顧客との相互作用によるインタラクティブ・マーケティング(Interactive Marketing)である(図1－5)。このうち,個人顧客,企業顧客を問わず顧客サービスの提供という点に注目すれば,特に重要なのが,従業員(サービス提供者)と顧客の相互作用というインタラクティブ・マーケティングである。

リレーションシップ・マーケティングは,一般に顧客との関係性を重視する手法や概念を指す。リレーションシップ・マーケティングのアプローチは,既存顧客との長期的なリレーションシップを構築することにより,顧客をひきつけることと同じように,維持することの重要性に注意を向けさせている。つまりマーケティングの焦点を取引からリレーションシップに変えることを意味するのである。リレーションシップに焦点をおくということは,高度な顧客サービスとのコミットメントが求められる。言い換えると,リレーションシップ・マーケティングとは,組織が有する既存の顧客基盤が最も重要な資産であることを認識することであり,またどのような犠牲を払ってもそれを守るために働きかけることである。

近年,情報通信技術の進展に伴い,顧客管理のデータベースを戦略的に利用する方法が可能となってきた。この点については,シェス(Sheth)&ケルスタット(Kellstadt)が指摘しており,顧客のデータベース化によってサービス組織がロイヤリティの高い顧客を認識することが容易になってきたことは明らかである(Baron and Harris, 1995, 邦訳, pp.289-290)。

以来,リレーションシップ・マーケティングの概念は,南(2005)によれば,2つの考え方が形成されてきたという。すなわち1つは,データベース・マーケティングやOne to OneマーケティングIに代表される,ITを利用した継続的な顧客関係を形成するための方策と同義語としてとらえるものである。今1

つは，上記のようなリレーションシップ・マーケティング概念は，狭義の意味であるとし，広義の意味では顧客を操作対象から協働の対象としてとらえ，顧客を惹きつけ，維持し，関係を高めることがリレーションシップ・マーケティングの意味だと考える立場であると述べる。

すなわち現状の概念整理の動きにおいて，南は，「リレーションシップ・マーケティングの概念定義に対し，狭い，帰納的なマーケティング観を取る立場と，アプローチや志向においてより広く，パラダイムを変革し続ける立場との両者が混在していることが指摘される。」と述べる（南，2005，p.1）。本書ではリレーションシップ・マーケティングを広義の意味でとらえ，その立場で次節においてOne to Oneマーケティングとリレーションシップ・マーケティングの共通点およびマス・マーケティング戦略とOne to Oneマーケティングの違いをより具体的に論じている。

（5）市場シェアから顧客シェアへの変化

One to Oneマーケティングにおいては，ある時点における一人の顧客に対する成功によって判断される。それは，顧客シェアを獲得することである。

市場シェアの拡大とは，できるだけ多くの顧客にできるだけ多くのモノ・サービスを売ることを意味することであるのに対し，顧客シェアの拡大は，自社ブランドのモノ・サービスを購入した1人1人の顧客が，そのモノやサービスに対して満足し，どんなときでも他社のモノやサービスではなく，自社のモノやサービスを確実に購入していくことを意味する。例えば，顧客は，平等に店を使い分け5回に1回の頻度で購入しているかもしれない。そうするとそれぞれの消費者と20％ずつ取引したことになる。

顧客シェアを達成するためのキーポイントは，それぞれの顧客を1対1で知ることである。まず始めに，今後も決して自社製品を購入しそうにない消費者をふるいにかける。購入しそうにない消費者に翻意を促そうとしても時間とカネの無駄になると考える。そして自社に対してロイヤルティを持った顧客が誰であるのか見分け，その顧客に今後もさらに自社製品を引き立ててもらうよう

な，しかるべき手を打つことが重要である（Peppers and Rogers, 1993, 邦訳, p. 20）。

特に地元に密着している八百屋は，得意客が来るとその顧客の家族構成に合わせて商売を進めることがある。それには店主と顧客との人間関係と好みや顧客の家族構成を知ったうえで，それぞれの顧客の注文に合わせて移り変わるニーズを満たすためにサービスや商品を変えていっているのである。これは顧客1人1人に気を配り，応対をするという面では，正真正銘のリレーションシップ・マーケティングだといえる。八百屋の店主は常に適切な顧客満足プログラムを用意し，独自の顧客維持システムの管理を怠らなかった。まさにこれは，1人1人の情報や知識に基づいて顧客を個別に扱う「データベース・マーケティング」であり，ただ1つ違う点は，パソコンなどで顧客管理をしているのではなく，店主の頭の中で構築されているということである。

しっかりとした気配りを行い，的確な対応をしているのであれば，値下げをせずにサービス志向の顧客との関係を重視した方法によって売上増加と顧客満足が保証できるものだと考えられる。その方法が正しければ，売上増大という行為そのものが企業の価値を高めることになる。規模の大小にかかわらず，多くの企業ではそのようなアプローチが可能であるのに，なかなか踏み出せないでいるのが見られる。そこから一歩踏み出すには，市場シェアの拡大と1人1人の顧客シェアを拡大することの違いを認識する必要がある。どちらのシェアに重点を置いても，最終目的は売上の増大と利益の拡大である。この違いはこの目的にどのように到達するかという手段なのである。手段の違いに関係なく，自社の売り上げ増加が他社を上回れば市場シェアは拡大するのである。顧客シェア重視の結果は，財務状況をみてもそれが増収につながったと気づくことは難しい。

コンピュータの発展とインターネット通信の進歩により，顧客シェアアプローチは，企業の規模，市場の大きさ，または利益率に関係なく，世界中すべてのビジネスに当てはめることができるようになった。相対的市場シェアではなく顧客シェアを重視することこそが，経費を抑え，最大のコスト効率によって売

り上げを伸ばし，結果的に市場シェアの拡大を実現することの近道であるといえるだろう。1人1人の顧客に焦点を当てたビジネスを行うことで，売上は半永久的に伸び続け，それに伴い限界利益も上昇する。そしてビジネスにおける経済基盤はより強固なものとなるはずである。

　One to One マーケティングは，マーケティングの「個人化」，つまりマーケティングの対象が1人1人の顧客レベルまでシフトダウンするという現象によって説明できる。IT がマーケティングの対象をますます縮小させ，より「個人」に向けられている。

　ここで，市場シェアと顧客シェアの違いを受けてマス・マーケティングと One to One マーケティングとを比較してみると，マス・マーケティングは，「1つの製品をできるだけ多くの顧客に売りつける」プロダクト・マネジャーが必要であるのに対して，One to One マーケティングは，「1人の顧客にできるだけ多くの製品を売る」顧客マネージャーが必要であるといえよう。マス・マーケターは製品の差別化に努めることに対し，One to One マーケターは「顧客を差別化」しようと努力する。マス・マーケターは絶えず新規顧客の獲得に力を注ぐことに対し，One to One マーケターは「既存の顧客から絶えず新しいビジネスを獲得」しようと努める。最後にマス・マーケターは，「規模の経済」を重視することに対し，One to One マーケターは，大企業より中小企業により有利と考えられる「範囲の経済」を重視する（Peppers and Rogers, 1993, 同上書, pp. 26-28）。

　顧客シェアの上昇は，市場シェアの上昇へとつながっていくのである。マーケティングの「個人化」，つまり「製品志向のマス・マーケティング」的視点から「顧客志向の One to One マーケティング」的視点への移行は，企業の規模を問わず，世界各地で起こりつつある根本的変化であるといわれている。多くの企業家は，市場シェアより顧客シェアという新たな視点から販売業務というものを見直し，これはマーケティング戦略だけでなく，ビジネスにおける新しい方法を生み出そうとするものである。

　ある時点における1人の顧客に対する顧客シェアの増大を実現するためには，

顧客に自社のモノとサービスに対する取引量を伸ばさせる方法を見つけ出さなければならない。このアプローチを採用すると，1つのモノやサービスに集中してできるだけ多くの顧客に売りつけることはしなくなる。顧客シェアに狙いを絞るならば，多様化する顧客に向けてのCS（Customer Satisfaction：顧客満足）取り組みにおいては，それぞれの顧客を1人1人識別し，その追求はモノを売る行為から「モノ＋サービス付加価値」へと変わってきている。それには顧客に対して単に「モノ」を提供するのではなく，顧客が求めている「生活シーン」の一部を感じ取る必要がある。それが，今や顧客満足における企業の最低限の基準になりつつある。

　ここで考えなければならないのは，「モノ×コト（サービス）」の解釈の中で，1人の生活者の多様な生活シーン"コト"には，すべての特定のヒトが特定の"モノ"を購入するチャンスを有することである。したがって，"モノ"は，生活者がその場面や時点で行う"コト"に対しての単品だけでなく，品群で消費されることを再度理解せねばならない。この点については，品群アプローチを理解し，単品の商品特性を特定の生活シーンにより高い価値観で提案しているサービス業においても同様のことがいえる。したがって今日求められるのは，さまざまな顧客に向けてOne to Oneの対応を実感させるシステムづくりとそれによるCG（Customer Guarantee：顧客保証）の対応であるといえる。

3　新規顧客の獲得による意思決定と顧客維持の関係性
（1）新規顧客獲得と既存顧客の維持
　新規顧客獲得と既存顧客の維持について企業が予算を組んだとする。企業が新規顧客を1件獲得する場合，既存顧客を1件維持するのに比べて5倍のコストがかかるといわれており，今日，多くの企業は既存顧客を毎年10％も失っているといわれている[5]。今日の企業は，顧客の離反率（顧客を失う率）に対し注意を払う必要に迫られている。顧客を引きつける技術を磨くだけでなく，さらに顧客を離さないプロセスが必要である。しかし実際には業種の如何にかかわらず，新規顧客獲得への投資が過剰であり，既存顧客維持に対する投資が

少なすぎる場合がしばしばみられる。

　その例として，新規顧客を 10 件獲得するためにマーケティングの予算を 250 万円としたとする。その場合，1 件につきその予算は 25 万円ということになる。一方，5 件の既存顧客維持のための予算として 25 万円，1 件につき 5 万円の予算を組んだとしよう。予算の合計は 275 万円である。しかし，275 万円の内訳を新規顧客予算 150 万円，既存顧客予算 125 万円と割り当て直すと，表 3 - 4 のような結果となる。

　マーケティング予算の 275 万円のうち 100 万円を新規顧客から既存顧客へ上乗せしただけで，同じコストでも年度末には 15 件から 31 件と倍の顧客を得たことになる。言い換えると，同じコストで売上と単位当たりの利益率が伸び，利益の絶対水準が向上したということである。

　もし新規顧客に当該顧客の価値以上のコストをかけているのであれば，企業の利益と費用のバランスが崩れ，最終的には破産する危険性が高まる。そのためのいくつかの対応策として，より少ない訪問回数で顧客と成約する，営業訪問にかかるコストを減らす，新規顧客の年間購入額の増加を促す，顧客をより長期間維持する努力をする，あるいは利益の大きな製品を売る，などの企業努力が必要となる（Kotler, 2000, 邦訳, p. 66）。

　しかし，世界中の企業でもまだまだ不合理な経済活動を行っていることが多くみられ，従来のマス・マーケティングのパラダイムに依拠する企業は，顧客

表 3 - 4　新規顧客獲得と既存顧客の維持

新規顧客の重視			既存顧客の重視		
新規顧客獲得	10 件	250 万円	新規顧客獲得	6 件	150 万円
既存顧客維持	5 件	25 万円	既存顧客維持	25 件	125 万円
総費用		275 万円	総費用		275 万円
総顧客数	15 件		総顧客数	31 件	

　備考：予算は新規顧客 1 件獲得につき 25 万円，既存顧客 1 件維持につき 5 万円とする。
　出所：筆者作成。

維持より新規顧客の獲得の方に力を注いでいる。これまではリレーションシップを築くことよりも売り上げを伸ばすことが強調されてきた。また顧客へのアフターサービスよりも事前の広告と販売に力を入れていた。マス・マーケティングによるビジネスは，新規顧客との取引と当初からいる自社のブランド愛用者との取引についての違いは見受けられないとして，利用しているマス・メディアは，完全に不特定多数を対象にして新規顧客と既存顧客をまったく区分せずに同様に扱っていた。このように区別せずに新規顧客の獲得に熱中しすぎると，マーケターと顧客との間に大きな隔たりができてしまうことになる（Peppers and Rogers, 同上書, 邦訳, pp.50-51)。

　企業は新規顧客が自社に大変満足したのであれば，その顧客をリピート顧客に転換したいと願うのである。競合他社からの購入継続の可能性もあることから，企業としては的確な見込み客を見極め，新規顧客，既存顧客にかかわらずクライアントに転換するための手段を講ずる。One to One の対応をすることによってリレーションシップを図り，顧客と企業とのパートナーづくりへと至ることができれば，顧客と企業は積極的に協力し合う関係になり得る。

　また一部の顧客は，転居や不満などの理由により買わなくなった人もいるだろう。そこで顧客を取り戻す戦略も必要となってくる。したがって満足していない顧客を再び活性化させることが課題となる。かつての顧客を取り戻す方が新しい顧客を見つけるより簡単な場合が多いこともある。なぜならば顧客の氏名や履歴がすでにわかっているからである（Kotler, 同上書, 邦訳, p.67)。

　新規顧客獲得と既存顧客の維持をするための予算は，ただ単に予算を組むのではなく顧客維持率を見極め，失った顧客のコスト計算を見積もる必要がある。離反率を減らすための1つの方法として，顧客を失った場合の損失の程度がどのくらいのものなのか見積もらなければならない。もし1人の顧客が離反しなかった場合の損失はその顧客の生涯価値，つまり企業が得たであろう利益を現在の価値で見積もることにより，将来をも含めた本当の損失額を計算することができる。離反率を下げるための計算をすることによってコストが損失を下回るのであれば，企業はその額を離反率の引き下げに使うべきである。

もし顧客が離れてしまうのであれば，その理由を直接顧客に聞くことに勝るものはない。これもまたリレーションシップを構築するための手段であり，顧客によりよい満足を提供することは顧客維持率にもつながる。しかし，ただ聞くだけではなく顧客から質問や苦情があるならば，企業は迅速に対処しなければならない。顧客の苦情を記録することによって顧客満足度を把握しようとする企業はそう多くない。仮にあったとしても，それを十分に有効活用している例はあまりみられない。顧客維持をするためには顧客満足をいかにしてつくり出すか，そしてそれを十分に検証していき，その先に収益性の高い顧客の獲得も見えてくるものだと考えられる。

(2) 協働型マーケティング

　顧客シェア重視のマーケターとしては，「ある時点における1人の顧客」を個別に扱えるレベルまで細かくしていかなければならない。つまりそれぞれの顧客の個別的ニーズを満たすために必要であれば，顧客全員，また1人1人に合わせたコミュニケーションを実行していく必要がある。このマーケティング手法は，コンピュータのような情報処理手段なしでは実行不可能であるが，現在ではIT利用によって簡単にできるため，巨大企業から零細企業まであらゆる業種の企業が顧客志向のマーケティングを実行しようとしている。

　1人1人の顧客のニーズに応えるためには，顧客からの協力が不可欠である。顧客個人とのリレーションシップ構築において最も重要な要素は顧客との対話とフィードバックであり，顧客が本当に求めているものは何か，さらに「この」顧客が真に求めているものは何かを見つけ出すことなのである。

　したがってOne to Oneマーケティングは「敵対型」ではなく，顧客との「協働型」なのである。例えば，喫茶店の常連客に試作メニューを食べてもらい，評価をもらうことがあるだろう。これも顧客に購入以前の製品の生産過程にかかわらせているのである。これは顧客との協働作業であり，1人1人の顧客に注目している場合に可能となる。またこの作業には，顧客からの愛顧を個別に深めるための一連の活動として着手できるものである。

最良の顧客から大きな収益を得るにはどうしたらいいのか考える必要がある。まずいかにして1人1人の顧客の情報を活用し，個別のモノやサービスをつくりだすために，いかに特定の顧客との関係を強化していくかである。また苦情処理の対応は単にマーケティング上の失敗を回避することや組織的問題を調整するだけでなく，ロイヤルティの高い顧客を増やし顧客シェアの向上に利用できる点について考えてみる必要がある。

　企業がこのような活動を行うには顧客との協働や参加が必要となる。顧客シェア重視のマーケティング活動はシェアを高めたいと思われる顧客の協力や積極的な参加なしでは実行不可能である (Peppers and Rogers, 同上書, 邦訳, pp. 55-56)。満足している顧客と協働してほかの顧客を生み出すことが求められる。One to One マーケティング・プログラムを成功させるためには，販売プロセスで顧客と企業が協働する機会を生み出す必要がある。

　協働型マーケティングにとって今1つ重要な点は，顧客シェア重視のプログラムを成功させることである。そのためには何よりもクオリティの高いモノやサービスが必要である。トップクラスの企業はつねにクオリティの高い商品を用意することを念頭に置いている。したがって，1人1人の顧客と最も親密なリレーションシップを構築できた企業が顧客ロイヤルティを勝ち取ることができるといえる。

　顧客というのは，企業が気にかけていなくても購入の際に付随するすべてのことを覚えているものである。その企業のモノやサービスがまた必要となり，また別のモノやサービスが必要となると，顧客は常にその企業から再び購入するかどうかを検討する。その購入をするかどうかの基準はそれまでのすべての取引とそれに伴う満足度によって決まる。

　長期にわたって顧客を維持し，ひいきにしてもらうことを望むのであれば，クオリティの高いモノやサービス，そして顧客を完全に満足させるだけの能力が必要である。顧客満足は顧客シェア重視マーケティング・プログラムを効果的に実行するうえで，十分条件ではないにしろ必要条件だといえる。これはまさに「ゆりかごから墓場まで」的顧客満足ともいえる (Peppers and Rogers,

同上書，邦訳，p.61)。

　すでに日産をはじめ，多くの企業が顧客満足に重点を置く方針を決定し，顧客維持を重視したプログラムを実施している。購入後も顧客になった人に対しアンケートを送付して自社のモノやサービスについての満足度を確認している。ここで重要なのは返信率ではなく個人から返答が得られることである。1人1人が自社のモノやサービスについてどの程度満足しているかといった情報を収集することが主な目的である。顧客とのフィードバックをすることによって，自社のモノやサービスに不満を抱いている顧客を容易に発見することができる。それに対してすぐに顧客と連絡を取り合うことで対処し処理をする。この活動は，顧客すべてについて顧客シェアを可能な限り高く保つためである。

　こうした努力には1つ重要な要素があり，1人1人の顧客の満足度を高めるのに必要な情報を得るには，アンケート参加という形で1人1人の顧客に依存しなければならないことである。アンケートという形で顧客と協働することで個々の解決にもつながることが重要なのである。

　1人1人の顧客との関係を維持するには，直接コミュニケーションを取れる手段を顧客に提供しなければならない。各企業のHPにおいて「お問い合わせ」，「お客様の声」，「よくある質問コーナー」等，必ずトップページから検索できるよう設定している。これは顧客に情報を提供しているだけでなく，随時顧客の声が聞きたいという企業側の要望である。ただHPを開設しただけでは顧客との対話にはならず，インターネット上での自社の販売する商品に対するさまざまな提案が求められる。またインターネット上で各種イベントに積極的に顧客を参加させることでそれを広く伝えることも求められる。顧客の声が，期待しているという回答もあれば，反対に強烈なクレームとして出てくることもある。それらの回答を含めてウェブ上で公開し伝達していくことで，顧客はそのサイトに対する信頼も増していくであろう。SNS上では瞬く間に口コミとして広がっていく。こういった生活者間のコンテンツを媒介としたネットコミュニケーションが市場形成に影響を及ぼしている。

　こうしたコミュニケーションを継続していくことにより，顧客の声が企業の

組織全体に影響を与える課題や変化となることもあり得る。今まで縦関係だった各部門もさらに顧客満足事業部（Satisfaction Division）を創設することによって，すべての部門に顧客の声を届けるようにし，今までの伝統的マーケティング組織であった販売部と顧客の間の取引情報を「調査」，「開発・製造」，「物流」の各部門，さらに，「メーカー」，「卸売業」，「小売業」というチャネルのすべてにダイレクトに届かせることによって，One to One 企業のマーケティング組織も変わっていくものだと考えられる。

　さらに顧客満足から1人1人の顧客との取引をより一層拡大する方法として，既存顧客から新規顧客への紹介，推薦が活用されている。友人を紹介すると特典やプレゼントやポイントアップ等の広告をよく見かける。これは自分だけが得するような報酬が目当てにならないように注意を払う必要がある。満足している顧客に金銭的報酬を与えることによって新規顧客を獲得すれば，「口コミによる紹介」の信用を損ね，企業としての評判を失いかねない。新規顧客の獲得の有無にかかわらず，口コミによる紹介者の役割を果たした顧客に報酬を与えるのが正しい方法である（Peppers and Rogers, 同上書, 邦訳, p.89）。

　企業側は非常に満足している既存顧客であれば，友人にもそのモノやサービスを勧めるだろうという戦術を試みている。特に非常に複雑なモノやサービス，まさにファイナンシャル・サービスや不動産，建設業者の選択など，「よく考えてからする買い物」，「一生のうちに1回の買い物」については，顧客満足度によるデータを持っていることで簡単に適用できるものである。これをコミュニケーターマーケティングといい，生活者Aから生活者Bへ，そして生活者Cへつながっていくのである。

（3）顧客の苦情と対話

　顧客の苦情対応作業というのも1つの協働作業である。自社の顧客の中で自社の商品や自社の取り組みを満足している人は20％しかいなく，また不満足な人も20％しかいない。残りの60％は満足でも不満足でもない，といった2：6：2の原則があるという（新津, 2013, p.28）。つまり60％の顧客が満足でも不満足

でもないわけだから，ほかの競合商品や競合企業がでてくるとすぐそちらにスイッチしてしまう。そうした人達の多くは，「苦情処理への不満」をあげている。

　苦情処理方法をみると，顧客満足やモノやサービスのクオリティに対する企業の取り組み姿勢が判断できる。苦情処理を成功させるためには，1人1人の顧客の苦情に対して彼らが納得いくまで対話を持ち解決しなければならない。それが結果的に企業の利益につながっていく。

　1人1人の顧客の不満を認識し対処することは，顧客満足の達成には絶対不可欠である。マス・マーケターは見落としがちであるが，苦情処理は企業と顧客の共同作業なのである。苦情処理のプロセスは，企業にとって1人1人の顧客と協力して顧客の抱える問題を解決していくチャンスとなる。つまり，苦情処理は，1人1人の顧客と長期的で生産性の高い関係を得るための強力なツールとなり得る。顧客の苦情を彼らの納得いくように処理できれば，その顧客は企業に対して非常に協力的になる（Peppers and Rogers, 同上書, 邦訳, pp. 67-68)。

4　顧客との関係性構築とOne to Oneマーケティングのターゲット戦略

(1) パーソナルファイナンシャル・サービスにおけるOne to Oneマーケティングの実現

　これまで金融機関は，ダイレクトメールや店舗周辺のローラー営業等の不特定多数の顧客に対する「プッシュ型マーケティング」を中心にマーケティング戦略を行ってきた。しかし，顧客にとって興味のない情報が多く流れ，実際の取引につながる割合が低いままであった。次に顧客特性を分析してセグメント化し，より興味度が高いと想定される顧客をターゲットとしてセグメント別に顧客アプローチを展開する「セグメンテーションマーケティング」が進められてきたが，顧客にとっての最適なタイミングでの提案といったレベルに達するまでは至ってない。

　顧客の属性・ライフスタイル・金融行動属性（金融機関チャネル）等が複雑化

する中で,金融機関はより多様な特徴を有する顧客と対峙しなければならない。このような状況を踏まえ,今後多様化した顧客との取引機会を最大化するために,1人1人の状況に合わせた One to One マーケティングの実現が,パーソナルファイナンシャル・サービスの重要課題と認識されていくと考えられる。それには顧客における「最適なタイミング」を逃さず,実際に取引につながる効果的な提案を実施することが重要である（堤,2014, p.31）。これまでの「プッシュ型マーケティング」は広い範囲の顧客に対してセールスを行うが,販売促進等のカスタマイズは依然として低いままであった。最適なタイミングでの提案が行えるようになった時の One to One マーケティングは,スパートデバイスの進化により大規模に実施できるように変化しつつある。

（2）単身者への One to One マーケティング戦略と「個客中心」マーケティングの関連性

本格的な少子高齢化を迎え,一方,若年層の結婚の遅れ（晩婚化）や未婚者の増加（未婚化）は,これまでとは異なる新たな家族像や個人像を生み出すことになりうるだろう。身寄りのいない低所得若年世帯層や高齢者一人暮らし世帯等をターゲットと考えた場合,1人1人の顧客との1対1の独自の関係（リレーションシップ）づくりにいきつくと考えられることから,パーソナルファイナンシャル・サービスは少子高齢化を含む生活体系の変化の中で One to One マーケティングの考え方が代表的に位置づけられる領域であるといえる。

「個客中心」マーケティングは,Sheth らによって提案された。Sheth らによれば,個客中心マーケティングは,計画立案のプロセスの出発点として個々の顧客や消費者のニーズ,欲求,資源を理解し,充足させることに主眼点を置いているが,One to One マーケティングやリレーションシップ・マーケティングとは区別されると述べる。

個客中心マーケティングの目的は個別レベルでのマーケティングの効率性と有効性の両方を同時に最大化することであり,この目的を達成するために担当者は,「個々の顧客を個別に評価し,その顧客に対応するのか,あるいは第三

者を通じて対応するのか。」,「製品または他のマーケティング・ミックス要素をカスタマイズした提供物を創造するのか,あるいは標準化された提供物を創造するのか。」の2点について意思決定することが要請される（井上ほか,2010,pp. 83-84）。

現代ではモノ中心から人のコト志向へ発展していったことから,個客中心マーケティングにおける顧客志向へと進んでいった。しかし当時の One to One マーケティングが製品志向による戦略ととらえていたならば,それは誤解であろう。One to One マーケティングにも顧客との協働について論じられており,価値共創をするに当たって,協同,協力,コミュニケーションの概念が重要視されている。個客中心マーケティングにおける2点の意思決定は単身者の志向にどちらかが当てはまるであろう。人によっては1対1の独自の関係を構築することにより,心のやすらぎとなる場所を追い求めているかもしれない。

(3) 1人-1人から1家族-1企業の関係へ

パーソナルファイナンシャル・サービスは必ずしも1人でサービス消費を行うのではなく,個々の家族などによってサービス消費が行われることもあるから,サービスの1つ1つがその家族へ向けての価値でなければならないと考えられる。

One to One マーケティングは1対1の独自の関係を焦点としているが,この「One」を1単位と考えた場合,1家族と1企業という発想にすると継続的な取引から世代を超えた独自の関係を構築することが可能となってくる。

教育資金贈与制度を利用したクロス・マーケティングによる戦略はシニア世代と孫との取引であることから,1人だけではなく家族すべてに係わる制度である。贈与者がある銀行に行き,この制度を利用したことによって企業と顧客のリレーションシップが図れたのならば,数年後,受贈者が同行の担当者を選ぶかもしれない。1つの取引が終わり,顧客が変わっても前の取引がその取引に係わった家族であれば,顧客関係の継続性は保たれているといっても過言ではない。パーソナルファイナンシャル・サービスにおいて顧客シェアの上昇は,

家族単位による囲い込みを視野に入れたマーケティング戦略を行うことが不可欠であるという時代に来ている。

3.4 小 括

本章は，ファイナンシャル・サービスの特質について，まず商品の分類を明らかにし，パーソナル（個人）とコーポレート（法人）のファイナンシャル・サービスの領域を明確にさせることで，ターゲットを個人顧客としたマーケティング戦略モデルを展開している。さらにわが国における社会保障制度もファイナンシャル・サービスの範囲に含まれる。なぜならば社会保障制度は近年においてライフプランに合った保障・給付サービスが充実したことにより，社会保険利用によるマーケティング・チャネルが拡大しているからである。それにより本来の私的ファイナンシャル・サービスを加え，国の制度を利用することにより家計の消費支出の軽減につながっている一方，増税による家計への影響は厳しいものになっている。

ファイナンシャル・サービスの特有な特質については，ファイナンシャル・サービス実務の諸領域からの視点とこれまでの金融マーケティングの特徴をよりパーソナルな視点に変えて論じている。2つの視点による特性を考慮しただけでもパーソナルファイナンシャル・サービスはただ単にサービス・マーケティングの4つの特性のみでは検証できないものだといえる。

ファイナンシャル・サービスにおけるマーケティングの戦略要素については，エーベルの事業の定義をもとに3つの次元の枠組みをファイナンシャル・サービス・マーケティングの領域とし，さらに消費者購入の意思決定プロセス提示することにより3つの次元の枠組みである2W1Hの役割を明らかにした。

3.3節では，マーケティング戦略においてリレーションシップの関係を持つことにより，顧客とOne to Oneの対応をすることで1人1人の顧客の満足度を図ることがまた新たな顧客の獲得へとつながることを論じている。現代においては，口コミがお互いに対面しなくてもインターネットの利用によって

瞬時にそして不特定多数に伝わる。それが評判だけでなく苦情まで良し悪しに関係なく伝わってしまうため、情報の取捨選択まで求められてしまうようになっている。そこにSNS社会の共有に限界がある。したがって企業から生活者への声は届きづらくなっているため、積極的に1人1人の顧客に対してアンケート等を行い、その結果を反映させ顧客との信頼関係を構築することに重点を置くことが求められている。

　また企業が顧客に対して従業員を売り込むだけではなく、顧客がその企業の従業員をつくり出す（育てる）こともある。このようなインタラクティブ・マーケティングを通じ、従業員は顧客とリレーションシップを図ることによって成長しているのかもしれない。これは、当該企業の従業員全体のことをよく知っている既存顧客が、ある特定の従業員に対しよりよいリレーションシップを図った場合、もしその従業員の社内評判が悪くても企業は評価せざるを得ないという状況を生じさせるかもしれない。それでも企業がその従業員を何かの事情で解雇した場合、または退職して独立した場合もしくは辞令や転勤で既存顧客の担当が変わってしまい、既存顧客が企業に対する不満を持っていた場合などには、もしかしたらその従業員を追いかけてその企業から離れてしまうかもしれない。そのような事態となった場合には、企業は従業員どころか既存顧客まで失ってしまうこととなる。

　パーソナルファイナンシャル・サービスは長い時間を要するサービスなので、企業サイドの都合上で担当者が次々と変わってしまうのは顧客にとって必ずしもいい気分ではないかもしれない。今の担当者より前の担当者の方がよかったという顧客の声があれば、それは企業に対する不満を発している可能性はある。顧客にとって企業との信頼関係が顧客の価値創造につながるのであれば、企業が提供するサービスそのものよりも、ある従業員との関係を顧客は求めているのかもしれない。パーソナルファイナンシャル・サービスの提供が終了したとき、顧客から「最初は不安だったけど、あなたも成長しました。」という感謝の意があるならば、それが本当の顧客の満足度であることはいうまでもないであろう。

【注】

1）FP（ファイナンシャルプランナー）が顧客に対して行うファイナンシャル・プランニングには，6つの実施手順がある。すなわち，①顧客との関係確立とその明確化，②顧客データの収集と目標の明確化，③顧客のファイナンスの状態の分析と評価，④プランの検討・作成と提示，⑤プランの実行援助，⑥プランの定期的見直しのプロセスがあり，FPが個人のファイナンシャル・プランニングを行う専門家として顧客から信用と信頼を得ることにより，その業務を行っていく。

2）消費者から生活者ニーズへの視点からの見直しについては3.3節1（1）「消費者から生活者へ」参照。

3）株式取引において決済日を基準にした取引は通常普通取引となる。普通取引では，売買成立日（約定日）から，その日を含めて4営業日目に決済（受渡し）する。

4）FP資格のみならず，同時に保険業の資格も保有している人を指す。

5）ここにおける数値については，Kotler, 2000, 邦訳, p.66から引用したものである。

第4章
パーソナルファイナンシャル・サービス実務の諸領域と戦略モデル

4.1 パーソナルファイナンシャル・サービスにおける市場細分化とターゲット戦略モデル

1 パーソナルファイナンシャル・サービスの特徴と市場細分化の必要性

(1) ターゲットマーケティングとは

　ターゲットマーケティングは，市場（マーケット），標的（ターゲット），標的市場（ターゲットマーケット）を明らかにしなければならない。今日において，市場は特定の場所や施設だけでなく，売り手と買い手が規則的に出会う空間までを指すようになり，抽象的な概念に変容，拡大していった。さらに対象商品も有形財の製品のみならず，無形財であるサービスを含む概念へ拡大した。

　標的とは，市場において設定する「まと」である。売り手は，市場を狙ってマーケティング活動を行い，市場空間の中でマーケティング活動を展開する。しかし，モノやサービスによって市場を区分することはできても，多様化・高度化したニーズや特性を持つ全体市場を対象として事業展開を行うことは，より困難であることはいうまでもない。そのためには何らかの基準でターゲットを絞り込み，限定された標的市場に集中してマーケティング活動を行うターゲットマーケティングという手法を使って，顧客ニーズを明らかにしなければならない（山口, 2010, pp. 10-12）。

（2）パーソナルファイナンシャル・サービスの有効性と市場細分化の必要性

　パーソナルファイナンシャル・サービスは，人の生から死に至るまで関係してくるサービスである。またファイナンシャル・サービス自体がより複雑で煩雑な商品であるため，顧客の理解とニーズを得るためにも時間がかかるサービスだといえる。人々は生まれてから死ぬまでいくつかのビジョンは持っているはずである。

　パーソナルファイナンスはライフプランを作成するに当たり，大きく3つの資金設計が必要といわれている。1つ目は「教育資金設計」，2つ目は「住宅資金設計」，3つ目は「老後に対する資金設計」である。この3つの資金の捻出はファイナンシャル・サービスを利用した資金からの捻出が求められる時代へと加速している。しかし，時代の変化による生活市場の2極化も一因となって，パーソナルファイナンシャル・サービスを購入したくてもできない現実や購入しても諸事情によりサービスを解約せざる得ない状況が生じているなど，日本の所得状況の変化（格差）がみられる。

　社会経済の成長に伴って市場が多様化したことから，人においてもモノにおいても資源は限界に達している。さらにICTやSNSによる情報発信が活発となり，情報量が膨大な量に達し，個々のニーズ判断の処理までもが限界に達しているところがみられる。このようなことを受けて，生活者の価値観の多様化による市場細分化を行う必要性が生じ，また市場細分化によって，経営資源が限界に達している中での標的顧客の明確化，競争相手の明確化，そして明確化した顧客ターゲットに対応したマーケティングコストの有効利用をメリットとし，より的確なマーケティング・プログラムの立案が可能となる（山口，同上書，pp. 26-29）。

　パーソナルファイナンシャル・サービスにおいては独身市場や家族向け市場等それぞれにおける顧客ターゲットを区分し，それぞれの標的市場に最も適したマーケティング戦略を構築する必要がある。しかし，従来の市場細分化の方法ではすべてのニーズを網羅しているとはいい難く，今一度市場細分化の方法を再考する必要がある。

（3）市場細分化の基準
① 市場細分化の方法

　市場細分化の方法としては，大きく消費者の特性（属性）による区分と消費者の反応による区分に分けられる。消費者の特性（属性）による区分では，①地理的セグメンテーション，②デモグラフィックセグメンテーション，③サイコグラフィックセグメンテーションによって区分される。消費者の反応による区分では，①ベネフィットセグメンテーション，②使用率セグメンテーション，③ロイヤルティセグメンテーション，④状況セグメンテーションに区分され，20世紀においてはこれらの特性をみてセグメントを形成しようとしてきた（山口，同上書，pp.34-35）。

　しかし，21世紀に入ってからは市場起点の展開と競合および顧客起点からの独自市場開発が求められており，客観的な評価基準が定まった商品に関する顧客価値に機能的価値や意味的価値を見出す時代が到来している。これはバブル経済からデフレ脱却後の背景をみた上で，今後における少子高齢化社会，情報化社会，そしてグローバル社会に向けて，生活者市場のフィルター（セグメント・世代）の重要性が求められていることをあらわしている。

② これまでの金融ライフスタイルにおけるセグメンテーションの軸

　これまで金融サービスにおいてターゲット顧客層を絞っている場合のセグメント分けは性別や年齢，職業などの人口統計的属性であることが多い。セグメントは，自社の提供するモノやサービスに対して類似のニーズを持った人たちのグループであるべきである。

　例えば，人口統計的属性でセグメント分けしたとすると，同一地域に住む40歳代の年収650万円程度の会社員は皆似たような金融ニーズを持っているということを前提にしているということになる。ある銀行または信用金庫がインターネットバンキングを行わないと意思決定することは，インターネットで取引したいと思っている顧客セグメントを捨てているということである。またある銀行が午前9時から3時までしか支店で営業しないということは，夜間か休日しか時間がないサラリーマンやOLが実際に来店しなければできない取引

サービスを捨てているということになる。このセグメント分けの限界には多くのマーケターがすでに気づいている（戸谷，2006，p.160）。

　ある新商品やサービスに対し収益を生むようになるためには，その商品やサービスによってニーズを満たされる顧客が一定以上存在しなければならない。共通ニーズを持つ顧客をセグメント化し，そのセグメントに向けてモノやサービスの開発が行われる。

　これまで多くの金融機関は，顧客と自社との取引のみを基準として，顧客属性や取引履歴のデータをもとにセグメンテーションの軸を設定してきた。しかし，顧客のメイン銀行はほかにあり，自社での預金残高はその顧客の資産のごく一部であるかもしれない。自社で残高の多い人のみを「富裕層」と呼ぶのは自社の勘違いであって，自社へ現在落としてくれる収益はこれまでの自社戦略の結果であって，決して顧客ニーズを表しているものではない。にもかかわらずこれをセグメンテーションの軸にしてしまうと，将来収益を落としてくれるようになる顧客を現在収益が低いという理由で切り捨ててしまう危険がある。

　顧客は個々のポートフォリオの都合上，自社との取引は少ないのかもしれない。自社が将来新しいサービスを開発するか，または金融商品の取引種類を増やすことによって，顧客は金融資産を自社に移行するかもしれない。したがって今現在の収益性のみで顧客を分けることは合理性に欠けるのである（住谷，2006，p.41）。

③　パーソナルファイナンシャル・サービス・セグメンテーション

　これまでの金融ライフスタイルにおけるセグメンテーションの軸は図4－1のように自社のみの預かり資産残高によって層を分け，残高が高いほど収益性が高い顧客と位置づけてきた。しかし，この軸ではライフステージに沿ってその時々に必要とするパーソナルファイナンシャル・サービスのニーズを探ることには不向きであり，「顧客にとって価値のある商品」と「安定していること」というセグメントの条件は一致していない。そこでこれまでの金融ライフスタイルに現代における生活シーンを反映させ，パーソナルファイナンシャル・サービスに加味したライフスタイルセグメンテーションの軸を追加すべきである

第4章 パーソナルファイナンシャル・サービス実務の諸領域と戦略モデル ◎── 163

図4−1 これまでの金融ライフスタイルにおけるセグメンテーションの軸

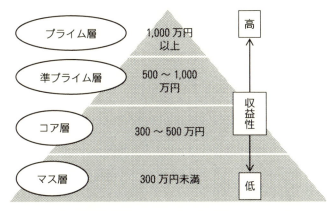

出所：住谷，2006，p. 42。

図4−2 生活シーンを反映させたライフスタイルセグメンテーションの軸

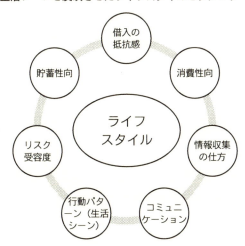

出所：住谷，2006，p. 42をもとに一部加工。

（図4−2）。

　すなわち，パーソナルファイナンシャル・サービス・セグメンテーションの設定においては，これまでのセグメンテーションの軸（図4−1）からより変

化しにくい金融ニーズを反映したセグメンテーションの軸（図4－2）を追加すべきであり，それは個々による特有のお金に対する考え方をとらえなければならない。その顧客はどのような人で，どのような生活を送りたいと考えているのか考慮する必要がある。いわば価値観がベースとなって，パーソナルファイナンシャル・サービスのその人にとっての望ましい役割が決まる。お金の貯め方，使い方，借り入れの抵抗感，行動パターン（生活シーン），リスク受容度など長期的に変動しない性向こそが軸となる。

　図4－2を加えることによってセグメントが適切に行われるのならば，セグメント内で長期的パーソナルファイナンシャル・サービスのニーズには共通点がみられるはずである。なぜなら，パーソナルファイナンシャル・サービスは顧客が望むライフスタイルを実現させるための媒介財であるからである（住谷，2006，p.42）。

（4）パーソナルファイナンシャル・サービスによる市場細分化の方法
　パーソナルファイナンシャル・サービスによる市場細分化の方法には，特定のセグメンテーションから人々の興味の対象，価値観，行動，そして生活状況によって異なるパターンがある。これまでの消費者の特性（属性）によって区分した場合のセグメンテーションを考えてみる。
① 地理的セグメンテーション
　地理的セグメンテーションは，市場を国，都道府県，市町村，地元エリアといった多様な地理的単位に細分化するものである。その地域の人口密度や土地柄，風土も影響される。例えば，地域によって平均年齢が高いことにより生命保険の加入数がほかの地域より多い傾向を示す場合や，気候・天候，土地柄によってその土地に合ったファイナンシャル・サービスを受ける場合，また地方から都心への進学率が高い都道府県では大学全入時代の背景により学資保険の加入を検討する場合など，地域の特徴によってパーソナルファイナンシャル・サービスのニーズが異なる場合がある。
　生から死までこの土地で過ごす人，出稼ぎにより単身赴任のため一定期間の

第4章　パーソナルファイナンシャル・サービス実務の諸領域と戦略モデル　◎── 165

み過ごす人，別荘やセカンドライフで移り住んできた人など，パーソナルファイナンシャル・サービスのニーズは地域により共通するものもあれば共通しないものもあり，またそこに住んでいる個々のライフスタイル目的によって変わってくるものである。

② デモグラフィックによるセグメンテーション

デモグラフィックによるセグメンテーションでは，年齢，世帯規模，家族のライフスタイル，性別，所得，職業，教育水準，世代，社会階層などの変数に基づいて市場をグループ分けする（表4－1）。顧客のセグメント分けにデモグラフィック変数が最も使われていることにはいくつかの理由がある。1つは，消費者ニーズ，欲求，使用割合と製品やブランドの選好は，デモグラフィック

表4－1　デモグラフィック変数の主な枠組み

変　数	内　容（例示）
年齢	6歳未満，6～12歳，12～19歳，20～34歳，35～49歳，50～64歳，65歳以上
世帯規模	1～2人，3～4人，5人以上
家族のライフスタイル	若い独身者，若い既婚者で子供なし，若い既婚者で末子が6歳未満，若い既婚者で末子が6歳以上，年配の既婚者で18歳以上の子供あり，年配の既婚者で18歳未満の子供なし，年配の独身者
性別	男性，女性
所得（年収）	低所得者（300万円以下），300～500万円以下，500万～700万円以下，700万円～1,000万円以下，1,000万円以上，年金取得者（年金生活者）
職業	専門職および技術者，マネージャー，役員・経営者，事務員および販売員，職人，熟練工，農場主，公務員，退職者，学生，主婦，無職
教育水準	中卒以下，高校中退，高卒，大学中退，大卒，大学院卒
世代	戦中・戦後世代，団塊世代，断層世代，団塊ジュニア世代，バブル世代，少子化世代，ゆとり世代

出所：Kotler, 2000, 邦訳, p.307を編集のうえ作成。

変数との連動が多いということである。今1つの理由としては，デモグラフィック変数がほかの変数よりも測定しやすいということである。ターゲット市場をデモグラフィック以外の基準（例えば個人の性格）を使って定義するときでも，市場の規模や市場へ効率的に到達できる媒体を判断するには，デモグラフィックの特性とのつながりに立ち戻る必要がある（Kotler, 2000, 邦訳, p.327）。

　デモグラフィック変数のうち，パーソナルファイナンシャル・サービスを受けるに当たり，ライフプランによってファイナンシャル・サービスを扱う場合には，家族のライフスタイルについてさらに細かく分類する必要がある。年齢・世代において同じ位置にいる人でも，例えば，離婚，再婚，シングルマザー，夫婦による共働き，老親の介護など，それぞれの状況に応じて，ファイナンシャル・サービスの内容を決定するからである。ライフステージは個々の人によって異なり，それぞれの主な関心事も違ってくるのである。

　人生の重大イベントが起こる時期はもちろん，個人の健康状態，仕事の状態，家族の状況，個人の興味，熱中する対象，ニーズも単に年齢だけで判断することができなくなっている。年齢が同じであっても介護されている70歳もいれば，現役生活やスポーツを日課とする70歳もいる。同様に，子供が大学に進学しようという40歳もいれば，生まれてくる赤ん坊のために新居の購入を考える40歳もいる。人が初孫を持つ年齢は35歳～75歳と大きな幅がある（Kotler, 同上書, 邦訳, p.328）。

　こうしたライフステージの違いはマーケターにとってチャンスであり，人々が大きな関心を寄せる物事に対処するのに手を貸せるからである。また年齢や世帯規模の中に2世帯生活者の組み合わせが必要となってくる。したがって，家族のライフスタイルの検証として，「若い既婚者で子供なし」から，さらに「共働きをしている」か否か，「若い既婚者で末子が6歳未満」から，さらに「介護者が同居している」か否か等，複数のパターンの組み合わせが考えられる[1]。

　このような組み合わせもまた顧客のプロフィールを知るということから認識され，そのための消費者調査が行われるに至っている。つまり，わが国の消費

者はもはや一元的にとらえることができず，多様化・複雑化してきており，このため家族のライフスタイル分類という軸が重要視されていく必要があると考える。

③ サイコグラフィックスによるセグメンテーション

サイコグラフィックスによるセグメンテーションでは，心理面や性格の特徴，ライフスタイル，価値観等に基づいて購買者をセグメント分けする。同一のデモグラフィックセグメントに属する人々でも，まったく異なるサイコグラフィック特性を示すことがある。

サイコグラフィックスとは，心理学とデモグラフィックスを利用して，消費者をよりよく理解しようとする科学のことである。パーソナルファイナンスにおける行動心理は行動ファイナンスの学問において人間の行動傾向とバイアスの克服について分析されている[2]。

パーソナルファイナンシャル・サービスにおけるライフスタイルには，より一層の多様性が含まれる。ライフスタイルとは，生活者の生活構造，生活意識，生活行動に関する社会におけるパターンを同時に複合的に表現するものである。ライフスタイルを基本としたアプローチは，マーケティング戦略において重要な発想法であり，ユーザーのセグメンテーションや商品ターゲットの絞り込みに活用される。生活者を分類する基本的なものとして，性別・年齢・未既婚・職業などによりセグメントする。

しかし，デモグラフィック特性上は同じカテゴリーの分類に属していても，その人々の興味の対象や価値観，行動には異なるパターンがあり，その違いが購買行動や欲求の違いに反映されることは少なからずある。逆にデモグラフィック特性は異なっていても，興味の対象や価値観，行動のパターンが同じような人々もいる。

生活者によっては，自分にとって価値のあるものに対して，ファイナンシャル・サービスを利用する。その種類によっては半ば強制加入によりサービスを受ける場合がある。例えば，傷害保険では海外旅行中の傷害にも備えることができる。これは旅行中や旅行後に何かがあっては困る場合はもちろん，海外旅

行という価値成功と個々の不安の除去や安心感の保持から人々はその選択と欲望を決定している。

2 生活者市場における戦略的フィルター

(1) 消費者の意識と行動の調査

近年をめぐる消費動向の変化から，公益社団法人ハイライフ研究所（東京都中央区）では，2013年から2014年にかけてのアベノミクスと消費税増税に対する消費者の意識と行動の調査を行い，さまざまな消費意識と行動に加えた家庭生活のパターンを分析し，家族の中における高齢者と若者との間の意識や消費行動の実態を明らかにした。

この調査結果によれば，家族・家庭を大事にし，コト消費傾向にあることから，友人・家族という人間関係性をフックに消費誘導の可能性がみえてきていると分析している。さらに団塊世代がセカンドライフの段階になり，子供が独立期に入ったことから，団塊世代が構築し永くわが国の家族形態の主流をなした核家族が変貌を遂げているという実態を踏まえて，ターゲットポイントをシニア市場から家族におけるそれぞれの世代を合わせたものをフィルターとして少子高齢化社会の市場構造をとらえている。

(2) 年齢による各世代のライフステージと心理的要素フィルター

時代背景の変化により，戦前から現在の世代まで各世代の心理的要素は異なる。ここでいう世代とは，同年代生まれの集団が心理，道徳の発展段階や同じ社会的な役割を担うライフサイクル時期に社会的節目となるような同時代体験をすることによって同質的な価値観や考え方を共有し，社会的現象を生む社会的集団を指している。

さらにライフステージは，人間の一生において節目となる出来事（出生，入学，卒業，就職，結婚，出産，子育て，退職等）によって区分される生活環境の段階のことを指している。それぞれの段階は連続性があるものの，節目によって次の段階の生活環境や生き方は大きく変容し，場合によっては，環境に適応す

るために生活スタイルや考え方など，さまざまなものを変化させる必要がでてくると考えられる。そして生活環境や人間の一生をいくつかの過程に分けたものをライフサイクルといい，各年代の世代としての心理状況と現在における各年齢のライフステージをフィルターごとに表すと表4－2のように示すことができる。

表4－2 年齢ごとのライフステージフィルター一覧表

生年	年齢	心理	30	ライフ	生年	年齢	心理	30	ライフ	生年	年齢	心理	30	ライフ	生年	年齢	心理	30	ライフ
1934	80	戦中世代	シニア（セカンドライフ）		1954	60	断層世代	経済成長世代	シニアファミリー（子供の独立）	1974	40	団塊ジュニア世代	新世紀世代	ヤングファミリー（出産・子育て）	1994	20	ゆとり世代		ヤング（結婚前）
1935	79				1955	59				1975	39	経済成長世代			1995	19			
1936	78				1956	58				1976	38				1996	18			
1937	77				1957	57				1977	37				1997	17			
1938	76				1958	56				1978	36				1998	16		新世紀世代	
1939	75	戦後復興世代			1959	55				1979	35	バブル後世代			1999	15			
1940	74				1960	54				1980	34				2000	14			
1941	73	戦後世代			1961	53				1981	33				2001	13			
1942	72				1962	52				1982	32				2002	12			
1943	71				1963	51				1983	31				2003	11			
1944	70				1964	50	新人類世代		ミドルファミリー（子供の教育）	1984	30	少子化世代			2004	10			
1945	69				1965	49				1985	29				2005	9			
1946	68	団塊世代			1966	48				1986	28				2006	8			
1947	67				1967	47				1987	27				2007	7			
1948	66				1968	46				1988	26				2008	6			
1949	65	経済成長世代			1969	45				1989	25			ヤング（結婚前）	2009	5			
1950	64				1970	44				1990	24	ゆとり世代			2010	4			
1951	63	断層世代			1971	43	団塊ジュニア世代			1991	23				2011	3			
1952	62				1972	42				1992	22				2012	2			
1953	61				1973	41				1993	21				2013	1			

備考：表中のライフの（ ）内はパーソナルファイナンシャル・サービスのターゲット層を指す。
出所：高津，2014，プレゼンテーション資料から抜粋。

（3）フィルターにおける世代とライフステージの相関性

　年齢や世代をフィルターごとに区分すると，世代とライフステージの相関性が明らかになる。各世代は加齢段階を進んでいくと同時に，ライフステージもまた通過する。ライフステージ自体に連続性があるため，ステージごとに生活環境などが大きく変容するごとに，通過する世代は影響を受ける。一方，各個別ステージは一定のフレームを持つが，通過する各世代の価値観や考え方によりそのライフステージでの生き方には多少の違いが生じる。これにより世代ご

とにライフサイクルが繰り返され，影響を受ける各世代は，その世代としての同質的な価値観や考え方を共有することとなり，また高齢になるに従い多世代を把握できる立場となる。したがって世代とライフステージの相関性は非常に高いものだといえる。

(4) 世代別へのアプローチ

　出産や子育てまたは教育資金に係わるパーソナルファイナンシャル・サービスを必要とする団塊ジュニア世代やバブル後世代は，2つの世代を合わせると約2,200万人いるといわれている。しかし，これらの世代は就職する時代に氷河期だったことから節約志向が強く，近年における給与水準も伸び悩んでいたことから，パーソナルファイナンシャル・サービスに対するアプローチは彼らのニーズがあってもアプローチを図りづらい状況にあった。しかし，これらの世代は消費支出が増加するライフステージへ突入していることから，各世代の価値観や生き方の特徴を把握し，そのニーズに合わせたアプローチ戦略の策定をしなければならない。

　そのためには団塊世代を中心とするシニア層を視野に入れたターゲット戦略が必要となってくる。家族形態の変容や就労環境の変化等から，若年層は年金等の社会保障の原資負担と社会保障自体の不確実性に不安を持っているが，セカンドライフに入っているシニア層は，年々，年金額は減少をたどっているものの一定の備えがある。シニア層は，平均寿命が延びていることから，従前とは違い定年後の勤労意欲が高く，一定の備えがあっても不安があるため貯金を考えている人々が多い。

　さらに老後のために健康維持と良好な家族関係の構築を求めていることから，クロス・マーケティングによるパーソナルファイナンシャル・サービスの購入も十分考えられる。今日において二世帯住宅の増加や祖父母からによる教育資金贈与における非課税制度は，シニア世代が消費支出の増大する子育て世代を助ける仕組みとしてとられた措置であるだろう。その点からみても世代とライフステージの相関性は高いものだといえる。価格面では安くて，安全なサービ

スを納得して消費することが理想ではあるが，価格にこだわらず，価格が高くても利便性を持った消費であるならば，価格のみの重視から脱却を求める顧客ニーズを得ることができるであろう。

3 パーソナルファイナンシャル・サービスにおける世代別ターゲット戦略

（1）パーソナルファイナンシャル・サービスにおける世代別のターゲット戦略の絞り込み

　パーソナルファイナンシャル・サービスは，非常に短期的な取引サービスもあれば，年金等長期的な取引サービスもある。また商品の複雑性により，例えば保険と一言でいっても，人の生命に関する商品もあれば，物損を対象とした商品，または貯蓄目的とした商品，さらに商品の複雑性を合わせた学資保険のような使用目的や対象者を限定した商品もある。特に若年層は最も簡単な商品があったとしても，複雑すぎて時には混乱することもあるだろう。

　ターゲット戦略は，年齢やエリア層など特定の1つの的に絞って展開させることが成功へと導くのであるが，パーソナルファイナンシャル・サービスは生から死まで係わるものであるため，同様のファイナンシャル・サービスでもニーズや使用方法が異なることがある。このようなことから，パーソナルファイナンシャル・サービスは1つのターゲットを絞り込む前に，若年層からシニア層までライフステージを経ることによっていろいろなものを変化させる必要がある。そのためにまず各年代のパーソナルファイナンシャル・サービスの必要性を網羅してから，各年代のパーソナルファイナンシャル・サービスのターゲット戦略を展開することが望ましいと考える。

（2）それぞれの層におけるターゲット戦略とサービスニーズ
① ヤング（未婚・既婚者）世代におけるターゲット戦略
　ヤング（未婚・既婚者）世代というのは，表4－2で示した13歳から30歳までの範囲を指している。この世代はパーソナルファイナンシャル・サービス

の提供を受けるというより，パーソナルファイナンシャル・サービスがどういうものなのか知ることが重要である。この時期には将来におけるパーソナルファイナンシャル・サービスを利用したビジョンを具体的に示すことはできないだろうが，将来に向けてのいくつかの夢や希望は持っているはずである。少子化の進展によってこの世代における人口ボリュームは，シニア層に比べると少ないことはいうまでもない。また終身雇用の崩壊によって労働環境が今までの状況と変わり，不況の影響から高所得者と低所得者の2極化が浮き彫りになったとしても，それぞれの個人の将来に対する考え方やビジョンは同じである。

　10代においては，少なくともパーソナルファイナンシャル・サービスの恩恵は受けているはずである。自分で負担をしているわけではないため，実感がわからないだけである。進学するたびに学資保険の受取があったからこそ進学できたかもしれないし，何か高額なものが必要となった場合に親名義のクレジットカードで代金の引き落としがあったかもしれない。

　しかし，スマートフォンがパーソナルファイナンシャル・サービスを享受するに当たっての1つの便利ツールとするならば，未成年者のスマートフォン所有率は，小学生は37.9％，中学生は55.3％，高校生は87.9％と異常に高い数値を残している[3]。小・中・高校生のスマートフォン使用目的がパーソナルファイナンシャル・サービスに直接依存していることは少ないだろうが，口コミによるコミュニケーションツールとしてアプリケーションやSNS等が必要不可欠となるのであれば，少なくとも彼らのスマートフォンの使用がマーケティング戦略に影響を及ぼしていることは明らかである。

② 10代におけるパーソナルファイナンス教育

　特定非営利活動法人（NPO法人）日本ファイナンシャル・プランナーズ協会では，人生における夢の実現をお金の面から考える教育のため全国の高等専修学校を中心にインストラクターを派遣し，パーソナルファイナンス教育を実施している。

　ターゲットは，近い将来自分がやりたいことや手に入れたいことを実現するためにパーソナルファイナンシャル・サービスを利用する見込みがある人たち

である。まさにパーソナルファイナンシャル・サービス購入の予備軍といってもよいだろう。

③ 無保険者におけるターゲット戦略

　パーソナルファイナンシャル・サービスの1つである生命保険契約について考えてみる。実際パーソナルファイナンシャル・サービスとして，初めて生命保険を契約し始めるのは社会人になってから契約するケースが多い。かつては，女性外務員が新入社員に生命保険を勧める光景がみられたが，現在では個人情報保護やコンプライアンスが強化されたことから職場で保険加入の手続きをする機会は減っている。またパーソナルファイナンス教育においても大学で行われている学部はあるが，まだ一部分にすぎない。機会がなければどこかで考えることや保険の話すら一度も聞いたことがないケースがあり得るだろう。

　ヤング（未婚・既婚者）世代は，全体的な所得は低くても単身者であるため，家族がいるケースよりも可処分所得は高い傾向にある。ファイナンシャル・サービスのバランス観点から考えると，企業から社会保険等で手厚い福利厚生を受けているのであれば，個々で加入する医療保険等の高額な保険は逆に費用の負担になると考えることもある[4]。

　しかし現代において社会保険等で手厚い福利厚生を受けているのは正規雇用されている人々だろう。他方，非正規雇用による契約で社会保険制度を受けていない場合には万が一の際の保障がないため，各自において保険加入することにより生活や身体のリスクを軽減するのだが，収入が安定しない場合には消費支出を保険料に回せないばかりか，条件によっては保険の加入すらできない問題が出てくる。

　このような状況に対処し，非正規労働者を対象とした保険商品開発や国民保険未払い問題に特化し，さらに保険料免除特例制度を有効活用させるような新たなサービスの開発が必要なのではないかと考える。すでに日本政策金融公庫における「教育一般貸付」の資金使途には学生の国民保険料が含まれている。社会保障制度による社会保険制度は人的事故のみを対象としているため，物的リスクについては，私的保険で賄う必要はある。

結婚をして子供がいる家族の保険のニーズは高く，ミドルファミリー，ヤングファミリーによるターゲット競争は激しさを増している。マーケットボリュームが小さくても，ヤング（未婚・既婚者）世代がパーソナルファイナンスについてしっかりとした考えを持っているのであれば，パーソナルファイナンシャル・サービスのニーズは高くなっていくはずである。

④　不動産購入におけるターゲット戦略

ライフプランにおける不動産の購入は，生活を営むための購入もあれば，投資目的や相続対策による不動産の購入もある。ここでは生活を営む場合の購入に限定して考えてみる。

進学や就職の際や親から独立して家族を持った場合，親元から離れてどこかへ新居を構えることが多い。人によって引っ越す回数はそれぞれ異なるだろうが，近年において寮や一人住まいだけでなくシェアハウスが増えている。シェアハウスは，個室とは別に入居者全員が利用できる共用スペースを備えた賃貸住宅であり，通常一部屋借りる場合よりも家賃が低く抑えられているため，都市部を中心にニーズが高まっている。

大学生への仕送りの額は年々減少傾向にあり，アパートを借りるにしても家賃を抑えて入居することが必要最低限である。日本政策金融公庫（教育一般貸付）には，住居にかかる費用なども資金使途対象となっている。仕送りに余裕がない家族にとっては，ニーズの高いパーソナルファイナンシャル・サービスとなっている。

バブル崩壊で減少した社員寮にも劇的な変化が求められ，新たな価値を加えた見直しが図られている。大手不動産会社の三菱地所株式会社（本社：東京都千代田区）は，グループ会社で共有する社員寮を港区に整備させた。目的は，従業員の生活に対する出費を抑えることもさることながら，三菱地所は分社化と企業買収で1980年代から子会社が増えたため，それにつれて帰属意識が薄まり結束が弱まった危機感が生じたことから，社員寮の整備もその一環としてグループ会社の結束を狙ったものである[5]。

シェアハウスは入居者同士が交流できることから，シェアハウスでの新しい

コミュニケーション形態が生まれつつある。シェアハウスを同じ社員だけの社員寮だけでなく，異なる会社の社員を入居させ交流をさせることによって，入居者同士の情報交換やお互いの刺激，人脈づくり等，個々の仕事や生活に対する不安を解消させる役割も果たしている。飲食店検索サイト大手である株式会社ぐるなび（本社：東京都千代田区）では寮が学びの場になると判断している[6]。

社員寮によるシェアハウスは都市部では大手企業に勤める独身・単身者の需要が多く，人気が高まっている。シェアハウスはただ単に家賃が安いだけでなく，単身者でも生活の中で交流できる環境をつくり，新たなコミュニケーションツールとなっている。若者は横のつながりが強いことから，パーソナルファイナンシャル・サービスの利用方法についていろいろな情報交換をすることができるであろう。

今後，不動産業者がさらに参入し，多業種による社員寮が増える可能性は高い。さらに入居者の年齢の幅を広げ，外国籍の人を対象としたシェアハウス社員寮の増加も視野に入ってくるだろう。ただシェアハウスにおける人間関係の難しさという問題点も多くみられるという。したがって入居者がトラブルに対応できる能力を身につけなければならないという現状には変わりない[7]。

わが国の市場環境変化の1つにエネルギー問題がある。住宅については太陽光パネルを設置し，太陽光発電でエネルギーを供給することにより家計の月々の光熱費の負担を軽減する役目を果たしている。メリット・デメリットは多数あるが，ライフスタイルや地理的環境によって大きな効果をもたらす可能性がある。太陽光パネル付きの住宅を購入することは，購入に際して補助金を設けている自治体もあるため，パーソナルファイナンシャル・サービスを考えるに当たっての1つの選択肢といえる。

時代は進み，すでにわが国は空き家対策が必須となっている[8]。空き家対策にはさまざまな問題点が生じているが，不動産会社は物件を投資信託化して投資家を募り，また他業種の会社と協力しながら中古物件をさらに魅力的なものとしてサービス提供を行っている。空き家は地方部だけでなく都心にも存在している。今後空き家を利用した広い意味での生活サービスの提供は，さまざま

なニーズを掴み取ることによって新たなマーケティング戦略となる可能性を持っている。

⑤　単身者（低所得者）におけるターゲット戦略

今日において高齢化による単身者だけでなく若者の単身者も増加傾向にある。特に若年層の結婚の遅れ（晩婚化）や未婚者の増加（未婚化）の背景には，正規労働者になれないため，安定した収入が見込めないことから将来の見通しが立たず，今一歩踏み出せないという現状がある。今後，このような単身者をターゲットとしたマーケティング戦略やライフスタイル研究が活発化していくだろう。したがってパーソナルファイナンシャル・サービスは単身者（低所得者）を対象とした独自のサービスを考えていかなくてはならないだろう。

1つ目として，住む場所について考えてみる。上記④であげたシェアハウスや空き家対策も含め，個々人によって生活スタイルが転勤族タイプなのか，マイホームを購入してずっとその場所に住み続けることができるのかによって物件の希望が変わってくる。

現代においては，携帯電話やパソコン機器が不可欠な時代となった。これらの月々かかる通信料は負担増となっているだろう。NTTの光サービスでは，戸建てと集合住宅によって月額料金を分けている。戸建てより集合住宅の方が月額基本料金は安くなっている。住居選びの際単身者は家賃が安くて小規模なアパートを選ぶ傾向があるが，パソコンのネット接続が不可欠というならば，入居後のコストを考えた時，家賃よりも入居後における毎時の通信料のコスト計算を考慮すべきである。しかしNTTの光サービスにも携帯電話と同様2年継続契約があり，転勤族にとってはデメリットな制度である。転勤族には必ずしも2年間という期間が当てはまらないので，転勤族に合わせた通常料金設定を考える必要がある。

今やネット接続をするという面では，スマートフォンからでもパソコンからでも画面の大きさや通信速度を考慮しなければ，ほぼ同じ情報が利用できるようになった。そうなると機種やその他サービスの利便性も含めスマートフォン（モバイル機器）のみの利用だけで十分活用できると判断したのであるならば，

わざわざ家にパソコンのネット接続の契約を別途するのは無駄だと考える人がいるだろう。

　2つ目として，自動車の所有について考えてみる。自動車を購入した際にかかわるパーソナルファイナンシャル・サービスは数多くある。自動車ローンや自動車保険料のほか，自動車の車検費用も購入後の追加購入によるサービスコストと位置づけられるだろう。購入後一定期間を迎えると車検（自動車検査登録制度）の義務が生じ，必ず検査を受けないとその車両は使用することができなくなる。住居に駐車場がついていない場合には駐車場を借りて駐車スペースを設け，それにかかる月々の駐車代もまた負担増となる。若者の車離れの傾向となっている状況とともに，車を所有することなく車を使用しないライフスタイルが増加していくであろう。また必要に応じてレンタカーやシェアカーで対応するなど，個々人自身が直接自動車コストを支払わない利用の仕方が増えてくるものと考えられる。

　3つ目として，宅配について考えてみる。宅配は元来荷物を配送する物流サービスの代表格であった。しかし高齢者の単身者増加による孤独問題と加えて，体力的な面で思うように活動できなくなったことから，単に荷物を運ぶという存在から地域コミュニティの活性化を担う役割を果たすようになった。介護ステーションや支援センターにおいても単身高齢者に対して宅配サービスの提供を受けるよう促している。単なる配送だけでなく，定期的に訪問・相談・見守り等を行うためのネットワークを構築する役割を果たすことで物流サービスはサービス提供の転換期を迎えているといえる。

4.2　パーソナルファイナンシャル・サービスにおける新たなマーケティング・ミックスモデル

1　パーソナルファイナンシャル・サービスにおける4Pから4Cへの変換

　従来のマーケティング理論における伝統的なマーケティング・ミックスの

4Pについては第1章において説明した。しかしパーソナルファイナンシャル・サービスにおいては，さらに3つのP「有形化（Physical）」,「サービス提供過程（Process）」,「顧客参加（Participants）」を加えた7Pのマーケティング・ミックスを考える必要がある。また，清水（2016）によれば，これまでの4つのPは，企業側からの利益（Profit）を目的とした発想により整理された枠組みであるため，顧客側の視点に立った信頼性（Confidence）（4つのC）について考慮する必要があるという。そこで，パーソナルファイナンシャル・サービスを対象としたマーケティング・ミックスの説明については，清水の考えを基に4Pから4Cの視点に変換しつつ，さらにパーソナルファイナンシャル・サービスに特有の3つのPを取り上げて述べることとする。また4Pから4Cに変換するにあたってはわが国における市場環境変化を含めたものでなければならない。

表4－3　4Pから4Cへ

4P　利　益（Profit）		4C　信頼性（Confidence）
製品（Product）	→	商品（Commodity）
価格（Price）	→	コスト（Cost）
流通チャネル（Place）	→	チャネル（Channel）／利便性（Convenience）
プロモーション（Promotion）	→	コミュニケーション（Communication）

出所：清水，2016, pp. 33-36 によって作成。

(1) 4Pから4Cへ
① 製品（Product）から商品（Commodity）へ
　銀行では，普通預金・定期預金・住宅ローン・教育ローン・自動車ローン・カードローンなどのファイナンシャル商品と，決済の自動引き落としや給与・年金振込・入出金などのサービスがこれに当たる。また証券会社では，株式・債券など有価証券の売買の取次ぎなどのファイナンシャルサービス，生命保険会社では，終身保険・定期保険・傷害保険などが商品となる。またFPが提案するライフプランにおける提案書もこれに含まれる。さらに提案書によって提

案された個々のライフプランに係わる通信，教育サービスのほか，有形物となる不動産や自動車も対象となる。

　パーソナルファイナンシャル・サービスは単に金融サービスだけでなく，生活を営むすべての商品やサービスが含まれる。規制緩和により金融商品の自由化によって商品そのものに差が出てきたため，個々の商品は同じでも，それを組み合わせた新商品が増加している。また銀行は保険や証券取次業務など，扱える商品の範囲が拡大した中で，どの商品を取り扱い，また顧客はどの商品を購入するかの選択も重要となっている（戸谷，2006，p. 29）。

　しかし顧客は，ファイナンシャル・サービスには媒介性という性質があることもあり，上記で挙げた商品そのものすべてが欲しいわけではない。例えば給与や年金振込は，お金が振り込まれ顧客がお金を引き出すことによって初めてお金を手にする。銀行はあくまで保管するサービスを行っている。ローンについてはローンそのものを好む顧客はないといってよいだろう。ローンを契約することによって対象となるモノが使えるようになる。しかしローンの種類によって契約と消費がバラバラであるものがある。これは保険についても同様なことがいえる。したがって金融サービスでいわれている商品は，商品といっても消費タイミングを計ることが複雑であり煩雑であることから，サービス・マーケティングの特性とファイナンシャル・サービスの特性・特質について頭を悩ませる。

　ただ第1章1.2節3（3）で論じた通り，製品（Product）は，あくまで生産された財であり，Product固有で生活は成り立たない。商品（Commodity）は生活者に購入・使用され始めて商品と生活者がそれを活用して行う「コト」＝生活シーン（モノ×コト＝生活シーン）を創造する。住宅・自動車ローンは生活者に購入・使用され始めて住宅・自動車が生活の一部として活用され生活シーンを創造している。

　自動車市場では，電気自動車やハイブリッドといったエネルギーの効率性・効果性や運転時の自動ブレーキやハイテク機能によって生活消費を大きく転換させている。これは自動車市場だけでなく，家電製品や住宅も含めて，省エネ

ルギー対応をより消費者に買得感を与えるコンセプトによって強力にアプローチを行っている。これにより安全や環境面だけでなく，パーソナルファイナンシャル・サービスの経費削減にも影響を及ぼしている。自動車については燃費によるガソリン代のみならず，運転中の車内ブザーによって事故を軽減し，結果的に自動車保険の見直しが図れたかもしれない。コストについては後述するが，省エネルギー対策やハイテク技術を備えた車や家屋によって新生活を迎えられるのであれば，それを使用しエネルギー対策に貢献していることやハイテク装備を身につけたことは，それぞれの満足感や価値観を共有し，それが1つの生活シーンとなり得るものだといえる。

② 価格（Price）からコスト（Cost）へ

ここでいう価格とは，決済口座の口座維持手数料，売買手数料，入出金・振込などの各種手数料，定期預金やカードローンの金利，保険会社の保険料，クレジット会社の年会費や加盟店手数料など定価の設定のみだけではなく，割引や優遇条件の設定も含まれる。

日本の金融業界では価格設定への注意は十分といえない。1社が価格を下げると連鎖的に価格ディスカウントが起こり，容易に価格競争に陥ってしまうからである。金融業界でよく使われる価格戦略として，「価格ハンドリング」と「プレミアム・プライシング」がある。「価格ハンドリング」は，簡単にいうと，セット販売の時に安く価格を設定することである。例えば，定期預金と投資信託をセットで買えば，定期預金金利を通常より高くすることや投資信託の手数料を安くする方法である。また「プレミアム・プライシング」は，普通の低価格サービスと高価格のプレミアム・サービスを提供し，価格に敏感な顧客層には前者のサービス，価格よりもサービスの質にこだわる顧客層には後者のサービスを提供する方法である。

またクレジットカードには，価格によって区分されているものが多くみられ，年会費が高価なものもあれば無料のものもある。これは，高品質のサービスやブランドに高価格を払ってもよい顧客層と，基本レベルのサービスに最低価格を支払う顧客層という異なる顧客層が市場に同じく存在することから，価格設

定の区分が成り立っているという前提によるものである。また企業としてはプレミアム価格に見合うサービスを提供できる能力があるというブランドが確立していることがあげられる（戸谷，同上書，p.31）。

　しかし，パーソナルファイナンシャル・サービスについては，すべてを価格としてとらえるのは適切ではない。保険商品や住宅ローンの支払いは，現在の生活とともに将来へ向けての投資と考えるべきである。パーソナルファイナンシャル・サービスにおけるコストについて一番頭を悩ませるのは金利であるだろう。顧客はサービス提供に対して見合う金利というコスト（Cost）をみずから選ぶことはできる。ただ住宅ローンの金利は複雑すぎるため，FPによって長期間わたってのコスト計算シミュレーションをしていかないと健全な対策はできないであろう。

　さらにサービス維持のために手数料というコストの支払いが継続する。前述した自動車市場と自動車保険について経費削減を含めた価格面でみてみると，電気自動車やハイブリッド車の本体価格は，通常のエンジン車と比べて50万～100万円またはそれ以上割高である。割高である分ハイテク技術が搭載されているのは間違いない。それに対して自動車保険は仮に車に環境配備や安全な機能を装備したことによって事故が減り，自動車保険料が割安になったとしても，長期的にみて割高分がカバーされているかどうかは結果的判断によるだろう。しかし顧客はランニングコストを嫌がる傾向にある。

　住居面でみると，新築や改装するにあたり環境配備やハイテク技術，バリアフリー等を含めて設置をしたとしよう。設置することにより便利にはなるが建築費は割高となった場合に，後に住宅ローンを含めた税金対策や保険に追加負担あるいは軽減されることになったとしても，将来的にかかるであろうコストは住居にこれらを設置しない場合と比べて予測できないものとなるだろう。したがってパーソナルファイナンシャル・サービスについては，商品の価格設定にあたっては1つの商品の価格というより，商品の選択によって継続するコストを視野に入れた考えた方がわかりやすいのかもしれない。

③ 流通チャネル（Place）からチャネル（Channel）／利便性（Convenience）へ

パーソナルファイナンシャル・サービスにとって店舗・ATM・電話・インターネットなどのサービスは，提供するチャネルに関する戦略すべてに含まれる。自由化による製販分離の進む中，顧客が利用する販売経路が変化してきている。わが国では高齢化社会やICTの普及によって販売チャネルが多様化してきたことから，顧客の求める価値に合致した入手容易性も変わってきているのである。第2章2.2節3（3），（4）の中でチャネル体系の構築について論じたように，パーソナルファイナンシャル・サービスのチャネルは，保険会社についても教育資金についてもサービスが多様化し，それによってチャネル体系が多様化していることから，1つの流通チャネルだけでニーズが満たされるものでもないのである。

ICTの普及によって販売チャネルが多様化してきたことや市場環境変化の影響によって，利便性を求めることが1つの価値創造へとつながっている。スマートフォンは歩くPC機能を備えた生活機能として拡大したことにより，いつでもどこでも自創またはほかと共創できる存在となった。スマートフォンからの発信によって情報検索から購入後の受取まで多数あるチャネルから自分の受け取りたい方法や時間まで選択を行い，利便性を求めながら時間消費を上手に効率よく進めている。例えば，通信教育をスマートフォンにダウンロードまたは専用Webを開設することによって通勤時間中に学習できることや，短期間のみの損害保険に契約する場合に現地のみならず思いつきだけで申込から契約までできる機能には，チャネルの利便性のみならず時間の効率化と生活の自己実現以上の価値を求めている[9]。

④ プロモーション（Promotion）からコミュニケーション（Communication）へ

プロモーション（Promotion）には，広告宣伝やボーナス・キャンペーンなどの販売促進活動，顧客と直接相対する従業員の商品説明などが含まれる。商品性がどれほど優れていても，顧客にその価値を理解してもらわないとその商品は売れないのである。そもそもどの商品・サービスがどのような顧客のどのようなニーズを満たすかということを今までマス・マーケティングによって成

第4章　パーソナルファイナンシャル・サービス実務の諸領域と戦略モデル　◎―― 183

功してきた企業においても深く考えなかったことだろう。

　コミュニケーション戦略はそもそもファイナンシャル・サービス自体が特有な特性を持つ商品であるため，金融業界が最も苦手としているものの1つであった。サービス業は実際に体験しないで商品内容を認識することは難しいため，従業員の行動すべてが顧客とのコミュニケーション（Communication）となり得るものと考えられる。FPは顧客との相談業務を行う前に，FPバッチやライセンスカードを提示することによって顧客に信頼性を持たせている。

　コミュニケーション戦略は，どのような技術・手法を用いて行うかが重要である。まずは顧客接点の場を設けるにあたって，インターナル・マーケティングの実践とチャネルの多様化をどう行うかが1つの課題である。さらにリレーションシップの構築によってコンサルティングサービスの提供などが重要なものの1つとなる。

　現代においては，SNS等による口コミもまたデジタルツールの利便性が1つのコミュニケーションツールとなっている。特にパーソナルファイナンシャル・サービスについては，利便性によるチャネル活用が1つの重要なものに位置づけられている。この点で金融業界や保険業界も含め今後大変革が求められている。次々と新しいコミュニケーションツールやデジタルツールが開発され，マーケティングコミュニケーションツールが使用されていった利便性との関係は，顧客にとってみればサービス購入における入口が広がると同時に，購入までたどり着くルートが多様化してきたといえる。

　具体的な新しいコミュニケーションツールやデジタルツールの例については第5章にて取り上げている。またマーケティングコミュニケーションツール使用による利便性と関係性については第6章にて論述している。

2　パーソナルファイナンシャル・サービスにおける特有の3P

（1）有形化（Physical）

　ファイナンシャル・サービスの無形部分は，無形のゆえに顧客の手元に形として残らない。そのためモノのように品質を測る不良品率や耐久性などの客観

的・合理的基準がつくりにくい。目に見えないものは評価しにくい。したがってサービス業はサービスの結果を「有形化」，すなわち「目に見える形に変換する」努力が必要となる。無形なものを有形化するのは，サービスの価値を顧客にわかってもらうための手段となる。

パーソナルファイナンシャル・サービスの中には，購入された後も消滅しないものが存在する。生命保険や損害保険などの保険商品，定期預金や投資信託などの資産運用商品，ローンなどがこれに該当する。当初購入時にサービスを受けるのみではなく，保険加入期間中または投資信託を保有している期間中，あるいはローンを借りている期間中など，すべてにわたってサービスは継続している。しかし，目に見えないこれらのサービスを受け続けているという意識が顧客の側にあるとは限らない。それを有形化して顧客にサービスの価値を思い出してもらう必要がある。

中でも，最も有形化が必要とされるのは，何事も起こらなければ顧客との接触がほとんどない保険商品であろう。生命保険ではそれが何十年にもなりうる。一度加入したからといって，保険会社がその顧客とほとんど接触していなければ，他社に顧客を奪われる可能性は高くなる。そのため保険外交員は，定期的に訪問をすることによってサービスの価値を顧客に認識させているのである。

証券会社は，上場会社ではペーパーレス化に伴い株券の発行が廃止されたことから，株券そのものを送ることはなくなっている。また通帳も発行されず，その代わりに売買があると必ず売買通知書が送られてくる。また取引残高等については数カ月に1回単位で個々の取引状況が記載された書類を送ってくる。株や投資信託などは流通市場があり，売買・解約が前提とされるものは，保有期間中に市場の動きによって価値変動が生じる。解約してほかの商品を購入する方がよい場合もあれば，そのまま保有し続けた方がよい場合もある。顧客がスイッチングを決めるための情報の提供を，企業内にいるFPに対し相談を求めているのであれば，顧客もサービス価値を感じるであろう（戸谷，2006，pp. 32-34）。

(2) サービス提供過程 (Process)

　ファイナンシャル・サービスにおいて、生産と消費が分離できず同時消滅してしまうものや在庫にしておくことができないものについては、サービスの提供過程をうまく設計する必要がある。プロセスとは、顧客にサービスを提供するさまざまな方法を指す。サービス生産のプロセスは、顧客に直接接するフロント業務の背後にあるバックヤード業務と関係が深い。しかし、ここではサービス商品の要素として、顧客が直接体験するプロセスについて検討する。

　サービスの提供過程において顧客が関心を示すのは、1つは、そのサービス過程が標準化されたものか、または顧客の要求がカスタマイズされたものかである。今1つは、そのサービス過程に顧客の参加がどの程度求められているかである。ファーストフードのような標準化の程度が高いサービスは、安定したバラツキのないサービス提供が求められる。また顧客からみれば、サービス提供の迅速性が重要な品質評価項目となる。一方、カスタマイズレベルが高いサービスでは、顧客の個別の要求にこたえられるレベルが重要な評価項目となる。スピードよりもサービス提供能力についての信頼性と顧客への共感性が大切なのである。

　例えば、ある米銀では、従業員のシフト勤務体制を店頭が最も混む時間帯にテラー（窓口係）の数を最も多くなるように設計している。店舗においては、「フロント・オフィス」（店舗における顧客と従業員が接するスペース）と「バック・オフィス」（いわゆる舞台裏のこと）のレイアウト設計を顧客との関係がスムースになるように、従業員の事務処理部分を考慮したうえで、店舗を事務処理中心の場から顧客中心のスペースへと変えている。すでに三重銀行や、りそな銀行などでその試みが行われており、サービス提供にかかわるフロントおよびバックのオペレーションの再構築がポイントとなっている（戸谷、同上書、pp.35-36）。

(3) 顧客参加（参加者）(Participants)

　パーソナルファイナンシャル・サービスは、「顧客がそのプロセスに参加す

る」財でもある。FPが顧客に対して聞き取りを行うのも，ファイナンシャル・サービスの提供過程に顧客を能動的に参加させるための仕組みを有効に機能させるためである。まず参加（聞き取り）するルールを定め，顧客は自分の情報を正しく伝えることで，サービスの提供過程に参加し，その情報に基づいて自分のライフプランにあった提案をFPから受けるというメリットが得られる。顧客は情報提供のための労力というコストを払うことになる。これは，払ったコストに見合う見返りが十分にあると顧客に思ってもらえてはじめて機能する仕組みでもある。

　顧客参加は，「参加者」と呼ばれることがある。顧客参加（参加者）とは，適切な参加者が適切な行動をとれる仕組みの構築を意味する。この時の参加者とは，サービスが生まれる場所に係わるすべての参加者，つまりサービスを提供する従業員とサービスを受ける顧客に加えて，その場に居合わせるすべての人を指すのである。混雑している中，待ち行列ルールを無視して割り込む人がいたり，隣の窓口で従業員が顧客に無礼な態度を取っているのを目のあたりにしたりすれば不快になる。事前に繁忙日を知らせて顧客がHP等でチェックできるようにして混雑を分散させる効果は顧客の参加なしに解消できるものでもない（戸谷，同上書，pp.36-38）。

4.3　小　括

　本章4.1節では，パーソナルファイナンシャル・サービスにおけるターゲット基準について，生活者市場フィルターを用いて各世代へのターゲット戦略を絞り込み，若年層における現代の生活に合ったパーソナルファイナンシャル・サービスの利用方法の実態を述べた。

　4.2節では，パーソナルファイナンシャル・サービスのマーケティング・ミックスの4Pから4Cへの変換という新たな視点を述べ，またファイナンシャル・サービスに特有の3つのPを提示した。

　上記の記述は，これを第3章3.2節で提示したファイナンシャル・サービ

スにおけるマーケティングの領域の3つの次元の枠組み（第3章図3－1）のうち，パーソナルファイナンシャル・サービスにおけるターゲット基準は「Who」の部分，パーソナルファイナンシャル・サービスにおける特性に基づき，どのようにアプローチをするかは，「How」に当たる部分であるといえる。

　顧客は，パーソナルファイナンシャル・サービスのニーズを持っていても，いつ，どこで，誰に相談してよいのかわからず，何となく金融機関や各種の専門家へ足を運ぶ傾向が強かった。しかし，個々の解決はできたとしても，それはライフプランにおける一部分での解決にすぎないため真のニーズを満たすまでには至らない部分が多かった。

　パーソナルファイナンシャル・サービスは，本来，一部分だけのサービスを行うだけではなく，ライフプランすべてを通じて完了するものでなければならない。資産運用について今後の相続対策や贈与，事業承継，遺言，不動産有効活用，保険の見直し，ローンなど個々の対策を行ったとしても，それら1つ1つに横のつながりがある。現代においてはその横のつながりが無視できない時代へと移行してきている。そこでファイナンシャル・サービス・プロバイダーが広範な知識を活用するとともに，人のつながりによる各分野のネットワークの構築と活用をすることが求められている。顧客のライフプランにおける真のニーズに基づいた提案をすることは，顧客の今後における将来の設計においてより重要になってくるものといえるだろう。

　したがって生活者が個々のライフプランの作成において人生設計に困難をきたさないファイナンシャル・サービスを提案する必要が考えられる。それが3つの次元のうちの「What」に当たる部分であり，そのためにはマーケティング・ミックスの有効性を高めなければならない。生活者が現有しているファイナンシャル商品の知識を向上させながら，企業としては個々に合ったサービスを最大限に生かせるようにどう対応するのか，または法規制の改正を伴うような新たなパーソナルファイナンシャル商品をどう構築すべきか，今後の社会情勢を考慮しつつ戦略を組み立てていく必要がある。

【注】
1）共働きで子供を意識的につくらないことを DINKS（Double Income No Kids, ディンクス）というが，本書では直接ディンクスを指しているわけではない。
2）行動ファイナンスは経済学の一分野でもあり，行動経済学でいわれている行動ファイナンスは，現実の人間行動を示しその理由を推測する実践理論であるといわれている。
3）デジタルアーツ株式会社（本社：東京都千代田区）が実施したスマートフォンや携帯電話を所持する小・中・高校生の 1,242 名を対象とした「第 5 回目スマートフォン利用実態調査」結果による。〈http://www.daj.jp/company/release/2014/0310_02/〉（2014 年のプレスリリース）（検索日：2015 年 4 月 9 日）
4）社会保険のうち健康保険や労災保険においてはケガや病気をした際の療養の給付や介護，障害，遺族給付など保険給付の種類があるため，単身者にとってはそれだけで十分であると考える専門家の意見もある。
5）朝日新聞 2014 年 6 月 2 日付朝刊（11 面）の記事を一部引用したものである。
6）朝日新聞 2014 年 6 月 2 日付朝刊（11 面）の記事を一部引用したものである。
7）朝日新聞 2014 年 6 月 2 日付朝刊（11 面）の記事を一部引用したものである。
8）適切に管理されていない空家等が防災，衛生，景観等の地域住民の生活環境に深刻な影響を及ぼしており，地域住民の生命・身体・財産の保護，生活環境の保全，空屋等の活用のため対応が必要であることから，「空家等対策の推進に関する特別措置法」が制定され，平成 27 年 5 月 26 日から完全施行されている。これにより，市町村は，国の基本指針に即した空家等の調査，情報提供，その他これらの活用のための対策を実施することとなる。
9）「自己実現の欲求」とは，マズローの欲求階層における最終段階を指している。

第5章

パーソナルファイナンシャル・サービスのマーケティングビジネスプロセスモデル

5.1 パーソナルファイナンシャル・サービスにおける商品開発のビジネスプロセスモデル

1 金融サービス・マーケティングにおけるビジネスプロセス

(1) 顧客の金融行動の理解と顧客の価値観

　将来にわたって顧客を維持していくためには，顧客がパーソナルファイナンシャル・サービスを選択購入する際の意思決定過程の全体像をとらえる必要がある（図5-1）。

　図5-1は，顧客が金融行動（金融機関との取引）を行うに当たって関係する要素を示したものである。通常1つの金融機関は，顧客の属性の一部と自社の取引状況を把握できる。それは，図5-1の点線で示した部分にすぎない。顧客はそれぞれお金に対する考え方や価値観を持っているため，図5-1は，顧客が金融行動をとるときのベースとなるものであって，調査などで顧客に直接聞くことによって初めてわかる項目でもある。そこに進学・就職・結婚・子供が生まれるなどのライフイベントが起こる。ライフイベントは，顧客の属性からある程度予測・推測することが可能である。

　そこでパーソナルファイナンシャル・サービスのニーズが発生したとき，顧客はそのニーズを満たしてくれる商品やサービスに関する情報を集める。情報が十分に手に入ったならば，いくつかの代替案を比較してサービスを受けるこ

図5－1　顧客の金融行動の理解

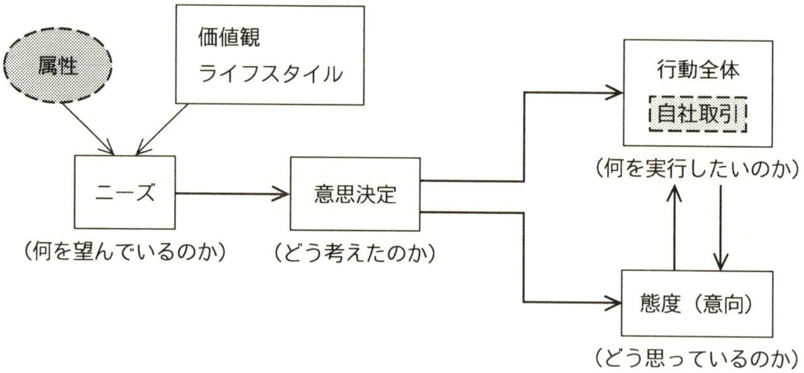

```
    価値観
    ライフスタイル
属性 ─┐  │
      ↓  ↓
      ニーズ → 意思決定 ──→ 行動全体
                            ┌──────┐
                            │自社取引│
                            └──────┘
   (何を望んでいるのか)(どう考えたのか)
                              ↑↓
                            態度（意向）
                            (どう思っているのか)
                            (何を実行したいのか)
```

備考：点線囲みは自社で把握できるものである。
出所：戸谷，2006，p.166。

とを決定する。その結果，行動が起こる。結果的に行動の一部，つまり最終的に自社が選ばれた場合の行動は把握できるが，他社のモノ・サービスが選ばれていたら結果はわからない。いずれにせよ，自社の取引データだけでは，マーケティングにとって最も重要な，選ばれた（選ばれなかった）「理由」はわからない（戸谷，2006，p.166）。

（2）顧客の価値観

　顧客は，究極的には何らかの自分自身の価値観を満たすことを目的に，商品やサービスを購入する。パーソナルファイナンシャル・サービスはその目的を達成するための手段である。この考え方を戸谷（2006）は，「手段目的連鎖」といっている。顧客がモノやサービスの好き嫌いを語るときは，具体的な属性（特徴）について語られることが多いが，その背後には必ず理由がある。その理由は，究極的にはその人が「自分はこうでありたい」という価値観である。つまり顧客が提供されたファイナンシャル・サービスに対して感じている表面的な好き嫌いから，さらにその背後にある価値観に遡って，その価値観を満たすために何ができるのかを考える必要がある（戸谷，同上書，p.169）。

同じモノやサービスが，ある顧客にとって魅力的であったとしても，別の顧客にはそうではないことはよくある。ターゲットとする顧客にとって，そのサービスの特徴が価値を持っていることが新商品・サービスを開発したり，開発したサービスの良さを伝えていったりするときの鍵となる。それを知る方法として，顧客ごとの価値観と手段の関係を示す「手段目的連鎖」がある。

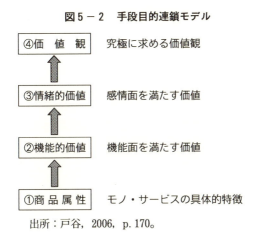

図5－2　手段目的連鎖モデル

出所：戸谷，2006，p.170。

　顧客の価値観を知るためには，図5－2のような価値のつながり，顧客の心理を紐解く必要がある。①「商品属性」はその商品の持つ最も基本的な機能，②「機能的価値」はその商品の持つほかの商品と差別化できるようにすぐれた特徴，③「情緒的価値」はそれを使ってみて顧客が感じる感覚的価値である。それらを経由して，④「価値観」に到達する。これらの段階のどこの何を顧客が重視しているのかを理解して，商品開発や広告をすることで，商品や広告は顧客の心に届くものとなる（戸谷，同上書，p.169）。

（3）年代ごとの顧客の意思決定プロセス

　わが国はすでにICTインフラの進展から情報化社会となり，それと同時に個人のライフスタイルや価値観が多様化した結果，企業と顧客の間でも従来と

は異なったコミュニケーションが求められている。

　総務省は，ICTインフラの進展が国民のライフスタイルや社会環境等に及ぼした影響と相互関係に関する調査を行い，年代ごとのメディアへの意識について図5－3のように示している。この調査によれば，若い年代ほど，「人と会って話すより，メールでやりとりする方が気楽」であり，また「情報源としてインターネットが重要」であるとする割合が高くなっているのがうかがえる。

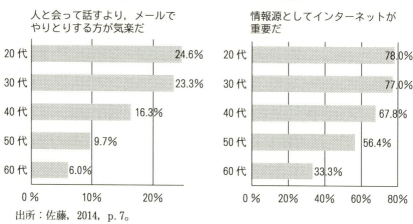

図5－3　年代ごとのメディアへの意識

出所：佐藤，2014，p.7。

　またNTTデータ経営研究所が調査した各年代の意思決定プロセスについて以下の結果データを示している。項目をさらに分けてみてみると，まず1つ目は，「わからないことがあると面倒でも調べる」については，20代が65.3%，30代が72.5%，40代が78%，50代が82.5%，60代が86%。2つ目は，「論理的によく考えてから物事を決める」については，20代が52%，30代が51.9%，40代が60%，50代が68.4%，60代が76.7%という調査結果が出ている。

　これら調査から各年代のメディアへの意識と意思決定プロセスのデータを総括すると，若い世代ほど情報化社会に慣れており，すぐにインターネットや口コミから答えを導き出し，ある意味合理的ではあるが，みずから考えて出した結論ではないため，あまりこだわりや執着心がない。一方，中高齢世代は，自

分自身で汗をかいて情報を集め，周囲に相談することで人とのリレーションや付き合いを重視する。そして義理人情に厚く，出した結論にもこだわりを持ち，責任感を持って最後までやり抜く傾向があると読み取ることができる。

このような世代の価値観や考え方の違いは，金融取引行動からもみることができる。ローンを借りた理由について，以前は馴染みや親しみを理由とする割合が多数占めていたのに対し，最近では「手数料が安い」，「金利が低い」，「インターネットでも利用可能」など合理性や利便性を支持する理由が増加する傾向にある（佐藤，2014，pp. 7-8）。

(4) ライフプラン向けの資産運用商品開発

金融サービスにおいて株式投資は趣味で行う人も多いかもしれない。そういった人たちの価値観は，「リスク許容度」ではなく「スリルを楽しむ」ことや「自尊心の充足」を持つことに見出している。ここではそのような例ではなく，ライフプランにおけるパーソナルファイナンシャル・サービスの利用によって，どのような価値観をもとに資産運用商品の開発を行っているかの例を具体的に述べることとする。

生活を楽しみたい人は自由度が大きすぎない預入方法を好む。実際に商品を開発するときには，目的に合わせて複数商品・複数回答者のラダーを作成し，それを階層構造にまとめて大きな像を描くことになる。消費性向が活発で今現在の生活を楽しみたいという性向を強く持つ人は，そのような性向をみずから認識しているため，自分で自分にある程度の制約を課そうとする。そのため強い制約を嫌うと同時に完全に自由なものも好まず，預入方法は自由度が中程度のものを最も好むのである（戸谷，2006，pp. 172-173）。

戸谷（2006）は価値観と貯蓄商品の属性の関係を図5－2の「手段目的連鎖モデル」のそれぞれの価値観と照らし合わせながら，ライフプラン向けの価値観につながるには2本のラダーがあると示している（図5－4）。

「生活を楽しみたい」という価値観につながる主要なラダーは2本ある。1本目のラダーは購入時の預入のしやすさを表す属性「預入自由度が大きい」か

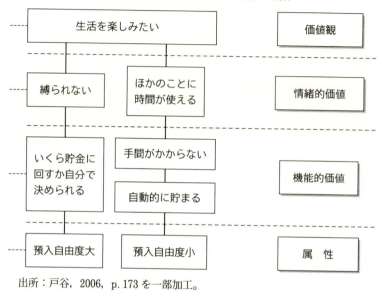

図5-4 価値観と貯蓄商品の属性の関係

出所：戸谷，2006，p.173を一部加工。

ら，機能的価値「いくら貯金に回すか自分で決められる」を通って，情緒的価値「縛られない」へ，最後に「生活を楽しみたい」という価値観へつながる。

2本目のラダーは，預ける金額やタイミングの自由度を示す属性「預入自由度が小さい（給与天引など）」からスタートし，次に，機能的価値「自動的に貯まる」，「手間がかからない」から，情緒的価値「ほかのことに時間が使える」を通って，最後に「生活を楽しみたい」という価値観へつながる。これは，「将来よりも今現在の生活を豊かに楽しみたい。そのためにお金を使いたい。」という価値観である。

つまり，「生活を楽しみたい」人たちに対しての商品開発を考えるに当たって，預入時の自由度が大きいほうがよいという方向と自由度が小さいほうがよいという方向の両方向の選好があると考えられる（戸谷，2006，pp.173-174）。

したがってファイナンシャル・サービスにおける生活者のサービス選択の背後にある価値観とそれを満たす商品属性を知り，これまで行われてきた年齢や

性別の表面的なデモグラフィック変数ではなく，個人の価値観によって金融ニーズをとらえることがこれからの金融商品開発には必要なのである。現代の個人の価値観の１つである「生活シーン」を取り入れた商品開発戦略を立案することは，パーソナルファイナンシャル・サービスが従来の金融サービスより身近なサービスとなる１つの，かつ重要な鍵であるといえよう。

(5) 顧客データ分析のための地銀連携への取り組み事例

日本銀行が運営する金融高度化センターが2014年2月に発表した「商流ファイナンスに関するワークショップ報告書」によると，地銀間でのモデル共同開発におけるPDCAの事例を株式会社横浜銀行（本社：神奈川県横浜市）が報告している。地域金融機関における顧客情報分析を地銀が１つの県内だけで商流を管理するのはサンプル（データ量）の不足や分析手法に限界があることから，地銀間でデータベースを共同構築し，マーケティングモデルの高度化を図っている。

こうした大量データによる顧客情報分析に関し，海外ではさらに顧客に関する取引・物流データや決済履歴などを集めた大量で複雑なデジタル情報を企業融資に活用する事例も見られると報告している。しかし大量データ分析を活用していく際の課題についての意見も多く，顧客管理における情報については慎重に行わなければならないとしているものの，この新たなチャネル戦略を「商流情報を活用するためのインフラ整備」と日本銀行は示している。

ファイナンシャル・サービス業界において，情報のデータベースを構築し顧客情報を分析して商品開発の研究を行う取り組みにおいては，相互で個人の情報管理を共有した場合に，別の企業が顧客の情報を知り得た上で顧客対応をした場合の顧客の不快感やデータが利用されることに抵抗感がある情報活用に対し，顧客がどう関心を持つかに留意しなければならないだろう。

2 パーソナルファイナンシャル・サービスにおける保険商品の
　　ビジネスプロセス

（1）生命保険商品のビジネスプロセス

　パーソナルファイナンシャル・サービスには複数の分野にまたがるサービスがあるが，新商品・サービス開発時には図5－5のようなプロセスを経る。その中で保険商品の新商品・新サービスを開発した場合のビジネスプロセスを1つの例としてあげてみる。

　「ビジネス」と「工程」とは，不即不離の関係にあることに着目する。「工程」は，商品もしくは情報サイドからみた考え方であり，人の立場で考えるのが作業といえる。この「工程」を遂行するためには，企業だけでなく従業員や顧客

図5－5　商品開発のビジネスモデル

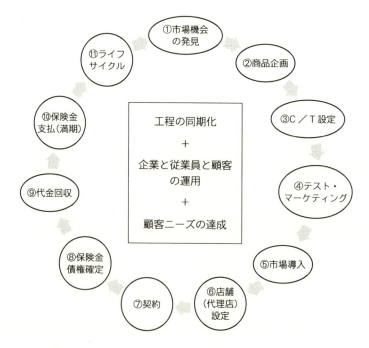

出所：筆者作成。

が係わっている。ビジネスプロセスは，図の①から⑪のように動いていく。すなわち，①ニーズのある市場を見つけて，土台となるモノ・サービスのアイディアをつくる。②アイディアを具体的なモノ・サービスに設計する。③においてサイクルタイム（Cycle Time）を立案するが，これは以後⑦～⑩の流れにおいて，どれだけの加入数と保険料が見込まれるのかによって企業側はどれだけ投資できるかに係わってくる。

　マーケティング・リサーチとそれに基づくアイディアの提出が承認されたら，④テスト・マーケティングを行い，合格したものだけが，⑤市場に導入される。その後，⑥どこで売るか代理店も含めた設定を行う。⑦～⑩においては顧客ニーズによって保険料が変化する場合がある。⑪のライフサイクルでは，さらなる顧客ニーズの獲得のための施策を行い，定期的に見直しを行いつつ，適切な時期に撤退するというライフサイクル管理が行われる。

　パーソナルファイナンシャル・サービスは，特有な媒介性や価値変動性があるため，企業が単にサービスに対して代金回収しただけでは本当の計画は達成したとはいえない。代金回収において住宅ローンは長いもので50年間かかるものもあれば，あるいは結果的には保険金の支払いをせずに契約が満期となる保険もある。それはある意味，顧客ニーズの達成でもあるといえる。したがってこの商品開発のビジネスモデルは，保険という商品の特性から単に企業が計画しサービス設定を行い，代金回収して目標を達成するという構図ではなく，従業員と顧客も含めた人の動きを示し，それぞれの枠内において能力を発揮している。

　上記①～⑥までは，企業の商品開発担当者が中心ではあるが，実際のところ⑦～⑪においては顧客がいないと成り立たない。⑥や⑦の顧客との接点において，優秀なFPが顧客とのリレーションシップを図ったことによって，契約後の毎月の保険料の支払いや日々の生活において健康でいられたことから，大きなトラブルもなく保険という最低保証で過ごすことができたのかもしれない。この関係こそがサービス業におけるサービス・マーケティングのトライアングル（第1章図1－5参照）であろう。

（2）保険料の仕組み

図5－5の商品開発のビジネスモデルにおいては保険を例としてあげた。しかし保険料の仕組みは複雑であり単に価格設定を行い，商品やサービスを売って利益を出すというものではないので，保険料の仕組みについて説明する。なぜなら保険料の仕組みは，サービス・マーケティングにおける価格設定を考えるに当たって重要な内容の1つだからである。

① 保険料算出の原則

保険料算出の原則には，3つの法則があるといわれている。1つ目は，確率論によって生命表から死亡率や災害事故の死亡率を求め，将来の死亡率などを見込んで保険料を算出する大数の法則。2つ目は，契約者が払い込んだ保険料の総額と会社に支払う保険金の総額が等しくなるような保険料を計算する収支相等の原則。3つ目は，給付・反対給付均等の原則であり，これは個々の構成員（被保険者）の保険料負担がその危険に応じて，公正にならなければならないことを意味している。

② 保険料計算の基礎

保険料は，3つの予定率を基礎にして計算される。1つ目は，予定死亡率である。生命表によって各年齢ごとに毎年およそ何人が死亡し，何人生き残るかを予測し，これをもとにして将来の保険金に充てる保険料を計算する死亡率に基づくものである。2つ目は，予定利率である。保険会社は保険料のうち将来の保険金支払いの財源となる部分を運用し，この資産運用から見込まれる収益を予定として，保険料を一定の利率（予定利率）で割引いている。高く見込めばそれだけ保険料を安くすることができる。3つ目は，保険会社は運営上必要な経費が必要となり，さまざまな事業費がかかる。これらを保険料の一部として計算に入れ，その割合を予定事業率と呼んでいる。

③ 保険料の構成

保険料は，純保険料と付加保険料の2つの構成に分かれる。純保険料は，将来保険料を支払うための財源となるものであり，死亡保険金を支払うための財源となる死亡保険料と満期保険金を支払うための財源となる生命保険料からな

り，その計算基礎として予定死亡率と予定利率を使用している。付加保険料は保険制度を維持・管理するための費用をまかなうものであり，その基礎計算として予定事業率を使用している。

（3）保険料算出と家計の消費支出との関係

　上記において保険料の仕組みを説明したが，今日の経済状況において保険料計算や保険料の構成は現在も変わらないものとしても，保険料を算出し，顧客に保険料を提示することについて家計の消費支出の観点から見直さなければならない時代へと突入している。これまで保険は，満期保険金が高ければ高いほど魅力的なものと勘違いされてきた。満期保険金を受け取っても，顧客が受け取った後の具体的な使い道を示していない場合が多い傾向にあった。

　またあるセールスマンがやってきて，話にのせられて次々と契約してしまい，気づいたら多くの保険契約をして，いつのまにか家計の圧迫となっていたというケースはまた，わが国が保険大国といわれる中，少なくとも保険が家計の消費支出に少なからずの影響を与えていたことを示すものである。このようなことから保険商品開発のビジネスプロセスにおいて，企業と顧客がそれぞれ何を追求していけばこれからの時代の真のニーズへと到達することができるのであろうか考える必要がある。

（4）生活シーンに根づいた自動車保険ビジネスプロセス
① 保険商品の本質

　パーソナルファイナンシャル・サービスは媒介性という性質がある。これは保険販売の本質にも当てはまる。例えば自動車保険は，車を所有・使用するに当たって受容できないと予想したリスクを転嫁するための手段が欲しいために購入（加入）するのであって，必ずしも自動車保険という手段に頼る必要はないのである。手段という観点でみると，リスクに対応する手段には「回避」，「低減」，「転嫁」，「受容」の4つがある。もしリスクを確実に回避するほかの現実的な手段があれば，顧客はこれを選択するだろう（河原，2014，p. 15）。

② 自動車の安全性投資と自動車保険の比較

　ハイブリッド車の開発から遅れを取った日産自動車は現在，車の中に安全性システムを搭載した自動化をセールスポイントとして販売の強化を行っている。車間距離をセンサーによって均等に保つシステムや自動的にブレーキがかかるシステム，カメラで車外を写しだす機能，長距離運転をした際の疲労感のアナウンス機能等，車に乗る人に安心かつ安全に運転していられることを同社自動車の特徴としてアピールしている。

　このような安心，安全のための自動化はアクシデントによる人の怪我を回避または低減し，車の破損や故障（車自体のトラブル）を未然に防止することができ，この点で安全性システム，自動化はリスクに対する有効なコントロール手段であるといえる。損失に対するコントロールが高精度で，かつ低コストで可能ということになれば，顧客は自動車保険よりもこれら自動化への投資の方が安いとして，これを選択または優先すべきと判断するであろう。

　現状では車両の安全性に関わる領域は自動車メーカーが主導となっているが，道路環境の整備については行政が中心となっている。こうなると保険会社にとっての競争相手は，ほかの保険会社ではなく，ICT で進化したモノ・コトのすべてと考えることができる（河原，同上書，p.15）。

③ 保険における ICT の活用とリスク情報の商品化

　これまで保険は事故が起こってから使用するイメージがあった。何もなければ保険に入っていることさえ忘れている場合もある。そもそも事故など何かが起こってからは遅いわけで，その意味で今まで保険会社が行ってきた啓蒙活動には限界がきているといえる。

　今日では通信機器 1 つさえあれば，さまざまな情報を得ることができる。今まで 30 分に 1 回しか聞けなかったラジオの交通情報がカーナビに搭載されたセンサーによって随時リアルタイムに情報を得ることができる。ある場所で災害が起こった場合に備えて保険会社が契約者のスマートフォンに，個々の居場所ごとに災害時の避難場所のお知らせや安全サポートをすることでリスク情報の商品化の提供をしている。

欧米保険市場で先行しているテレマティクス保険は，ドライバーの運転行動のデータ分析を行い，スマートフォンの活用で急加速，急ハンドル・ブレーキ，コーナーリングなどの運転の滑らかさなどを測定して，保険契約者により被保険者の安全運転の診断とアドバイスを行うもので，すでに販売されている[1]。実際の運転行動と周辺状況を合わせた情報分析によって，事故・盗難の防止やドライバーの安全運転技術の向上を図り，その成果を個々の保険料に反映させる仕組み（走行距離従量課金型）が取り入れられている。

これは，テレコミュニケーション（通信）とインフォマティクス（情報工学）が融合したテレマティクス技術を用いた走行距離連動型（PAYD：Pay As You Drive）と運転行動連動型（PHYD：Pay How You Drive）の2つのタイプから成り立っている。このような保険会社が取り組むICTの活用とリスク情報の商品化には，顧客の生活シーンにおける品質の向上がうかがえる。

④ 従来のビジネスモデルからの脱却

保険商品もまた契約者である被保険者みずからが生活シーンとなるよう，企業側にはその姿勢とアプローチ力が求められている。1つは，保険代理店を単に保険の販売者として定義するのではなく，顧客を取り巻くモノ・コトに潜むリスクを探知し，これら情報を保険会社・顧客と共有できる仕組みを開発・運営できるパートナーとなるべきである。さらに保険料のあり方にも再考する必要がある。今1つは，現在の業務プロセスは，「設計」，「販売」，「保全」，「支払」という流れであったが，その流れの中に情報提供を加えた顧客視点のライフイベント型で再定義する必要がある（河原，同上書，p.17）。

図5－6は，生活シーンに根づいた保険商品モデルの例を示したものであるが，①現在のビジネスモデルでは，顧客，代理店，保険会社がそれぞれ独立した関係となっており，それぞれの情報は一方通行となっていることが多い。これに対し，②リスク情報を取り入れた生活シーンに根づいた保険商品モデルでは，顧客，代理店，保険会社それぞれが常に向き合いながら，それぞれの持つ情報や技術を共有することによって，保険商品のあり方を考える取り組みが必要となるものである。

図5-6 生活シーンに根づいた保険商品モデル

① 現在のビジネスモデル

② リスク情報を取り入れた生活シーンに根づいた保険商品モデル

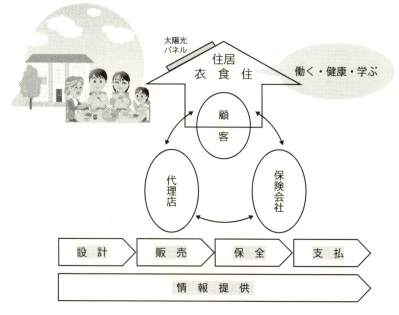

これまで顧客から代理店,保険会社までの関係は縦割りの関係であった。しかしこれからは保険商品の見える化の実現と個々の生活シーンに合った実感・体感型の価値を創造したものでなければならない。代理店や保険会社が提示する説明を顧客も一緒になって実感として触れながら理解することが大切なのである。

5.2 パーソナルファイナンシャル・サービスのコミュニケーション戦略とビジネスプロセスモデル

1 コミュニケーション戦略の計画策定モデル

(1) 伝統的マスコミュニケーションプロセス

「コミュニケーション」という言葉は,マーケティングの観点からみると,簡単にいえば,企業が標的市場へメッセージを送ることができる一連の方法を指しているといえよう。マーケティングコミュニケーション・プロセスは,商品の特別な特徴,ベネフィット,有効性について消費者に伝えたり,消費者に購買させるよう説得することを企てたりすることに関係する共通性として考えられている。しかしながら,コミュニケーションはかなり広範囲に演じる役割を持っていると認識されている。商品に関して消費者の関心を刺激することのほかに,コミュニケーションプロセスは企業がそれ自身を企画する方法,また企業がさまざまな利害集団や株主とともにつくり出そうと努めるイメージやアイデンティティとも関係する。

伝統的コミュニケーションプロセスはまったく単純な直線の状態であるようにみえるが,これは図5-7に示すように,多くの点で単一の企業から多くの聴取者へのメッセージの一方伝達に支配され,かなり集中したマスコミュニケーションとしてみえるだろう。

まずコミュニケーションの主な要素である発信者と受信者が存在する。主なコミュニケーションツールとしてメッセージとメディアがあり,また主なコミュニケーションツール機能としてエンコーディング,デコーディング,反応,

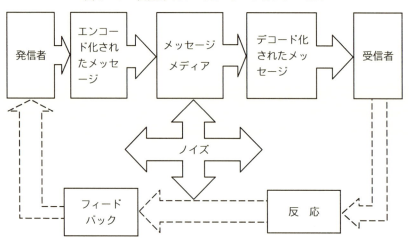

図5-7　伝統的マスコミュニケーションプロセス

出所：Kotler, 2000, 邦訳, p.672.

フィードバックが存在する。そしてノイズがある（Kotler, 2000, 邦訳, p.671）。ノイズとは，メッセージを歪曲するコミュニケーションプロセスにおいて未計画妨害に関連する。コミュニケーションプロセスにおけるノイズの存在は避けられず，歪曲されないメッセージはほとんどないだろう。

　コミュニケーションを理解するために，この直線上のアプローチについて考えることには価値のあることであるが，マーケティングコミュニケーションの要素は，ますますコミュニケーションのチャネル，標的市場および影響者のネットワークに係わってきていると認識することが重要である。異なる消費者グループは異なるメディアを通じてではなく，同じ企業から到達したマーケティングメッセージにさらされる。これらのメッセージがほかの消費者によって影響されるか否かは個々の感覚によるものであろう。

　もちろんこれらのメッセージはテレビや新聞広告，販売資料，Web，スタッフとの相互作用によって増大する。このようなネットワークにおいてマーケティングコミュニケーションは管理，統制されるために，より複雑になり，情報の流れは伝統的マス・コミュニケーションモデルが意味するよりも，より多

様性がある。

　これらの課題があるにもかかわらず，コミュニケーションはマーケティング戦略に不可欠である。企業のレベルでは，その焦点は企業自身のためのコミュニケーションと販売促進活動である。個々の商品やサービスのレベルでは，その焦点は消費者に企業の提供するもの（特徴やベネフィットなど）に気づかせ，商品やサービスが市場においていかに位置づけされるか確実にしようとすることである。

　しかしながら，いかなる形のコミュニケーションも誤解され歪曲されることがある。そこで効果的なコミュニケーション戦略は，企業が提示する明確かつ理路整然としたメッセージを持つことを確実にするための注意深い考えと計画を要求する。このメッセージは，明確，簡潔，正直および信用できるものでなければならない。最終的にはもちろん，いかなる販売促進活動も企業が伝達することができない何かのものを約束しないことが重要である。これは広告基準その他の観点からの法的な規制は別として，供給することができないものを約束することは，消費者を購買時での不満足および将来の消費者の潜在的喪失へと導くであろう。

（2）マーケティングコミュニケーションの要素

　プロモーションキャンペーンには，主に5つのプロモーションツールからなる「手段」（広告，人的販売，セールスプロモーション，パブリックリレーション，ダイレクトマーケティング），選択される「メディア」および伝達される「メッセージ」という3つの核となる要素があるといってよい。これらの要素は標的市場でコミュニケーションするために，ファイナンシャル・プロバイダーによって用いられる。マーケティングコミュニケーションの要素には，「差別化」，「補強」，「通知」，「説得」の4つの要素があり，この頭文字を取ってDRIPと呼ばれる（表5-1）。これらの要素はコミュニケーションプロセスを組み立てることに役立つことが期待される。

　マーケティングコミュニケーションの構成要素は，顧客に対して効率的に行

表5-1 マーケティングコミュニケーションの要素

要　素	内　容
差別化 (Differentiate)	知覚される独自性のある要素をつくり出すため，市場に提供するものを差別化する。
補　強 (Reinforce)	商品またはサービスが提供するベネフィットについて，顧客が安心できるよう補強する。
通　知 (Inform)	顧客に知らせることによって，提供するサービスやその特徴についての認識，知識および理解があることを確実にする。
説　得 (Persuade)	特別な方法で（最も普通に買い物をすることによって），行動するよう顧客を説得する。

出所：Ennew and Waite, 2013, p. 278 により作成。

い，いかなるキャンペーンも効果的であるように確実に管理されなければならない。このような目的もまた，マーケティングコミュニケーションのそれぞれの方法が一貫したメッセージを送り続け，かつマーケティングコミュニケーションがマーケティング・ミックスのほかの要素と並列することが重要である。さらに有効なコミュニケーションを通じて，マス・メディアがきっかけをつくり，顧客とオピニオン・リーダー同士が対面して行う人的コミュニケーションチャネルや顧客同士がSNSやダイレクトメール等を通じて行う非人的コミュニケーションチャネルを組み合わせた双方向性コミュニケーションプロセスは，現代のマーケティング戦略において重要なコミュニケーションツールとなっていることはいうまでもない。

（3）プロモーションキャンペーンの計画策定の諸段階

　プロモーションキャンペーンの計画策定について考える最も簡単な方法は，図5-8に示すように一連の段階として考えることである（以下の説明は，Ennew and Waite, 2013, pp. 279-284 による）。

① 目　標

　目標を明確にすることは，販売促進キャンペーンに含まれるすべてにおいて

第5章 パーソナルファイナンシャル・サービスのマーケティングビジネスプロセスモデル ◎── 207

図5-8 販売促進キャンペーンの計画策定

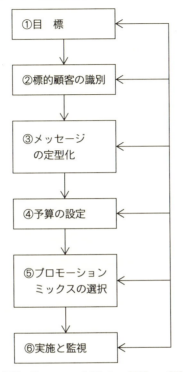

出所：Ennew and Waite, 2013, p. 279.

何を達成しようとしているかを知るために重要なものである。しばしば目標は売上増加の点から述べられるが，ほかの目標は意識を高めること，特別なイメージをつくり出すこと，重要パターンを平準化すること等に係わる。一般に販売促進キャンペーンには，これを下支えする2つの目標タイプがある。1つは「行動」，特に購買行動により多くの焦点を合わせることである。今1つは「態度」，特に考えや感情に強い焦点を集めることである。

• 需要の影響

プロモーションは，サービスまたは一連のサービスのための需要レベルに影響を与えることに向けられる。通常これは，競争者から離れて新しい顧客を引

きつけることを通じて需要レベルを増加すること，既存顧客による使用を増加すること，または顧客紹介を奨励することを意味するだろう。このタイプの販売促進活動は，主に現在または潜在的顧客がどのように行動するかに影響を与えることに関係する。

・企業イメージ

多くの販売促進キャンペーンは，特別の企業イメージをつくり出し維持することに向けられる。このようなキャンペーンはファイナンシャル・サービス部門において特に顕著である。なぜならばファイナンシャル・サービスの特徴は，企業がブランドや評判に特別な注意を払わなければならないからである。この性質を持つキャンペーンは新しいブランドのために意識を構築することに焦点を合わせるかもしれないが，一方で既定ブランドのためには，その目的は積極的な考え，感覚および信頼を開発することに焦点を合わせるであろう。図5－8は，基本的に企業イメージを構築することに焦点を合わせるマーケティングコミュニケーション活動の例を示している。

目標は，可能な限り量で測るべきである。販売促進の目標は売上高または売上高の増加のための標的を明白に記述することである。その代わりにイメージに基づいた目標の場合においては，標的は企業の意識レベルまたは企業に対する態度に基づいて設定されることになる。

② 標的顧客の識別（効果階層モデル）

販売促進計画策定の次の段階は，集団が販売促進活動の標的であるという識別を要求する。すなわちそれら集団がメッセージを受けることになる。これは，特定なサービスのために標的市場を定義すること，または一般公衆を特定することを含むことになるだろう。

しかしながら，知識と企業イメージの意識の点から，消費者とサービスの範囲の間に相違があり，これを認識することも重要である。特に消費者は購買をよく考えるとき，多くの異なる段階を通り抜けているといわれている。その1つの例が AIDMA モデルとして知られている。消費者は，意識（Awareness）してから興味（Interest）を持ち，欲望（Desire）を持ち，記憶（Memory）させ，

最後に行動（Action）するというように動くと想定するものである。これに関連する効果階層モデルは，消費者は6つの段階（意識，知識，連結，選好，確信，購買）を通り抜けると提示する[2]。

標的顧客を定義するプロセスは，消費者が到達することになるAIDMA／効果階層モデルにおける連続の段階をよく考えるべきである。商品の意識をつくり出すことまたは商品に興味を持つことに関する販売促進メッセージと媒体は，購買の欲望をつくり出し，実際の購買を刺激しようとするものとは違うようにみえる。

③　メッセージの定型化

標的顧客を識別した次の段階は，メッセージがどの形をとるかを確立することである。いかなるメッセージも2つの重要な要素に分けることができる。それは，メッセージの内容と形である。

メッセージの内容は，送り主が受け手に伝えたいと望む基本的な考えや情報に関するものである。商品はなぜ異なるのか，提供するベネフィットは何か，さらに消費者に対し利用代替物ではなく，なぜこれを購入すべきか，明確な内容にしなければならない。

いったんメッセージの内容が確立されると，次の段階はこのメッセージがどの形をとるかよく考えることである。広告やコミュニケーション代理店のように自社外からの創造的な参画は重要なものになろうとしている。このプロセスは，標的市場のために最も適する形でメッセージの内容を提示する言葉，音声および視覚のシグナルのうち最も適切な結合を見つけ出すことを含む。これは，あり得る誤解を避けるために暗号化するプロセスで大きな注意を払わなければならないことを意味する。

それと同時に，潜在的消費者が伝達される情報を吸収できるように広告やチラシに注目を引きつけ，十分な興味が継続する形で情報は提示されなければならない。これは，消費者が過去の広告メッセージを飛び越すことができる変化した解読や気軽さを考慮に入れると，ますます主要な課題となる。

④ 予算の設定

　予算は全体として，プロモーションミックスの個々の要素のための後の段階で，販売促進実行のために確立されなければならない。販売促進予算の規模を決定するための厳格なルールはない。同じ広範囲な市場内でさえも，企業は販売促進の支出の点からみて予算設定は非常に大きく異なる。販売促進予算の設定には，以下のようにいくつかの異なるアプローチがある。

・予算可能法

　企業の販売促進の支出は，全体的な企業予算の利用可能である支出に従って決定されるというものである。企業は余裕があると考えるものを基本的に支出する。

・売上高法

　このアプローチは，売上高のある割合（％）として販売促進予算を設定する。これは暗黙のうちに販売促進が売上高を導くのではなく，売上高が販売促進を導くことを意味する。すなわち販売促進予算の規模は，望まれる将来の売上高よりもむしろ，過去の売上高に依存するというものである。

・微分法

　予算は前年の支出の増分として設定する方法である。これは特に中小企業に広く用いられる。しかしながらそれは市場と販売促進支出の間の現実の結合を提供するものではなく，支出レベルを提案する販売促進目標または市場目標を導くものではない。

・競争者対抗法

　このアプローチは，競争手段として販売促進の重要性に焦点を合わせ，競争者の販売促進に対抗して予算設定を課する。

・目標・課題法

　これは販売促進予算の確立のための最も理論的アプローチであるだろうが，多くの計算上の複雑性ゆえに実行することは最も難しいだろう。結果として広く用いられていない。それは明確な計量目標を信頼し，正確な費用がこれら目標を達成するために求められる活動に基づいて計算されることを要求する。予

算はこれらの費用に基づき設定され，そのためマーケティングマネージャーは明示された目標を達成させるべき正確な予算を持つ。

　大多数の研究者は，一般にマーケティング予算，特に販売促進予算は年間費用としてではなく，むしろ投資としてみるべきであると議論する。この投資アプローチ論は多くのマーケティング活動，特に広告は累積的な効果を有し，ブランド構築に重要な役割を与えると論じる。もし販売促進支出の効果が数年を超えてインパクトを持つならば，毎年の基礎として費用に焦点を合わせて予算設定することは間違った方向を導くことになるだろう。

⑤　プロモーションミックスの選択

　販売促進支出の適切なレベルを決定しつつ，プロモーションミックスは企業に利用可能なさまざまな販売促進手段，すなわちプロモーションの諸形態によって割り当てなければならない。このプロモーションミックスは，企業，商品および市場を横断して異なるであろう。一般化することは難しいが，リテール市場ではしばしば，広告，セールスプロモーション，パブリックプロモーション／パブリシティのようなマスコミュニケーションの方法がより多く利用されるが，人的販売（対面販売）は企業顧客にはより重要であろう。

　パーソナルファイナンシャル・サービスにおいては，人的販売はより複雑なファイナンシャル・サービスのために，リテール市場において相当広範囲にわたっている。しかしながらマス形態のコミュニケーションはクレジットカード，当座預金，普通預金のようなあまり複雑でないサービスにおいてもポピュラーなままになっている。

　販売促進の間に高度な代替性があるので，企業はコミュニケーションの異なる方法の強さと弱さをよく考え，特定の商品と市場に最も適した組み合わせを選択しなければならない。

⑥　実施と監視

　いかなる計画においても，最終段階は実施と監視のプロセスに係わる。実施は，課業の配分と時間尺度の明細に関係する。監視は，販売促進キャンペーンの進行の規則正しい評価と変化が必要とされる領域の識別に焦点を合わせる。

多くの企業が直面する問題は，販売促進活動の有効性を測定することが困難であるということである。販売促進の有効性を評価するために用いられるアプローチは，以下のようにいくつかある。

• 事前テスト

事前テストは，選ばれた消費者への販売促進キャンペーンを実演することを含む。彼らの反応に基づいて，キャンペーンの有効性や弱点の除去を行う。しかし，事前テストは有望な有効性を保証するものではなく，多くの成功した広告は事前テストに失敗してきた。

• 事後コマーシャル市場調査

コマーシャル市場調査は，キャンペーンが始まるとすぐにリコールと理解のレベルを測定するために広く用いられてきた。リコールと理解の調査は基礎的なメッセージが標的市場に伝達されているかどうかを表示することができるが，キャンペーンが購買を刺激する点からみてどれほど有効であるかを評価することにはほとんど適切ではない。なぜならば，人々が広告をリコールした，またはサービスに気づき興味を持ったといっているといっても，それはこれを購買するつもりであるということを意味しないからである。

• 統計分析

統計分析は，売上高のレベルにおいて広告のインパクトを評価するのにしばしば用いられる。基本的に，これはキャンペーン前の売上高をキャンペーン後の売上高と比較することを含む。このような調査結果はキャンペーン後の売上高の変化をしばしば引き出すことができるが，キャンペーンが現実に変化を引き起こす原因となったことを説明することは難しい。

このようにキャンペーンを評価することは困難であり，理想的な企業はいくつかの異なる情報源を用い，消費者の詳細な調査を企てることになるであろう。実際，異なる調査形態の費用は，一般またはコマーシャル研究についての信頼および評価における詳細かつ適正な損失の容認をしばしば導くのである。

（4）プロモーションの諸形態

　プロモーションミックスは企業に利用可能なさまざまな販売促進手段，すなわちプロモーションの諸形態によって割り当てなければならないことを前述したが，ファイナンシャル・サービス提供者にとって利用可能な一連の異なる重要なプロモーション手段には以下のものがある。

① 広告

　広告は有料で，サービスの提供に係わる商品やアイディアの非人的提示を含むマスコミュニケーションの形態である。広告は，多くの顧客に対する到達力のコストが効果的であるために，パーソナルファイナンシャル・サービスにおいて最も広く用いられている販売促進手段の1つである。

　しかしながら，パーソナルファイナンシャル・サービスの特徴は広告を開発するとき，いくつかの困難さを示す。既述したようにファイナンシャル・サービスはサービス自体が無形性なので，広告でサービスを示すことはほとんどない。その上，顧客は購買の決定をするのに大量の情報をしばしば求めるが，多くの形態の広告はこの情報を利用可能にするのにまったく効果的でない。

　ファイナンシャル・サービスの広告は，ミスリードされる可能性があるため，多くの国で注意深く統制されている。商品の複雑性と制限された顧客関心の組み合わせは，創造的提示のいくつかの形態がミスリードされることがあることを意味する。

　広告は多くの形態をとり，ファイナンシャル・サービス組織によって用いられる広告のタイプは定まった目標および標的顧客の性質によって影響される。広告のタイプがたとえどのように用いられるとしても，サービスをより触知できるようにするために，また顧客が知覚するリスクを減少するために，一層透明であり，信頼と信任を構築するために特別な注意を払わなければならない。

② 人的販売

　人的販売は，ファイナンシャル・マーケティングにおいて果たすべき二重の役割を持つ。それは流通チャネルであり，またコミュニケーションの手法である。人的販売は企業向け市場において最も一般的であるが，パーソナルファイ

ナンシャル・サービスにおいても広く用いられる。コミュニケーションの形態として，人的販売の主要なベネフィットの1つは，顧客から企業への即時的フィードバックがあるということである。ほかの形態のコミュニケーションは1方向であるのに対し，人的販売は2方向（双方向）であるといえる。

このように人的販売はプロモーションの価値を示す効果的な形態であるが，それはまた，かなりの費用のかかるものである。費用がかかると同時に，それは管理することが難しいプロモーション形態でもある。実演販売や販売会を行ったとしてもファイナンシャル・サービスそのものを具体的に説明することは難しい。またそのサンプルは手に取って感じるものではないので，実際のところは過去の事例や既存顧客からのインタビューを直接公開をすることやこれらをまとめたパンフを渡すことになるだろう。そこでいくつかの企業はテクノロジーの使用を通じて人的販売の費用の管理をしようとしている。アバター（仮想現実における自分の分身）技術は，バーチャル顧客サービス代理人やアドバイザーをつくり出すために用いられる。

③　パブリックプロモーション／パブリシティ

パブリシティは，通常無料で行われる非人的コミュニケーションの形態として定義される。広告と同じようにマス顧客を対象とする。パブリシティが無料であるのに対し，パブリックリレーションは有料である。

パブリシティは，企業に多くのベネフィットを提供する。パブリシティは多くの顧客へアクセスすることができ，そのメッセージは高度の信頼を持つと考えられている。しかしながら，それは最終的な提示や企業についての情報のタイミングがテレビ，新聞，新しいオンラインプロバイダーのようなメディアによって編集されるので，実行し統制することがより難しい形態のプロモーションの1つでもある。

伝統的に，パブリシティやパブリックリレーションは正規で有益なプレスリリースをつくり出し，ジャーナリストとの良好な関係を構築するのに集中しているようにみえる。したがってその重要性は過小評価されているが，広告スペースやコスト負担の面からパブリシティの重要性は増加しつつあるといえるだろう。

④ セールスプロモーション

　ファイナンシャル・サービスにおけるセールスプロモーションは，販売促進のデマンドプル（需要拡大）手法であると，通常説明されている。デマンドプルの販売促進は，商品購入の直接的な誘因を消費者に与えることと係わる。セールスプロモーションで利用可能なテクニックは多様であるが，最もポピュラーなものは，サービスと結びついたベネフィット，値引き，競争，クーポンなどである。しかし，パーソナルファイナンシャル・サービスおいて，サービスと結びついたベネフィットについては顧客がサービスを購入した次回以降も上乗せすることはできる。

　値引きやクーポン制度は，インターネット販売からの成約した場合の割引や来店の際にパンフ等を持参した場合は初回相談料無料など，初回時や何か付随したサービスについて行われる傾向にあるが，直接ファイナンシャル・サービスおいて行うことは困難であろう。

⑤ ダイレクトマーケティング

　ダイレクトマーケティングは，購入，紹介，またはほかの関連する行動を刺激する目的で行う企業から現在または将来の顧客へのコミュニケーションを含む。

　ダイレクトメールとダイレクトレスポンス広告の特別の有利さは，最終的な購買決定をするのに必要な多くの詳細事項を顧客に提供する可能性を持っているということである。したがってこれら広告手法はAIDMA／効果階層モデルにおける最終段階（購買行動）で働かせるのにより効果的であるだろう。しかしながら，ダイレクトメールの能力は企業が良質であり，正確で最新の顧客データベースを持っていることに大きく依存する。これは，多くのファイナンシャル・サービス組織にとって問題を提示するかもしれない。

　ファイナンシャル・サービスにおいてプロモーションの重要性は増している。ファイナンシャル・サービス市場は，時代の急速な変化を経験してから市場内の競争レベルは増加している。業界内では標的顧客領域に多様な商品とブランドメッセージを伝えるためにかなりの費用を費やしている。プロモーション活

動は計画実行され，そして組織のマーケティング活動と一致していることが重要である。

2　新しいコミュニケーションツール

（1）マーケティングコミュニケーションとデジタルツール

　近年，マーケティングコミュニケーションを管理するために用いられたチャネルと技法においてかなりの変化がみられた。ここでは顧客との相互作用を管理するために用いられるマーケティングコミュニケーションとデジタルツールの新しいアプローチに焦点をあてて述べる（以下の説明は，Ennew and Waite, 2013, pp. 293-297 による）。

　ファイナンシャルサービスマーケターによって用いられた手段と際立った特徴に関し，特に近年におけるスマートフォンの開発と広範囲な浸透は，モバイル技術に対するマーケティングコミュニケーションがますますマーケティングの重要な要素になってきていることを意味している。

　モバイルでの検索行動は，デスクトップと異なっている。すなわちモバイルでの検索はパソコンでの検索よりもより多くキーワードを使う傾向にあり，これらの検索用語はユーザーが探そうとする特別なアイディアを持ちながら，よりタイムリーで明確である。これはユーザーニーズに即座に適合し，彼らをモバイルに向ける大きな結果となる。調査によるとスマートフォンユーザーの26％は，もしウェブサイトが彼らの装置にとって最適化しており，かつ使うことが簡単ならば，より頻繁に商品やサービスを購入するだろうと示している。

　共通の例をあげると新車を購入するとき，消費者は購入予定の車のために保険料をチェックすることを望むだろう。もし検索がモバイル装置に実行されても，ユーザーがそのサイトのデスクトップ版に向けられるのならば，顧客体験は，大部分のデスクトップによって映し出されたサイトがスマートフォンよりもディスプレイが劣り，みすぼらしいものとなるであろう。旅行傷害保険は，時には事前に旅行の始めに買われるが，普通は最後の数分で買われる商品である。この購入手配がそのようなモバイル装置で最適化されることを確実にする

第5章 パーソナルファイナンシャル・サービスのマーケティングビジネスプロセスモデル　◎── 217

ために，実際のニーズを再びハイライトさせながら，このような最後の数分の購入がモバイル装置を使うことによってますます頻繁に起こるであろう。

　モバイルソリューションは簡単であることを必要とし，アプリケーションや素早い活用のために適切なコンテンツ活用を促進し，AISAS モデルによるサーチとシェアを満たす形を最低限要求する。電話番号は重要であり，ビジネスはモバイルの友好的なバージョンが届く範囲を制限することなく，すべてのモバイル装置を越えて利用可能であることを確実にすべきである。モバイルソリューションをデザインするとき，これらの要素を心にとどめておくことは，活用を断念する傾向を減少し，競争者とともにソリューションを求めることであろう。

　Apps（アプス）の開発は，ますます積極的な顧客経験を確実にする手段を提供する。なぜならば，インターフェイスは特別な装置のために仕立てられ，マーケティングコミュニケーションは適切に仕立てられていることができるからである。NatWest の簡単使用 iPad app（アプリケーションソフト）は，オンラインサービスを使用する顧客数の増加を確実にするのに役立った。West Pac の 'Big Red Button'（大きな赤いボタン）は革新的な衝撃節約アプリケーションソフトである。ユーザーは彼らの iPhone で大きな Big Red Button を簡単に押すことによって衝撃を節約できる。おもしろいことに，この販売促進とほかの多くの同様な apps は，伝統的なメディアに依然としてかなりの信頼を寄せている。そこで現代における新しいコミュニケーションの例を示すと，以下のように提示することができる。

（2）デジタルツールコミュニケーションツールの例
　エニュー & ウェイト（Ennew and Waite, 2013, pp. 294-296）はデジタルコミュニケーションツールの例を一覧表にしてまとめているが，ここではその一部を抜粋して，各ツールのいくつかの特徴等を説明する。
　（E メール）
　・早く簡単な流通を提供する。
　・販売機会を横断し，売上を上げるのに理想的である。

- 即時的な反応を促進する。
- バーチャルキャンペーンを共有し，ブログ，フォーラム，コミュニティおよびウェブサイトの情報量を動かすのに理想的である。

（A/B多変量テスト）
- 異なる創造的試験とメッセージが顧客ニーズに特別仕立てられた市場の異なるセグメント保有提案への機会を提供する。
- 作業コストが低い。
- 異なるメッセージやイメージをテストできる。
- ユーザーの行動に詳細な洞察と行動を遂行するために，何が動機を与えるか提供する。

（モバイルウェブサイト＆Appマーケティング）
- 速い引用ツールに基づく購入のために理想的なメディアを提供する。
- ブランド関与を推奨するための接近しやすさを維持する。
- いつも利用可能であるとしてユーザーの利便性を増やす。

（SMSモバイルマーケティング）
- SMS広告マーケティングは安くかつ簡単に測定できる。
- ユーザーの訪問に依存するよりもむしろプッシュの機会を提供する。

（QRコード）
- 速い反応を促進する。
- キャンペーンの詳細が途中で変わった時，増刷コストの必要を取り除く。
- QRコードはオフラインコミュニケーションサクセスをただちに示すので，即時な情報を提供する。

（ソーシャルメディア）
- オンラインでブランドの存在を増加する。
- 会社の新聞報道とバーチャル活動のために簡単な市場ルートを提供する。
- ソーシャルメディア監視は，ソリューションを与えるために顧客の直線的洞察を得るための機会を提供する。

（オンライン顧客サービス）
- ライブチャット機能は即時なオンライン反応を提供する。
- オンライン iFags はダイナミックであり独特である。
- 効果的な問題解決や購入方法のアドバイスを通じて変換プロセスを援助する。

（バーチャルマーケティング）
- 理想的には口コミ機会である。
- 幅広いデジタル保有戦略に容易に統合される。
- 顧客をブランドで引きつける。

（連携広告）
- 商品を市場に売り出すための幅広いアリーナ（競技場や野球場）を提供する。
- 実施して動かすのにコストは低い。
- 顧客を検索するために時間を費やすことなく，販売を勝ち取る機会を提供する。

（ディスプレイ広告）
- 特定の顧客へ高度に標的とすることができる。
- 高度に追跡することができ，また変換を最適化するためにテストをする。
- ブランド意識を高め，ウェブに映し出すことによりブランドイメージを促進するためには理想的である。

（ナチュラル検索)3)
- 外部と同じように家の中で行うことができるので，比較的コストが低い。
- ウェブサイトは第3者の妨害がなく，その内容とランキング情報において完全なコントロールを保つ。
- 高いランキングはブランド意識を増大し，ブランド信用性に肯定的な効果を持つ。

（ペイド検索)4)
- 実行するのが簡単で速い。
- リスト化での保障された可視性の点から信頼できる。

・SEO（Search Engine Optimization：検索エンジンの最適化）のように変動を受けやすくなく，安定した広告である。

以上，デジタルコミュニケーションツールの例を説明した。設置例をみると，街中にある広告看板やレストランのメニュー表とテーブルに置いてある広告立てのほとんどには，その広告企業へとアクセスできるQRコードが備えつけられている。マクドナルドはハンバーガーの包み紙にQRコードを印刷し，顧客がQRコードを利用することにより各ハンバーガーの栄養素等の情報が得られるようになっている。

連携広告を幅広いアリーナ（競技場や野球場）で行った場合は，ディスプレイ広告と組み合わせた手法が主流となっている。さらに広告内に検索キーワードを載せ，手元ですぐに情報が手に入るような戦略を図っている。このように，新しいコミュニケーションツールを組み合わせることによって，効果的なコミュニケーションミックス戦略を策定することが求められる。

5.3 パーソナルファイナンシャル・サービスにおけるチャネル対象とビジネスプロセスモデル

1 パーソナルファイナンシャル・サービスのマーケティング・チャネルの役割と仕組み

マーケティング・チャネルは，商品やサービスを生産者から消費者へ移転する経路の役割を果たす。それによって商品やサービスと，それを求める人々を隔てる時間，場所，所有の懸隔が解消される。マーケティング・チャネルのメンバーは多くの重要な機能を果たしているが，そのいくつかの機能として，「価格やその他の条件について合意にこぎつけ，所有権や占有権の譲渡を達成する。」，「チャネル業務を行う上のリスクを引き受ける。」，「銀行やその他の金融機関によって買い手の支払いを助ける。」，「組織，個人間における実際の所有権譲渡を監督する。」とコトラーは述べているが（Kotler, 2000, 邦訳, pp.603-604），これはパーソナルファイナンシャル・サービスにおけるチャネル戦略に

も当てはまる。

　ライフプランにおいて，個々人が希望する時間，場所，所有を確保する1つの方法としてパーソナルファイナンシャル・サービスを利用する。特に「銀行やその他の金融機関によって買い手の支払いを助ける。」については，パーソナルファイナンシャル・サービス全般についていえることである。本節ではパーソナルファイナンシャル・サービスの1つである保険商品と教育サービスを取り上げ，保険加入チャネルの変化と教育サービスのチャネル形態の仕組み，さらに教育資金のニーズとその支払いの流れの関係についてチャネル化したビジネスプロセスを説明する。

2　インターネット販売チャネル選択における保険会社の取り組み

（1）保険加入チャネルの変化

　わが国における保険販売のチャネルは，大きく分けると代理店，コールセンター，インターネット販売（ネット販売）が主流である。中でもネット販売は近年において価格の安さなどから，ネット販売による加入は増加傾向にある。しかし，インターネットを利用する大半の人はインターネットにより情報を下調べしているにもかかわらず，すべての購入プロセスをインターネットで完結させていない。

　ネット販売を阻害しているのは，販売側の業務プロセスやコンプライアンス規則，その他法的問題などであり，必ずしも利用者の問題ではない。消費者はどのような要因から保険チャネルを選択し，保険会社サイドは今後どのようなチャネルを通じて消費者に保険サービスを提供していくのかという問題は，消費者の保険ニーズの充足度や保険市場の効率性を大きく左右する重要な研究課題でもある。

　現在において大半の消費者は保険購入を代理店チャネルで行っている。生保（生命保険）または損保（損害保険）は，インターネットで保険料試算を行っているにもかかわらず，契約は代理店で結ぶケースがほとんどである。こうした顧客属性にはどのような保険加入行動とニーズおよび特徴があるのだろうか分

析する必要がある。

(2) 生命保険における保険加入行動とニーズ

　生命保険に関し，生命保険文化センター「平成24年度　生命保険に関する全国実態調査」の調査結果から考察すると，消費者の保険加入行動については，死亡保障ニーズの減少，ガン保険や介護保険などの生存保障ニーズの増加，家計の保険料（掛金）負担余力の低下などが指摘されている。中でも家計の保険料（掛金）負担余力の低下，死亡保障から生存保障へのシフトという傾向としては，第1に長引く景気低迷，非正規・無職等の増加により，若者を中心に低所得者が増加し，保険料の負担余力が低下している影響によること，第2に，単身・未婚の増加と長寿化の影響により，万が一の場合に死亡保険金を残したいというニーズそのものが小さくなっていること，その他生活習慣病などいろいろな病気にかかる可能性が増え，ガン保険や介護保険などの生存保障ニーズが増大していることが考えられる（佐々木，2014, pp.38-39）。

　生存保障ニーズの増加傾向という変化とネット情報の煩わしさも相まって，消費者にはいまだに保険商品は複雑であるというイメージが強いかもしれない。保険知識をあまり持っていない人ほどみずから購入決定を下すことに不安を持つため，民間保険会社の社会的認知度を頼りにする傾向があるのだろう。民間保険会社の社会的認知度を重視するほど，ネット販売を選択する余地は少なくなるだろう。

(3) 損害保険における保険加入行動とニーズ

　損害保険においては，調査会社comScoreがインターネットユーザー2,000人を対象とした自動車保険購入動向調査によると，代理店のシェアが高く，購買チャネルの選択理由をみてみると，将来的にオンラインで購入する見込みがないと回答した人の66%が「人と話したり会ったりしたい」，同26%が「保険はオンラインで購入するには複雑すぎる」とその理由をあげている。

　損害保険は生命保険と同様，手に取ることのできない「契約」という形式の

保険商品であり、保険商品が複雑なものになればなるほど、顧客側は保険商品を理解したり、比較することが困難となる。こうした保険商品の特性から、自分だけで判断・選択するのではなく、専門家のアドバイスをもらってから購入したいという人は依然として多く存在する。

一方、自動車保険を代理店で購入しなかった人たちがほかのチャネルを選択した理由にオンラインやフリーダイヤルの24時間対応の利便性や速さをあげ、評価されている（池田、2011、p.5）。

（4）ネット生保の顧客属性
① ライフネット生命株式会社の顧客属性[5]

代理店の営業マンとの対面による接触を求めず、みずから能動的にインターネット経由で生命保険に加入するのはどのような顧客層であろうか。ライフネット生命株式会社（本社：東京都千代田区）が調査した自社商品契約者を対象とした新規契約による顧客属性を考察してみると、まず年齢分布は20歳代が25%、30歳代が54%、合計79%となっており[6]、全社平均の41%と比べると若年層に偏重している[7]。

しかし、ネット証券においては金融資産を多く保有する50、60歳代の利用層が若年層並みの比重を占めており、必要であれば中高年層もインターネットを活用している[8]。ライフネット生命は若年層に訴求するような価格設定やマーケティング戦略に取り組む会社のスタンスをとっており、またインターネットを中心に若年層が好む媒体に重きをおいたプロモーション活動を行っている。

これに加えて、いったん加入すると乗換がしづらいという長期契約である生命保険商品の特性から、ネット生保契約者に若年層が多い理由があると考える。しかし、一般に生命保険契約については、「解約すると損」と理解されていることから、既契約を継続するか新規契約に乗り換えるかを客観的に評価することが必ずしも容易でないこともある。新しいネット生保は長期間にわたって生命保険に契約してきた中高年層よりも、これから新規で加入する若年層に受け入れやすい形となっている。

次に顧客の地理的分布については，いわゆる都市部に居住する契約者が75％であり9)，全社平均の55%に対しても高い割合を示している。その理由はそもそも都市部において若年層の割合が高いこと，また一般的に新しい商品が流行するのは都市部の方が早い傾向があるからである。都市部に比べて地方の方は一般的に営業職員と顧客の結びつきが強いことも影響していると分析している。

さらにネット加入の利便性については，ネット生保の時間帯別申込み数を調べたところ，夜の9時を過ぎると利用者が大幅に増え，翌午前1時までの申し込みが活発化している。すなわち，日中に生命保険の営業職員と対面するより，仕事が終わって帰宅した後，自分のペースで情報収集を行い，商品検討を進めたいという顧客層が増えているのである。これには対面型営業のビジネスモデルでは充足されてこなかった若年層のニーズと時間的制約の中で，情報収集から購入まで行う意思決定とネット加入の利便性を表しているといえよう。

② 顧客属性の転換―保険に関する顧客の心理タイプ

IBM IBV (Institute for Business Value) が，2010年にスイスのザンクト・ガレン大学保健経済研究所と共同で，世界20カ国の消費者・生活者21,700名を対象に行った保険に関する調査研究「顧客接点の高度化～従来型チャネル戦略からの変革～」では，保険に関する顧客の心理タイプを次の6つのパターン（セグメント）に分類している。

1つ目は，自分のことを明かしたくない個人主義で，高いセキュリティに価値を見出すタイプである「セキュリティ重視の個人主義」タイプ。2つ目は，いろいろなことを聞いて納得できると，安心・信頼が生まれる「要求の多い支援追求」タイプ。3つ目は，自分がよいと信じている保険は変わらず続けている高いロイヤルティを持った「忠誠心が強い品質追求」タイプ。4つ目は，保険は最低限ついていて，しかも安いことが重要と考える「価格重視の必要最低限追求」タイプ。5つ目は，よくわからないので基本的にお任せする「支援追求で疑い深い」タイプ。最後に，よく調べて自分にとってベストフィットの保険を選ぶ「情報に通じた最適主義」タイプがあるというように分類している。

ただし，顧客はいつもこの心理タイプに収まっているわけではなく，何らかのファクターやライフイベントなどに遭遇すると，異なる心理タイプに移動したりする。このようなことも作用することから，日本の保険会社では顧客セグメンテーションに否定的な見方があるのは事実である。しかしIBMでは，欧州保険市場において，顧客セグメンテーションと顧客の行動変容の情報を分析して構築した予測モデルをもとに，顧客の維持・獲得に成功している保険会社をここ数年多数みてきており，顧客の心理タイプのより親切に説明するための重要性を認識している（高橋ほか，2013，pp. 93-94）。

（5）オムニチャネル化の進展
① マルチチャネルの現状
　もともと保険会社は，商品や顧客基盤の地理的な集中度合いや販売体制など自社の特徴に合わせて1つの販売チャネルを選択していたが，1990年代ごろから販売チャネルを追加することによって，そのチャネルを通じた対象マーケットの多様化や顧客基盤の拡大を目指してきた。顧客層によっては専属代理店を高く評価する人々がいる一方で，独立代理店の保険会社からの独立性や選択肢の多さに大きな価値を感じる人々も多い（図5－9）（池田，2011，p. 5）。
　保険購入には代理店チャネル，ダイレクトチャネル双方において，それぞれの顧客の立場からみたメリットが存在するが，今でも代理店チャネルのシェアは圧倒的で高い。若年層を中心に携帯電話やパソコン，モバイル等の情報機器の操作に慣れている人ほど保険購入の便利性が高まっている。したがって将来的に商品のコモディディ化が進み，簡易な操作で購入まで行い，ネットで購入する可能性が増えるのであれば，ネット販売の市場シェアが増加する余地はあるだろう。しかし，現状のシェアや保険商品の特性を考えた場合，販売チャネルとしての代理店の優位性は当面ゆるがないと考えられる。
　このような状況を踏まえ，「顧客の知らない顧客の問題の解決方法を示す」という経営上の特徴を有する代理店が本来持つ保険の専門家としての価値を高めることで，保険会社および代理店双方にとって差別化要素としていくことも

図5-9 従来のマルチチャネルイメージ

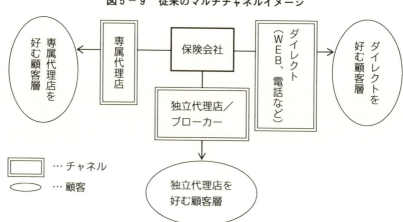

備考：特定の顧客層にアクセスするために，それに適したチャネルを選択・追加する＝チャネル中心。
出所：池田，2011，p.6。

期待される（池田，同上書，p.6，p.15）。消費者にとってみれば，どの保険商品に加入するかを決定することに加えて，どの販売チャネルから保険商品を最適に選択するかという意思決定も非常に重要になっている。

② マルチチャネルからオムニチャネルへ

従来のマルチチャネルは，図5-9に示したように顧客に対しおのおの個別に対応してきた。しかし，それは，複数の販売チャネル接点を用意しただけに過ぎない。購入過程の流れは，複数の販売チャネルの多様化からクロスチャネルへと移っていったが，顧客にとってみれば商品の情報収集から購入過程までのチャネルの選択肢が増えただけであって，利便性はあるものの保険会社が有する各チャネルのシェアが拡大するには至っていない。企業側は，チャネル横断の顧客管理ができておらずマーケティング戦略において競争が激化していく一方であった。クロスチャネルは，顧客の購買意欲を意識したチャネル戦略よりも商品やサービスを中心とした企業側の販売管理の構成をチャネル化した戦略とみられていた。

顧客にとってみれば，問題意識から購入後の行動までスムースにチャネル間を移動して何のストレスもなく購買までたどり着けることが重要である。オンライン上で自身の契約内容にリアルタイムでアクセスをして，何かあればコールセンターやSNSを含む複数のインタラクションを通じて保険会社とつながることが望ましいと考えている。そして企業側としては複数のチャネル間を移動する顧客が残した情報や既存契約の情報を一元管理し，チャネル共通で活用できる詳細な顧客情報データベースを再構築することである。このためには顧客と企業との間に存在していた商品とチャネル間の縦の関係をシームレスな形で連携を行い，すべての販売チャネルを統合させ，顧客に最も合う形で問題意識から購入後の行動までを再構築する戦略が必要となってきている。

企業側としては個々が持っているチャネル間を何らかの方法で統合させ，将来的な購入についての情報を集めるさまざまな方法を顧客に提供し，顧客は複数のチャネル間を移動して自分の都合のよいチャネルで契約をする。チャネル間を自由に行き来することで購買視点は企業から顧客側へと転換している。これには直営店または代理店とほかのチャネルが情報や見込み客を共有し協働していくことも想定されており，顧客が利用した試算データの把握や情報分析，コールセンター活動の情報を，店側やコールセンターの販売担当者がリアルタイムで活用できるようにすることによりチャネル共通で顧客情報を蓄積・活用できるメリットを有する。

オムニチャネルを可能とさせたのはモバイル通信によるスマートフォン，タブレットPC等の携帯端末の普及である。これらは消費者の購入過程と販売店との顧客接点を大きく変化させた。今日においては，携帯端末を所有している人の個々の日常生活において手放せないものとなっている。またICTによって情報管理が一括してできるようになったことも1つの要因としてあげられる。

しかし一方で，情報化の時代において個人情報やプライバシー保護はどうあるべきか検討する必要がある。オムニチャネルによって得るデータ情報はますます増加していくであろう。データを収集する側は個人のプライバシーまで探るようなことはしてはならない。保険会社はいつでも顧客が望む手段で顧客の

要望に応え，信頼できる適切なデータを用いて対応することが求められている。

図5－10は，保険会社を基としたオムニチャネルのイメージを示したものであるが，このチャネルは保険会社のみならず，金融機関においても同様のチャネル構築が求められている。顧客の金融機関とのチャネル別取引の現状については後述するが，シームレスな提携をより強化するために顧客の接点を強化し，収集する顧客情報を最大化して情報を分析し，それに基づいて顧客一人一人に最適な提案と相談対応をすることにより，顧客の取引活性化とロイヤルティ向上へとつながるのである。

図5－10　保険会社を基としたオムニチャネルのイメージ

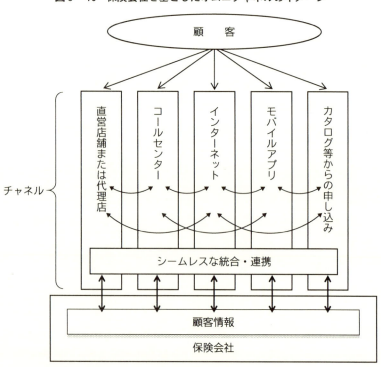

出所：池田，2011，p.17を一部加工。

③ シームレス連携に対応したマルチチャネルマーケティングシステム

　沖電気工業株式会社（本社：東京都港区）は，顧客コンタクトチャネルの充実とそれらのチャネルを統合・連携させた顧客情報を活用できるチャネル連携ソリューション『ChannelNavigator® 2.0（チャネルナビゲータ2.0）』を2009年に開発し，金融機関向けに提供している。この情報システムの導入により各チャネルシステムを連携させることより，イベントベースト・マーケティング手法による顧客接点であるチャネルのさらなる質の強化とリレーションシップの強化，適切なプロモーションが可能となる[10]。チャネル連携におけるChannelNavigator® 2.0の位置づけは図5-11の通りである。

　具体的には，顧客のライフステージやライフスタイル，行動心理，ニーズなどをとらえ，それらの変化の様子や時期，理由を把握することにより，さらにまた変化に合わせた商品を提供することによって，長期的なリレーションシップの維持や発展が可能になるとしている。顧客のライフスタイルに応じてチャネルを有効活用し，連携させてサービスを提供する。今日において顧客の金融商品ニーズと発生タイミングをとらえることは難しい課題であるが，顧客の行動パターンと商品ニーズの関係を把握するといった新たなアプローチ方法をとることによって，シームレスな統合・連携させるシステムが顧客ニーズのコンテンツ内容や表示頻度，提供タイミングなどを自動的にコントロールし，顧客

図5-11　チャネル連携における ChannelNavigator® 2.0 の位置づけ

```
┌─────┐ ┌─────┐ ┌─────┐ ┌─────┐ ┌─────┐  ┐ コ
│ ATM │ │遠隔相談│ │コール │ │インター│ │営業店│  │ ンチ
│     │ │     │ │センター│ │ネット，│ │窓口端末│ ├ タャ
│     │ │     │ │     │ │モバイル│ │     │  │ クネ
└─────┘ └─────┘ └─────┘ └─────┘ └─────┘  ┘ トル

┌───────────────────────────────────────┐  ┐
│シームレスな統合・連携 → ChannelNavigator® 2.0 システムの導入│ │ サ
└───────────────────────────────────────┘ ├ ー部
┌───────────────────────────────────────┐  │ バ
│        顧客情報（データベース）MCIF              │ │
└───────────────────────────────────────┘  ┘
```

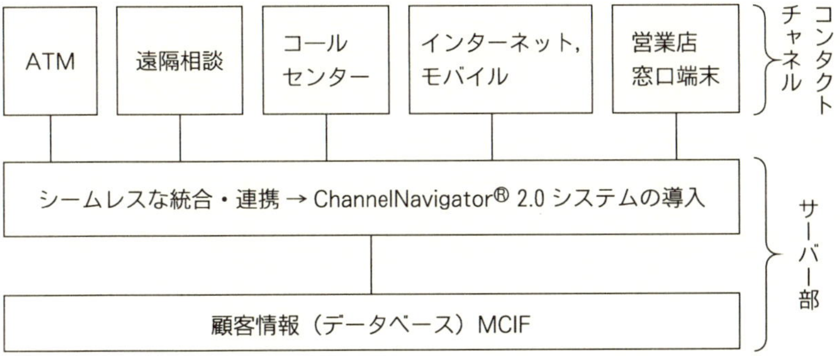

出所：石川・牛尾，2008，p.37。

に良質な顧客経験価値を提供することができる（石川・牛尾，2008，pp. 34-35）。

　今日における顧客の金融商品ニーズと発生タイミングをとらえることが難しい課題に対し，図5－11では，イベントベースト・マーケティングという手法が取り入れられている。すでに日本でも導入されており実用化している。顧客は，これまで銀行員や販売員との関係により銀行や保険会社を評価してきた。しかし，マルチチャネルの台頭によって，このような関係は減少または消滅し，代わりにサービスの利便性，チャネルの効率性，商品の運用成績や価格で評価するようになってしまっている（川本，2006，p. 32）。これまでの関係と代わりに取ってしまった評価を統合させるには，顧客との新たなリレーションシップモデル構築が必要となる。

　またパーソナルファイナンシャル・マーケティングビジネスモデルの構築に際して，今日のSNS社会の進展による生活者購買行動の多次元化を前提にすると，AISASモデルで示されたように生活者への情報提供の在り方（コミュニケーション戦略モデルとして）は，インタラクティブ（相互作用）とその汎用的活用が求められている。それと同時に購買時点チャネルとしてオムニチャネル化による情報提供拠点，購買時点拠点，アフターフォロー，活用支援を含めたサポート拠点，適宜運用拠点等々，パーソナルファイナンシャル・サービスのJust in Time化（いつでも・どこでもニーズが発生時点での即応性）が求められる。これらのビジネスモデルとしてオムニチャネル化モデルの中のシームレスな統合・評価の必然性が提案されている。またチャネル連携におけるチャネルナビゲーターモデルの活用も示唆している。

3　教育サービス提供業者におけるマーケティング・チャネルの流れ

　コトラー（Kotler）（2000）は，有形製品やサービスを販売する製造業者の流れとしてフォークリフト・トラックマーケティングにおける5つの流れを示している。このマーケティング・チャネルの流れの考え方を応用し，これを教育サービス提供業者に置き換えて図5－12のように5つのマーケティング・チャネルの流れを示してみる。

図5−12 教育サービス提供業者におけるマーケティング・チャネルの流れ

1. 取引チャネル

2. サービス商品の流れ(場所)

3. 代金支払いの流れ(授業料)

① 全額一括現金払いの場合

② ローンによる支払(クレジットカード含む)

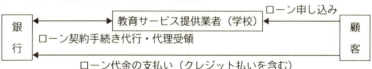

③ 政府による補助金等(雇用保険からの教育給付制度)

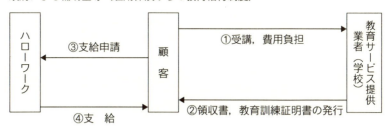

4. 情報の流れ

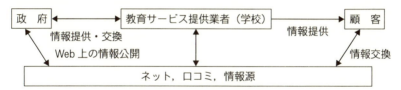

5．プロモーションの流れ

備考：③政府による補助金等（雇用保険からの教育給付制度）は厚生労働省資料により一部加工。
出所：筆者作成。

マーケティング・チャネルの考察において，問題なのは多様なチャネル機能が必要かどうかではなく（多様なチャネル機能は不可欠である），むしろ誰がそれを行うかということである。すべてのチャネル機能には3つの共通要素がある。1つ目は少ない資源を使いこなせること，2つ目は専門家によって機能を高められること，3つ目はチャネル・メンバー間でのシフトが可能であることである（Kotler, 2000, 邦訳, p.604）。

　教育サービスの取引チャネルは，教育サービス提供業者（学校）と顧客の関係が主である。さらに細かくいうと，それはサービス業におけるサービス・マーケティングのトライアングルの関係であるといえる[11]。サービス商品について，先生（講師）みずからがサービス商品の説明を顧客に直接営業することや代金の回収を行うことはない。サービスを直接提供する講師と顧客の関係をインタラクティブ・マーケティングとすると，実際顧客がサービス内容の説明を受け代金を支払うことはサービス提供業者と顧客との関係であるからエクスターナル・マーケティングだといえる。企業は従業員に対して教育することはインターナル・マーケティングであり，この中心的領域は3つのタイプの相互作用である。

　教育資金はライフプランにおける3大資金の1つである。教育ローンはパーソナルファイナンシャル・サービスの1つである。教育ローンもまた住宅ローンや自動車ローンと同様にローン自体そのものを欲しいわけではなく，教育費を投資することにより自分の子供の成長を促すことやみずからの知識や技能，態度を身につけることによって将来への夢の実現または活躍の場を求めて教育

への投資を行うものである。

　これまでは教育資金というと子供の教育費というイメージが強かったが，終身雇用崩壊の傾向から社会人になっても転職先ステップアップのために資格取得やみずからの自己形成の場を設けるため大人になっても教育費の捻出をすることが当たり前となってきている。したがって教育費の捻出は今までの子供を対象とした教育費だけでなく，会社による福利厚生制度や社会保険（雇用保険）からの給付も教育資金におけるパーソナルファイナンシャル・サービスの領域に入ってくるものである。そしてその教育資金の使い道は個々によってさまざまなチャネルへと移っていくものだといえる。

　特に教育費はパッケージ化された部分が多く，法人経営においては利用回数や紹介制度によって多少の割引はあるが，八百屋のようにその場で値段をまけてくれるような行為は行わない。文部科学省が行った2012年度の大学や短大，高等専門学校を中退した主な理由を調査したところ，約8万人のうち2割が経済的理由で学校を辞めていることから，文部科学省は無利子の奨学金拡充などの対策強化を進めている。また学校側においても学生から学費の分割支払いなど学費の支払い方法についての相談が増大しているという。

　そうなると，教育費の支払いについては，銀行やその他の金融機関によって買い手（受講者）の学費支払いを助けてもらうよう，サービスを受ける者がみずから動かなければならない。これには成績によって奨学金や授業料の免除を受けることも含まれる。政府による補助金については教育だけでなく，住宅，車についても補助金制度が頻繁に行われている。制度を知るためにも専門家から知識を享受し，その機能を使いこなすことによってパーソナルファイナンシャル・サービスの活用が活きてくるのである。

5.4　小　括

　本章は，パーソナルファイナンシャル・サービスにおけるビジネスプロセスとしてさまざまなファイナンシャル・サービスの例をもとに論述した。それぞ

れのサービス商品を取り上げるにあたってはマーケティング戦略を策定するための各分野における具体的な専門用語の説明をする必要もあった。

5.1節においては，これまでの金融サービス・マーケティングにおけるビジネスプロセスは，従来多くの金融機関が顧客と自社との取引のみを基準として顧客属性や取引履歴のデータをもとにセグメンテーションの軸としてきたことから，本来の顧客の全体像がわからないまま接していた部分があったと説明した。しかし，顧客の金融サービスにおける価値観や消費行動についての研究は進んでいることから，今後はさらに個人の価値観によって金融ニーズをとらえることがこれからの金融商品開発には必要である。現代の個人の価値観の1つである「生活シーン」を取り入れた商品開発戦略を行うことは，パーソナルファイナンシャル・サービスが従来の金融サービスにくらべ，より身近なサービスとなる1つの鍵である。

5.2節において，まずこれまでの伝統的なコミュニケーションプロセスは，メッセージの一方伝達に支配され，かなり集中したマスコミュニケーションとしてみえる傾向にあったと述べた。しかし，ICTの普及により新しいコミュニケーションツールが次々と開発され，マーケティングコミュニケーションはここ数年で劇的に変化していった。その身近であり代表的なものとしてはSNSやスマートフォンからダウンロードされたアプリケーションソフトであり，またQRコードについては1秒間当たりでも数えきれないほどの人々が利用している時代となっている。

今日において，これらはマーケティング戦略において必須のツールとなっており，ビジネスモデルを構築するマーケティングコミュニケーションの構成要素は，顧客に対して効率的に行い，いかなるキャンペーンも効果的であるように確実に管理されなければならない。このような目的においても，マーケティングコミュニケーションのそれぞれの方法が一貫したメッセージを送り続け，かつマーケティングコミュニケーションがマーケティング・ミックスのほかの要素と並列することが重要である。

さらに有効なコミュニケーションを通じて，マス・メディアがきっかけをつ

くり，顧客とオピニオン・リーダー同士が対面して行う人的コミュニケーションチャネルおよび顧客同士が SNS やダイレクトメール等を通じて行う非人的コミュニケーションチャネルを組み合わせた双方向性コミュニケーションプロセスは，現代のマーケティング戦略において重要なコミュニケーションツールとなっていることはいうまでもない。

5.3節において，パーソナルファイナンシャル・サービスにおけるチャネルの説明では，「インターネット販売チャネル選択における保険会社の取り組み」と題して，ネット販売の保険加入行動，ニーズおよび顧客属性の事例をあげながら，これまでのマルチチャネルの現状を示した。マルチチャネルは複数の販売チャネルの多様化からクロスチャネルへと移っていったが，クロスチャネルは顧客の購買意欲を意識したチャネル戦略よりも商品やサービスを中心とした企業側の販売管理の構成をチャネル化した戦略とみられていた。

このチャネルは現在でも縦割りになっており，積極的な相互の顧客学習が進んでいないのが現状である。これには組織構造や伝統的なビジネスモデルが変化を阻害している。したがって顧客の意見を反映させないかぎりマーケティング戦略の再構築は進まないであろう。しかし，顧客が最も利用するチャネル取引をメインに今後のチャネル移行の計画を考えることは危険であり，個々のチャネル接点での不具合を特定する分析の仕組みを構築し，顧客の望むチャネルで，望むサービスを提供することが新たなビジネスモデルへと発展するだろう。

新たなビジネスモデルの商品開発の事例として，沖電気の『Channel Navigator® 2.0』を取り上げた。今日における顧客の金融商品ニーズと発生のタイミングをとらえることが難しい課題に対し，イベントベースト・マーケティングという手法が取り入れている。顧客はこれまで銀行員や販売員との関係により銀行や保険会社を評価してきた。しかし，マルチチャネルの台頭によって，このような関係は減少または消滅し，代わりにサービスの利便性，チャネルの効率性，商品の運用成績や価格で評価するようになってきている。これまでの関係と代わりに取ってしまった評価を統合させるには，顧客との新たなリレーションシップモデル構築が必要となる。

次に教育サービス提供業者におけるマーケティング・チャネルの流れを主に教育資金のニーズとその支払いの流れを中心に論述した。今や教育サービスは単に子供向けの学習塾のみならず，社会人のためのキャリアアップ育成のための教育サービスが充実している。時代の風潮から個々で資金をまかなうのみならず，政府も政策を打ち出していることから，さまざまな方法によって教育資金を準備する計画が考えられるようになった。これにより教育資金に該当するパーソナルファイナンシャル・サービスを具体的にチャネル化することによって，教育資金サービスがマーケティング戦略のどの領域にあるのか明確にする必要があったからである。

【注】
1）テレマティクス保険は，運転情報をもとに保険料を決める自動車保険である。日本経済新聞2015年2月3日付朝刊（3面）に紹介されている。
2）効果階層モデルとは，広告への反応がある順序に従って起きると仮定したモデルで，反応は通常，認知的反応，情緒的反応，行動的反応の順番で起きると仮定される。
3）ナチュラル検索とは，検索エンジンの検索結果のリストのうち，スポンサーの意向に左右されず，有料登録やスポンサー広告などの結果を含まない部分のことを指す。またそのような結果しか含まず，検索エンジンが自身のアリゴリズムに従って実行する検索のことである。
4）ペイド検索とは，検索キーワードに関連した広告を表示する機能であり，この結果がペイド検索結果ページである。
5）この部分の説明は，岩瀬，2012，pp. 182-186によっている。
6）このデータは，ライフネット生命資料（2009年度）の調査分析によるものである。
7）全社平均とは，生命保険協会の調査（2008年度）による加盟企業の平均を指している。
8）例えば，ネット証券大手の1つであるマネックス証券の平成23年3月期決算資料によると，利用者層のうち20歳代と30歳代を合わせると35％であるのに対し，50歳代と60歳代では，合わせると30％となっている。
9）都市部とは，北海道，埼玉，千葉，東京，神奈川，静岡，愛知，大阪，兵庫，福岡

の10都市都道府県を指す。

10) イベントベースト・マーケティング手法とは，顧客のプロファイル，行動，取引履歴などをモニタリングして，その中の変化をとらえ，マーケティングに利用する情報エンジンのことである（石川・牛尾，2008，p.34）。

11) 第1章1.2節2図1－5「サービス業におけるサービス・マーケティングのトライアングル」を参照されたい。

第6章

パーソナルファイナンシャル・サービスにおける新たなマーケティング戦略の確立

6.1 オムニチャネル化の進展によるマーケティングコミュニケーションツールの関係性

1 ネット生保の利便性とコミュニケーション戦略

（1）ネットによる購買行動の変化の可能性

　ネット生保（インターネットによる生命保険）が市場シェアを拡張していくうえで有効と思われる利便性とコミュニケーション戦略について，ネットによる購買行動の変化の可能性を検討してみる。佐々木（2014）が行った調査によると，ネットショッピングをよく利用する人ほどネット保険チャネルを選択する傾向が高いことが実証的に裏づけられるとしている。一方，保険会社の財務健全性や社会的認知度を重視するほど，ネット保険を選択しない傾向が高いと分析している。したがって保険会社の財務健全性が高い場合はそれをアピールし，社会的認知度を高めるために広報を充実させることが重要であると指摘する（佐々木，2014, pp. 52-54）。

　インターネット上での情報収集において，ネット検索や保険会社HPに加えて，複数の保険会社の保険料を比較することができる保険比較サイトが情報収集で大きな位置を占めている。生命保険では，インターネット上で行われる保険料試算の保険比較サイトの利用割合は損害保険よりも高い傾向にあるという。保険比較サイトのページにて郵便番号や年齢，性別，現在加入している保険の

情報や希望する補償範囲などを入力することにより，保険比較サイトで登録されている各保険会社の商品や見込み客の居住地域で条件に合った保険を提供できる保険会社や代理店の一覧が表示され，見込み客はその中から選択してコンタクトを取ることができる。

　自動車保険を購入する際に最も重要な要素として「価格」をあげる人が多く，保険購入に関する顧客の価格志向が高まり，インターネットで保険に関する情報を収集する人が増える中，複数の保険会社の保険を手軽に比較できる保険比較サイトの重要性は今後も高まっていくものと考えられる。したがって見込み客獲得のために保険比較サイトを運営する保険会社や代理店は多くなり，保険会社の多くは，代理店が比較保険サイトを活用してオンライン見込み客を確保することを支援するようになった（池田，2011，pp.9-10）。

　保険比較サイトのみならず，保険会社の自社HPにおいて保険料試算からそのままWebで成約する水準を上げようと，さまざまな取り組みを行っている。典型的なアメリカ損害保険会社のHPのトップページは，商品説明のみならず保険料試算と代理店検索機能，顧客が自社に登録したIDやパスワードを入力してログインできる機能，また不慮の事故があった時の報告用に使用する会社の連絡先などを一目で見えるところに配置している。さらにインターネット電話を活用した保険料試算画面においては，フリーダイヤルで電話がつながるボタンを設置し，担当者に直接質問できる機能を備えている。

　今やテレビ電話も普及しており，画面を通してリアルタイムで担当者と話をすることが可能な時代となっている。これにより保険料試算利用者を増加させ，試算途中での利用放棄を減少させる成果がアメリカでは出ている。保険会社はインターネットから入ってきた顧客を購買まで導くために，利便性の高いインターネットと支援・アドバイス力の強い人的チャネルによるフォローを適宜併用することにより，試算から最終的な購買に至るまでたどり着く顧客が増えることが考えられる。顧客にとっては保険購入における入口が広がると同時に，購買までたどり着くルートも多様化してきたといえる（池田，同上書，pp.12-15）。

（2）保険会社におけるSNSの活用法

　SNSにおいて情報共有は顧客側にも企業側にも十分な力を発揮する。企業が持つアカウントに企業情報を紹介し，それに対する反応を個々に受け止めるだけで顧客の問題意識が理解できるようになる。また自社に関する意見やそれに対する回答をして，ユーザーコメントの紹介をすることによって，それが情報の共有・拡散にもつながる。SNSは情報の共有という点ではすぐれた力を発揮する。もちろん単に突発的にクリックした「いいね！」の数やコメントの数は実際の売上と比例するものでもないが，シェア機能は情報の共有・拡散に絶大な効果をもたらす。

　保険会社におけるSNS活用の目的は，主に顧客のつながり強化や顧客支援，ブランドイメージ構築，ブランド認知度向上など，比較的長期的な視野に立ったものであるが，SNSを通じてブランドのファンになった場合，そのブランドから商品を購入し，誰かほかの人に推薦する可能性が高まる購買行動への影響が報告されている。また保険選択・購入の場面では，SNS上に自社のHPへのリンクを設定し，SNSユーザーを自社HP上の保険料試算機能へ誘導するという直接的な保険料試算増加策も重要になると考えられる（池田，2011，pp. 11-12）。その累計が取れるのであれば，SNS経由で保険料試算を行った数のアクセス数をSNS上に投稿をすることで，SNS上からの顧客参加を促すことが可能となる。

　SNSにおけるオムニチャネルの活用法は，自社のSNS投稿によって顧客が意思決定したのであれば，それも顧客の情報分析ととらえ，SNSユーザーと顧客情報を統合させることである。

2　ソーシャルメディアの活用

（1）ソーシャルメディアを通じた「つながる」意識

　2011年3月11日に発生した東日本大震災は，多くの犠牲をもたらした。2010年頃より進化したSNSネットワーク社会は，新たな生活者コミュニティをもたらし，被災者と「つながる」という意識のもと，新たな生活者競争市場

を創造したといえる（新津，2013，p.20）。ソーシャルメディアを通じて「つながる」という意識は，2011年に国際連合がインターネットのアクセスは基本的人権であると宣言した背景からもすでに当たり前のようにできているものとされており，今や日々の生活の基礎的なものと位置づけられている。

ソーシャルメディアを通じての「つながる」意識は，保険業にも大きな影響を与えた。それは地震保険や生命保険の情報である。被災地を中心にソーシャルメディアを通じて情報がシェアされることによって，混乱を招いている被災者によりよい情報提供をしている。これによりソーシャルメディアをフル活用する保険会社の取り組みは，CMに有名人を出演させて話題を誘うことより，ソーシャルメディア上で顧客の生の声を取り入れながら自社のサービス向上に役立てるような取り組みへと進化している。そこにはさまざまな企業努力がうかがえる。

IBM Global CEO Study 2012-Insurance Perspective（IBMによる世界中の保険会社のCEOへのインタビューをベースとした調査研究報告書（2012年））による

図6－1 顧客とつながるメカニズムとして重視する機能

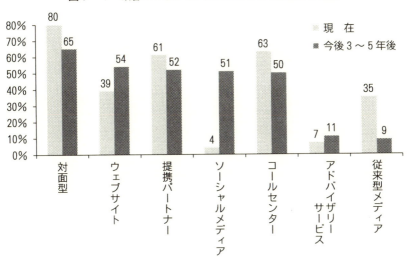

出所：高橋ほか，2013，p.106。

と，今後3～5年後に「顧客とつながるメカニズムとして重視する機能」は，双方向コミュニケーションを維持したチャネルの重要性であり，対面型チャネルの存在価値は当分変わることはないだろうと述べている。また従来型のメディア媒体による一方的なメッセージは，ソーシャルメディア等にとって代わられるであろうという結果が出ている（図6－1）。このデータを見る限り，パーソナルファイナンシャル・サービスにおいては将来に向けてソーシャルメディア機能を利用したマーケティング戦略を考えていく必要がある（高橋ほか，2013，pp. 105-106）。

（2）企業におけるソーシャル・ビジネスとマーケティング・ミックスモデル
　企業におけるソーシャル・ビジネスは，ソーシャルメディアを活用したビジネスのことであり，このような企業は単にFacebookページやTwitterアカウントを持つ企業ではなく，コラボレーションとコミュニティの精神を社内外に関係なく，その組織全体で受け入れて深めていく企業のことである。IBMは，ソーシャル・ビジネスにみられる明確な特徴を，「つながる・つなげる」，「見える化」，「俊敏性・即応性」としてとらえている。
　「つながる・つなげる」とは，顧客，従業員，パートナーなどの人々を強く結びつけ，生産的かつ効率的な方法での参加により，成果を出すことを指している。「見える化」とは，情報，専門家，および組織や企業の境界を取り除き，人々がすべての活動を連携させて結果を出すことの支援を指している。「俊敏性・即応性」とは，情報と洞察によってビジネスのスピードアップを図り，進化する機会を予測して対応することである。
　ソーシャル・ビジネスの実現にあたって最も効果的なアプローチは，ユーザーが専門知識や専門家を容易に見つけ出し，人的なネットワークを構築し，関係を活用できる環境づくりをすることである。企業として社員の力を最大限に発揮させることもまた，個人のアイディアやノウハウを顕在化し，企業や組織の壁を越えたコラボレーションを通じて，競争力の重要なカギとなるイノベーションを実現させることになる。またそれがソーシャル・ビジネスの特徴である

(高橋ほか,同上書,p. 107)。

　このソーシャル・ビジネスの特徴は，パーソナルファイナンシャル・サービスにおけるマーケティング・ミックスモデルの特有の3P（参加者，有形化，サービス提供過程）をソーシャルメディアの活用（「つながる・つなげる」，「見える化」，「俊敏性・即応性」）という視点に進化させたものだと考えられる。

3　スマートデバイス活用による利用シーン

(1)　スマートフォンモバイルの利用シーン

　スマートフォンモバイルの利用シーンは，外出先での情報収集等に加え，自宅でくつろぐときや就寝前等に広がりを見せており，顧客の日常生活に寄り添う存在となっている。スマートフォンは，コミュニケーション，人との付き合い，行動，情報を扱い，共有，つなげる方法に深い影響を及ぼしている。

　スマートフォンの画面はパーソナルなスペースにおけるパーソナルな機器となるだけでなく，サービスを利用可能にする機器ともなる。インターネットとソーシャルメディアの時代を通じて，顧客経験のスマート化という考え方にいきついたのが，「一人セグメント」であり，パーソナル化，ターゲットを絞り込んだコンテンツとその的確性といったコンセプトである。その場でスマートフォンを開いただけで，即座に時間と場所について的確な対応が可能になり，短い時間，特定の場所にだけ存在するユニークな顧客経験をつくり出すことになる。

　SNSで友人の居場所や周辺の店のお得情報（クーポン券）を見つけるだけでなく，コミュニティ機能によって，一時的に同じ空間にいる不特定多数の人との通信を通じて会話や情報交換が可能となる。モバイル機器は単なるバーチャル世界の構成物ではなく，実世界へのガイドとしての役割を果たしていることがうかがえる（King, 2012, 邦訳, pp. 147-148）。

　金融取引をスマートフォン上で提供するモバイルバンキングは，これまでパソコン上で行っていた金融取引（残高・入出金明細照会，振込・振替，投資信託等の資産運用系取引）を提供する場合が主であった。今後顧客との接触時間を最大

化するためには，既存の金融取引中心の機能だけでなく，GPS機能を活用した各種の付帯サービスや周辺サービスを加えた顧客の日常生活と金融機関のファイナンシャル・サービスをリンクさせる機能を提供することが必要となる。

(2) 米国損害保険会社におけるモバイル活用状況の例

近年，スマートフォンを中心としたモバイル機器で活用できるツール（モバイル用ウェブサイトやアプリケーション）が増加している。わが国においても米国の損害保険会社は多数参入しており，また保険会社の提供するモバイル機器用ツールは普及されている。図6－2は，米国損害保険会社におけるモバイル活用状況を表したものである。

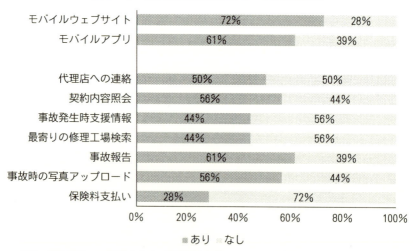

図6－2　米国損害保険会社のモバイル活用状況

備考：「代理店への連絡」から「保険料支払い」までの項目はモバイルアプリの機能を指している。
出所：池田，2011，p.15。

上記のモバイル活用状況のうち，車の被保険者と保険会社とのやり取りを例に説明すると，これまで事故が発生した場合は，保険会社に連絡をしてその場の対応やロードサービスを受け，後日保険金の支払い等の手続きが行われるが，

第6章 パーソナルファイナンシャル・サービスにおける新たなマーケティング戦略の確立 ◎——245

それにはすべてが終結するまでかなりの日数がかかる。しかし，モバイルウェブサイトやアプリを利用することにより，その場で連絡から事故報告，事故時の写真アップロードをすることは可能である。今後，保険会社の提供するモバイル機器用ツールが，事故発生時の対応からさらにほかの領域へ拡大していくことは十分に考えられる（池田，2011，p. 14）。

6.2 デジタル手段の到来と金融機関における新たな顧客サービスモデルの確立

1 顧客行動の変化とチャネル別取引の利用シーン

すでに多くの人が，一人で複数のスマートフォンを持ち，タブレット，PCのほかに，従来どおり TV や新聞を持っている。マルチチャネルの多様化に伴ってマーケティングコミュニケーションツールは数多く存在するようになり，いつでもどこでも情報が容易に入ってきている時代となっている。すでにニュースの情報源については，インターネットが TV や新聞を追い越し，さらに携帯電話でアプリを使用する平均時間はパソコンでネットサーフィンする時間さえも追い抜いている。

テクノロジーが進歩し，サービス方法が効率化して自己実現欲求に対応したため，我々の時間に対する価値観や期待の持ち方，環境の中での自己認識のあり方などが変わってきている。例えば我々は，新しいコミュニケーションチャネルの登場によって，電話やネットで済ますことができるならば，それよりはるかに時間効率の悪い従来の意思疎通方法にこだわることは基本的に時間の無駄であると理解している。自分の時間をより賢く使えていることから，これによって我々の自尊心（Self-esteem）は高まる。次に他人の援助なしに取引や購入を行ってそれがうまくいくと，自己支配と自己実現の感覚が得られる。それはこれまでのやり取りでは実現できなかったものである（King, 2012, 邦訳, p. 5）。

ここで，今後における先進諸国の平均的なリテールバンキング顧客の銀行との付き合い方をチャネル別取引ごとに予測してみる。多くの人々は日常生活に

おいて，モバイル，ウェブ，タブレット，ATM を介して年間 500 回は銀行と
やり取りを行っているだろう。一方，支店に行き銀行の職員と話す機会は 1 年
を通じて 5 回もないというのは平均的なリテールバンキング顧客にとって十分
想像できる状況である。今や支店に行く回数は年に 2 回ぐらいであろう。

多くの人々は情報を得るためにモバイルを月 20〜30 回利用し，ウェブやタ
ブレットの画面による操作を月に 7〜10 回行い，ATM は月 3〜5 回，コー
ルセンターや IVR（Interactive Voice Response）[1] 等は月 5〜10 回の取引がさ
れるという[2]。この予測は，今後銀行の顧客経験は人への投資ではなく，主に
テクノロジーへの投資によって決まることを意味する（King，同上書，邦訳，
pp. 28-29）。

このようにこれまですべて銀行支店で行われた業務のほとんどがわざわざ時
間をかけて支店に行くほどのものではなくなり，複雑度の低い商品ほどダイレ
クトチャネル（インターネット・ATM／モバイル）やリモートチャネル（コール
センター）への移行がかなり早く進んでいることがうかがえる。図 6－3 は，
チャネル別商品の販売構成比の推移を過去の推移傾向から推測したものである。

図 6－3 でいう販売とは，販売プロセスがどのチャネルで完了したか示すも
ので，シミュレーションや情報収集などのプリセールス段階のものを除いてい

図 6－3　チャネル別販売構成比の推移

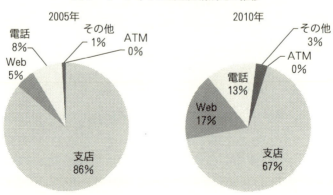

出所：川本，2006，p.29。

る。図6－3は，2005年から2010年の間でチャネル別販売構成比は，支店が86％から67％へ19％減，他方Webが5％から17％へ12％増，電話も8％から13％へ5％増へと推移すると，過去の傾向から推測されることを示している。こうした傾向は，単純な当座預金から複雑な住宅ローン，保険商品含めパーソナルファイナンシャル・サービスすべてに当てはまるといえるだろう。このように顧客行動において多くの重要な変化が起きていることは明らかであるが，図6－3では，各商品やサービスにおいてどのチャネルが最適なのかは明らかとなっていない。

　サービスの面からみると，ここでいうサービスとは，現金・小切手の預け入れ，送金事務，記帳業務，小切手発注依頼，ヘルプデスク，事故・クレーム対応，文書保管・管理などの日常的銀行取引を指している。もともと銀行は顧客サービスの自動化のためにATMやWebサイトを構築してきたが，銀行がさらに一層強力に推進した結果，顧客は急速にリモートチャネルを受け入れている傾向にある（川本，2006，p. 29）。

2　今後の各リテールチャネルの役割

（1）チャネルごとの役割の変化

　顧客接点につながるチャネルが多様化した結果，金融機関と顧客が持つ目的が相違し，平均的な消費者にとって銀行の価値観が変わってしまったことによ

表6－1　チャネルごとの役割の変化

チャネル	現在の役割	将来の役割
営業店	決済／事務処理，相談業務	相談／コンサルティングに特化
インターネット	照会／決済	照会／決済／事務手続き，相談
モバイル スマートデバイス	照会／単純決済	照会／決済，相談，GPS
電話	商品問い合わせ／相談	商品問い合わせ／相談
ATM	照会／現物が伴う決済	照会／現物が伴う決済

出所：高橋ほか，2013，p. 115。

り，各チャネルの役割に変化が生じている。上記図6－3であげたように定期的に銀行支店に行く人は減少しており，多くの点で支店を日々の銀行取引上，最も重要度の低いチャネルと位置づけている顧客層が拡大している。このようにリテールチャネルは，それぞれが担う役割もまた大きく変化していくであろう。

(2) 顧客行動変化における銀行支店の役割

これまで顧客は，銀行に数々の手数料を払ってきた代わりに支店からサービスを受けることを期待していた。しかし，セールスの観点からみると，顧客の主な意思決定プロセスは，すでにデジタル上での下調べとやり取りのツールに移行しつつある。もしインターネットで用事を済まされるなら，多くの人がそうするであろう。

銀行が顧客に販売するファイナンシャル・サービスは何であろうと，金銭面で私たちの生活を可能にするか，守るかのいずれかである。銀行取引の根幹部分は，利便性，円滑化，または保護に関することであるが，平均的なリテール消費者にとって銀行の価値とは主に利便性である。そもそもローンそれ自体が欲しいのではなく，住宅，車，商品を買う利便性を求めて，多くの場合，これまで支店を通じてのみ利用してきた。しかし今はインターネットにより銀行機能はデジタル上24時間／365日利用可能となっている。「銀行」の利便性を提供する店舗に依存していた時代は終わり，今や消費者が朝の9時に支店に並ぶシーンはほとんどなくなり，ウェブ，モバイル，ATM，タブレットを利用してその利便性を入手している。

支店の存在価値は，いまやコンプライアンスの手続き上，顧客が申込書にサインするために行かざる得ない時ぐらいであろう。リアル店舗（実店舗）に行く理由は，大きくは「現金を預けておくための物理的な場所が必要である。」，「十分理解できていない商品についてのアドバイスや推奨が必要である。」，「自分では解決できない大きな問題を抱えている。」の3つぐらいしかないだろう。支店の現在の役割は，決済／事務処理，相談業務が主であるが，将来的には相談とコンサルティングに特化した役割となっていくだろう。しかし，大多数の

顧客は，重要な銀行の取引の場として支店からより遠ざかりつつある一方で，将来いつか必要になった時に行ける物理的な場所があるという利便性と利用可能性を求めている。そこで銀行支店は本来，デジタルチャネルを通じて顧客との関係を深めようとするべきである（King, 2012, 邦訳, pp. 61-67）。

3　金融機関の新たな顧客リレーションシップのモデルの確立

（1）顧客が望む金融機関とのリレーションシップ

現在でも多くの銀行はインターネットやモバイルを「電子」チャネルと称して，営業店チャネルより格下の扱いをしている。電子チャネルを構築する上で，顧客との親密な関係を維持することは難しい。電子チャネルは顧客にとって非常に便利なものだが，電子チャネルによって構築した新しい関係は対面であれ電話であれ，銀行員との人間同士の対話に基づく関係よりも弱い。しかし，顧客が金融機関に望んでいるより大切なことは，「顧客のことを個人的に知っている支店行員との既存リレーションシップ」，「顧客の状況に関するすべての情報にすぐにアクセスできる人」，および「どのチャネルを使っても顧客に関する情報が常に最新のものになっている銀行」が主なものである（川本, 2006, p. 33）。

それには金融機関における組織文化の改革が必要である。営業店という部門の中心の周りに顧客とデジタル・ダイレクト・チャネルが回っているのではなく，顧客を中心としたチャネル選択肢の全体にわたって商品をポジショニングするというように考えなければならない。図6－4は，顧客対応を中心とした金融機関の組織変化をあげたものであるが，その図における「ジャーニー」とは，顧客が解決策を求める時間と場所においてリアルタイムで顧客との関係進化を深めること，あるいはライフプランにおいてイベント，行動，場所によって発動する顧客との関係（顧客ジャーニーの構築）を指している。

これまでファイナンシャル・サービスの開発が行われる際に，新しいチャネルを通じた商品の販売方法はほとんど考慮されていなかったといえよう。しかし，多くの銀行はパーソナルファイナンシャル・サービスをセグメンテーショ

図6-4 顧客対応中心とした金融機関の組織変化

出所：King, 2012, 邦訳, p. 106.

ンに基づいてサービスごとにカスタマイズしている。

　これまでの営業店中心の商品設計では，セグメンテーションが重要なインプットであった。しかし顧客対応を中心とした商品開発を行う場合には，今後非チャネル依存型の商品を開発することになるだろう。デジタルチャネルに事後的に合わせられる特定チャネル対応の中間生成物を開発すれば，それが特定チャネルやセグメント／チャネルの組み合わせに向けられるラッパーをチャネル別に表示することができる[3]。つまり商品は顧客セグメント（1つか複数）に由来し，それは個々のチャネル向けにラッパー上でパッケージ化するようデザインされ，それが顧客獲得活動やクロスセル[4]／アップセル[5]の注文となる。

　新規・既存顧客いずれの場合でもその結果がブランドや商品メッセージではなく，行動喚起となって販売の円滑化につながる必要がある。具体的には1年のうち特定時期における個人ローンのオファー，納税時期の納税ローンや夏季休暇時期の旅行ローン，あるいは入学時期の学生ローンがあげられる（King, 2012, 邦訳, pp. 104-107）。表6-2は，ラッパーのサービス具体例を図6-4に掲げたチャネル別に沿って示したものである。

第6章　パーソナルファイナンシャル・サービスにおける新たなマーケティング戦略の確立　◎── 251

表6−2　ラッパーのチャネル別サービス具体例

営業店	・テーマ，テレビ，ポスター板の宣伝に沿ったバナー ・営業店ダッシュボードへのクロスセルのポップアップ ・一月の優良顧客に絞った金利優遇のオファー
セルフサービス （ATM）	・非利用機関にリッチメディア広告の表示 ・現行顧客の取引終了時に「事前審査済み」のメッセージの表示―コールセンターからの架電オプション ・特性セグメントに対するクーポンでのプロモーション
ウェブサイト （新規・既存顧客向け）	・ランティングページ，可能なら専用URLがありプリント・キャンペーンにリンクしていること ・サードパーティの「今すぐ申込み」のリッチメディア・バナー ・既存顧客向けのインターネットバンキング・プロセスへのリンク
モバイルアプリ	・新しいボタン／アプリ内バナー：「お借入限度額事前承認」 ・現行顧客には2つだけのフィールドを提供―期間，金額 ・承認とコンプライアンス手続きのお知らせのコールバック
ソーシャルメディア	・フェイスブックに学生ローン申し込みを組み込み，フェイスブックのプロフィールデータを本人確認の出発点として活用 ・個人が行きたい旅行先について何かを投稿した際に，旅行ローンや旅行保険をSNSで宣伝

出所：King, 2012, 邦訳, p.109.

（2）顧客提案シーンにおけるスマートデバイス活用

① タブレット端末利用

　金融機関に来店した顧客に対して効果的な提案を実施するための手段として，タブレット端末の導入が増加している。堤（2014）は，顧客提案シーンにおけるタブレット端末活用は，次の3段階のレベルがあると述べている。

　レベル1：営業担当のわかりやすい商品説明等を支援する機能
　レベル2：顧客に関して分析した結果と連携する機能
　レベル3：勘定系システムと連携して取引実行が可能な機能

レベル1については，ペーパーレス化等を図っている。レベル2では，顧客の

ステータス参照や顧客の特徴に合致したアプローチ手法をナビゲートする等により，わかりやすい提案が可能となる。レベル3まで到達すれば，相談している場で速やかに契約することで，顧客の契約への意思決定から取引完了までの時間が一層短時間化することが可能となる。またタブレット端末を利用して顧客に提案することで，取引プロセスにおける顧客の反応やコメントを容易に記録することが可能となる（堤，2014，pp. 32-33）。相談スタッフが使用するタブレットは，そのまま渉外スタッフが顧客回りする際に端末として利用できるであろう。

② スマートTV相談

スマートTVが普及すれば，主に富裕層や高齢者向けに，双方向のインタラクティブな相談サービスに利用することが可能となる。例えば，1対1の相談だけではなく，一人の顧客対複数の金融機関，1つの金融機関対複数の顧客なども可能である（図6-5）。顧客複数の例は相続問題で複数の親族が集まるケースであり，金融機関が複数というのは，グループ業態（銀行，信託，証券，保険）の専門スタッフが，適時連携して相談対応するケースである（高橋ほか，2013，p. 123）。スマートTV相談の例には，教育資金贈与制度を利用したクロス・マーケティング戦略にも対応することができる。

図6-5 スマートTV相談の例

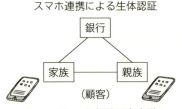

1対1または金融機関対1親族での相談
スマホ連携による生体認証
Face to Faceの相談三者会議

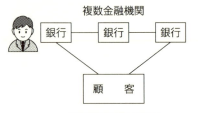

1対複数金融機関による商品比較／商談
複数金融機関
資産運用商品の商談

出所：高橋ほか，2013，p. 123。

4 パーソナルファイナンシャル・サービス提供における店舗チャネルの課題

　パーソナルファイナンシャル・サービスを確実に提供するためには、店舗チャネルをどのように設計し、構築していくかは、大きな課題である。そこで、営業店レイアウトとポップアップ型店舗について、課題をいくつか提示することとする。

（1）営業店レイアウト

　これまでチャネルごとの役割と顧客行動の変化から、金融機関以外の保険代理店、自動車ディーラー、不動産店等の営業店は直接対話できる唯一のマーケティング・チャネルとして、顧客が営業店に相談に行く動機を与えるために、いかにして営業店サービスの向上と顧客の満足度を高めていくのかが課題となっていると述べた。そのための1つの方法として、店の外観やレイアウトを活用したイメージづくりを図り、デザイン性に溢れ、生活シーンそのものをアピールするようなフラッグシップ型店舗やコンサルティングに特化した相談専用スペースに和室ブースやコンビニ型ブースなどを設置し、ターゲットごとに合わせた雰囲気をつくり出すようなハード面の対応を行うことが必要である。

　それには営業店を「コミュニティ」の場としなければならない。顧客に「楽しさを提供」し、店内にいても退屈にならないレイアウトが必要である。自動車ディーラーは外側から販売車が見えるだけでなく、店内に入るとさまざまなスペースを設け生活シーンを意識した自動車の販売を行っている。現代において消費者が利便性と利用可能性を求めている中、顧客の来店頻度を高めるためにコミュニケーションスペースを設け、マーケットの特性や多様化する顧客の意識に合わせ、直接対話できる唯一の場所として最適なタイミングで顧客を来店誘導できるような施策を行う必要がある。

（2）ポップアップ型店舗

　多様化したチャネルによってサービスの充実化が図られているのであれば、

支店は必ずしも常設のものである必要はない。ATMでさえ今となっては銀行支店以外に数多く設置されている。1997年以後の銀行法改正により，インストア・ブランチ形態の相談窓口や営業所扱いで開設・運営されている店舗が登場した[6]。インストア・ブランチ形態は支店来店の顧客層と比べ，顧客層が絞り込まれていることから，これらの顧客層とニーズをより正確に絞り込めるメリットがあった。

インストア・ブランチ形態のコンセプトを論理的に追求すれば，特定の地域の潜在顧客に対する販売・サービス機会を最大化するために支店を出すべき有望な場所は多いはずである。どのような場所でも資格のあるスタッフ，販売や取引をサポートする銀行機能さらにほかのサービスシステムへの接続があれば支店として十分である。より方向性の明確な専用の手段で顧客にアクセスし，販売・サービス機会を最大化する施策の1つとしてポップアップ型店舗が考えられる（King, 2012, 邦訳, p. 79）。

銀行取引だけでなく，パーソナルファイナンシャル・サービスが場所や空間に依存しなくなる変化は，それが利便性に関する変化ならば，私生活において十分なアプローチ方法を見出すことができる。顧客ニーズには，例えば場所によっては早く通過したい場所と望む人，もしくはこの場所からの雰囲気を味わいたい人，また移動の距離と時間が苦ならば1つの場所で用事を済ませたいという人もいるだろう。ターゲット顧客によってイベント会場を好むのであれば，ローン商品に特化したポップアップ型店舗を設置するのは可能であり，これにはショッピングモールとイベント会場を組み合わせた店舗戦略が考えられる。

またショールームの駐車場に電気自動車を展示することにより自動車の試乗だけでなく，ルーム内で電気の充電から使用までの体験ができる。また空港という位置づけをただの玄関口ととらえず，高級商業施設または見学施設ととらえるのであれば飛行機を見ながらの商談が可能である。さらに旅行ツアーの中に相談事項のプランを組み合わせることで，移動中の空き時間を使って商談ができる。大学キャンパスまで移動を要するのであれば，キャンパス内での滞在時間と空き教室を有効活用したアプローチが考えられる。その他空き時間にお

表6－3　ポップアップ型店舗の具体例

店舗タイプ	場所・設置イベント	商品・セグメント特化
屋台型店舗	見本市・展示会	住宅ローン（不動産見本市） 自動車ローン（自動車ショー）
住宅型店舗	コミュニティやアパートのショールーム	住宅ローン（不動産）
自動車型店舗	自動車ディーラー	自動車ローン，リース
得意客向け店舗	空港	ご当地案内ニーズのある富裕層，外貨交換デスク etc.
船舶店舗	クルーズ船	退職者向け投資相談
モバイル店舗	「市場」など週末の人出の多い場所	トラックや自動車内の移動店舗，クレジットカード，個人ローン etc.
大学店舗	大学キャンパス	学資ローン，下宿先斡旋 etc.
ポップアップ型稼働店舗	必要な場所どこでも	特化したセグメンテーションまたは特定ターゲット向け販売

出所：King, 2012, 邦訳, p.79.

いてはモバイル操作によって事を進め，店舗チャネルに行きつくまでの準備を行うことができる（ポップアップ型店舗の具体例については表6－3参照）。

現代においては，利便性を求めながら時間消費をいかにして効率よく進めていくことが1つの価値創造へとつながっている。これは時間消費のチャレンジといえる。その隙間時間に企業はどのようなサービス提供を行えるかが1つの課題となっており，そのきっかけをつくり出したのがデジタルツールであるといえる。

5　トータル・パーソナルファイナンシャル・サービスにおける新たなマーケティング戦略の領域

これまでパーソナルファイナンシャル・サービスをサービス・マーケティングの視点で細分化して考察し，さまざまな先行研究と事例を踏まえ論じてきた。近年における時代背景の変化と技術革新の向上は，これまでのマーケティング戦略に多大な影響を与えている。そこで筆者はパーソナルファイナンシャル・

サービスについては,「企業と顧客との接点」,「パーソナルファイナンシャル・サービスの開発」,および「さまざまな市場環境変化への対応」の3点に焦点を当てて,最終的なモデルとしてトータル・パーソナルファイナンシャル・サービス・マーケティングの位置づけを描いている（図6－6）。

　まず「企業と顧客との接点」では,どういう時にどういう方法（チャネル）で接していくのかが課題となる。消費者は今や利便性を求め,企業に対し顧客側のニーズに円滑に対応し,ライフイベントの意思決定の際に生じる金銭的なギャップを解決してくれることを求めている。企業側は,消費者のライフステージにタイミングを合わせたアプローチ手法（イベントベースト・マーケティング）の活用を視野に入れている。

　次に「パーソナルファイナンシャル・サービスの開発」については,顧客ニーズの変化に合わせ協業により迅速に新しい商品を取り入れることであり,それにより価値の共創が生まれる。

　さらに「さまざまな市場環境変化への対応」については,家計・企業・政府が相互依存することによって,それぞれ部門が市場環境の変化に対応しなければならない。これについては,パーソナルファイナンシャル・サービスとの関係性から今後におけるマーケティング戦略として以下の3点があげられる。1つ目は,「少子化・高齢化市場に向けたクロス・マーケティングによる長期的なリレーションシップの確立」,2つ目は,「テクノロジー進化によるデジタル・マーケティングの到来への対応」,そして3つ目は,「多様化した顧客との取引機会を最大化する1人1人の状況に合わせた One to One マーケティングの実現」である。

　少子化・高齢化市場は,以後数十年先まで続くと予想される。もし団塊の世代から孫ができたとしても孫が成人するまでは長生きすると見込まれる。団塊の世代がいなくなると,現代の若者のほとんどはデジタル化の時代を過ごしているため,以前はデジタルデバイドといわれた時代は完全に終わり,本格的なデジタル化社会へと進んでいくだろう。

　デジタル化と同時に個々の生活は多様化し,1人1人に合った One to One

第6章 パーソナルファイナンシャル・サービスにおける新たなマーケティング戦略の確立 ◎—— 257

図6－6 トータル・パーソナルファイナンシャル・サービスのマーケティング戦略領域モデル

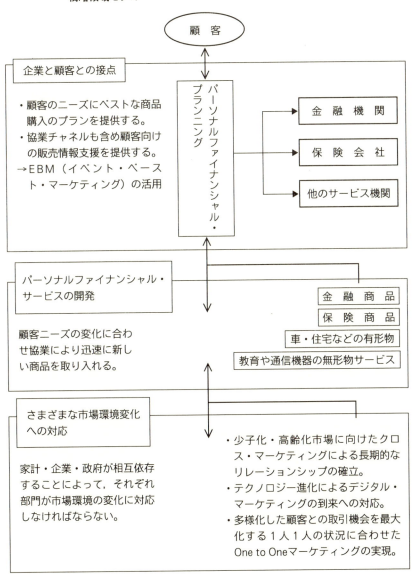

出所：筆者作成。

マーケティングの実現がパーソナルファイナンシャル・サービスの重要課題として認識されていくものと考えられる。

6.3　小　括

　本章は，本書の最終章としてこれまでの内容を踏まえながら，将来的にパーソナルファイナンシャル・サービスにおいてデジタル手段が顧客サービスとして到来するとし，その時代におけるコミュニケーション戦略と金融機関の新たな顧客リレーションシップの確立を論じた。また5章で述べたビジネスプロセスモデルの役割をさらにマーケティングの領域へと発展させた戦略概念を提示した。
　本章で提示したトータル・パーソナルファイナンシャル・サービス・マーケティングの戦略領域モデルは，ファイナンシャル・サービス・マーケティングの1つの戦略領域を示す結論として試論したものである。

【注】
1) IVRとは，企業の電話窓口で音声による自動応答を行うサービスのことである。
2) ここで紹介した推計値は，リテールバンキングにおけるマルチチャネル利用の購買行動トレンドから導き出されたものであり，主要リテール銀行，マネタイズ，mFoundryモバイル・アプリ・プラットフォーム提供企業，NCRのデータとアイテ・グループ，フォレスター・リサーチ，ガートナー，アメリカン・バンカーズ・アソシエーション，オプディレートの調査に基づくものである（King, 2012, 邦訳, pp. 55-56)。
3) ラッパーとは，ある形式のシステムプログラムの上に，別形式のシステムで使えるように形式変換するプログラムをかぶせたものである。
4) クロスセルとは，関連商品の購入を顧客に促すことをいう。
5) アップセルとは，以前購入した商品よりグレードの高いものを購入させることである。
6) インストア・ブランチ形態とは，商業施設や大型スーパー店内に銀行業務にあたる相談窓口等を設置している店舗形態のことである。

参考文献

Abell, D. F. (1980) *Defining the Business : The Starting Point of Strategic Planning*, Prentice-Hall.（石井淳蔵訳（1984）『事業の定義－戦略計画策定の出発点－』千倉書房）

Altfest, L. J. (2007) *Personal Financial Planning*, McGraw-Hill/Irwin.（伊藤宏一・岩佐代一・駒井正晶・高橋文郎・森平爽一郎訳（2013）『パーソナルファイナンス－プロフェショナルFPのための理論と実務』日本経済新聞出版社）

Baron, S. and Harris, K. (1995) *Service Marketing*, Macmillan.（澤内隆志・中丸眞治・畑崎勝・黄炳秀・坪井明彦・菊池一夫訳（2002）『サービス業のマーケティング－理論と事例』同友館）

Bateson, J. E. G. and Hoffman, K. D. (2011) *Service Marketing*, 4th revised ed., South-Western.

Callaghan, G., Fribbance, I. and Higginson, M. (2012) *Personal Finance*. 2nd ed., Palgrave Macmillan.

Ehrlich, E. and Fanell, D. (2012) *The Financial Service Marketing Handbook*. 2nd ed., Blooming Press.

Ennew, C. and Waite, N. (2013) *Financial services Marketing : An International Guide to Principles and Practice*, 2nd ed., Oxon : Routledge.

Fisk, R. P., Grove, S. J. and Jhon, J. (2004) *Interactive Services Marketing*, 2nd ed., South-Western.（小川孔輔・戸谷圭子訳（2005）『サービス・マーケティング入門』法政大学出版局）

────── (2014) *Services Marketing : An Interactive Approach*, 4th ed., South-Western.

Grönroos, C. (1990) *Service Management and Marketing : Managing the Moments of Truth in Service Competition*, Lexington Books.

Holmlund, M. (1996) *A Theoretical Framework of Perceived Quality in Business Relationships*, Swedish School of Economics and Business Administration, Helsinki, Finland.

Johnson, E. M., Sheuing, E. E. and Gaida, K. A. (1986) *Profitable Service Marketing*, Dow Jones-Irwin, Inc.

Kappor, J. R., Dlabay, L. R. and Hughes, R. J. (2012) *Personal Finance*, 10th ed. McGraw-Hill/Irwin.

King, B. (2012) *Bank 3.0 : Why Banking IS No Longer Somewhere You Go, But Something You DO*, 1st ed., Wiley.（上野博訳（2014）『脱・店舗化するリテール金融戦略：バンクからバンキングの時代へ』東洋経済新報社）

Kotler, P. (1984) *Marketing Essentials*, Prentice-Hall, Inc.

─── (2000) *Marketing Management*, 10th ed. Prentice-Hall.（恩蔵直人監修／月谷真紀訳（2001）『コトラーのマーケティング・マネジメント ミレニアム版（第10版）』ピアソン・エデュケーション）

Kotler, P. and Keller, K. L. (2006) *Marketing Management*, 12th ed. Prentice-Hall.（恩蔵直人監修／月谷真紀訳（2008）『コトラー＆ケラーのマーケティング・マネジメント（第12版）』ピアソン・エデュケーション）

Kotler, P., Hayes, T. and Bloom, P. N. (2002) *Marketing Professional Services*, 2nd ed. Learning Network Direct.（白井義男監修／平林祥訳（2002）『コトラーのプロフェッショナル・サービス・マーケティング』ピアソン・エデュケーション）

Lovelock, C. H. and Wright, L. (1999) *Principles of Service Marketing and Management*, 1st ed., Prentice-Hall.（小宮路雅博監訳，高畑泰・藤井大拙訳（2002）『サービス・マーケティング原理』白桃書房）

Nagdeman, J. (2009) *The Professional's Guide to Financial Services Marketing*, 1st ed., John Wiley & sons, Inc.

Peppers, D. and Rogers, M. (1993) *The one to one Future*, Doubleday.（井関利明監訳／ベルシステム24訳（1995）『One to One マーケティング―顧客リレーションシップ戦略―』ダイヤモンド社）

Rathmell, J. M. (1966) What is meant by Service?, *Journal of Marketing* (October).

Stanton, W. J., Etzel, M. J. and Walker, B. J. (1991) *Foundamentals of Marketing*, 9th ed., McGraw-Hill Education.

青木幸弘・新倉貴士・佐々木壮太郎・松下光司（2012）『消費者行動論―マーケティングとブランド構築への応用』有斐閣。

東利一・小野裕二（2014）「消費者とのリレーションシップ研究の諸問題」堀越比呂志編著『戦略的マーケティングの構図―マーケティング研究における現代的諸問題―』

同文舘出版。
池尾恭一・青木幸弘・南知恵子・井上哲浩（2010）『マーケティング』有斐閣。
池田香織（2011）「米国損害保険会社における販売チャネルの最新動向～顧客の購買行動変化と新たなマルチチャネル化～」『損保ジャパン総研クォータリー』（損保ジャパン日本興亜総合研究所株式会社），Vol. 58, pp. 2-18。
石川徹・牛尾勝也（2008）「イベントベースト・マーケティングによるリテール金融の強化」『OKIテクニカルレビュー』（沖電気工業株式会社），第212号 Vol. 75 No. 1, pp. 34-37。
井上崇通・村松潤一（2010）『サービス・ドミナント・ロジック―マーケティング研究への新たな視座―』同文舘出版。
岩瀬大輔（2012）「ネット生保の実態と将来像」『保険学雑誌』（日本保険学会），第617号，pp. 179-197。
上田聡・遠藤毅郎・高橋利彦（2008）『真の顧客中心主義に向けて変貌する金融―専門特化の時代のイノベーション』IBMビジネスコンサルティングサービス株式会社。
大江ひろ子（2008）『コミュニケーション・マーケティング―共鳴と共感の対話型企業経営―』白桃書房。
恩蔵直人（2004）『マーケティング』日本経済新聞社。
貝塚啓明編（1999）『パーソナルファイナンス～ライフプランニング・リタイアメントプランニング～［改訂第8版］』日本ファイナンシャル・プランナーズ協会。
片野浩一（2012）「マス・カスタマイゼーション戦略から顧客経験の共創へ」『明星大学経営学研究紀要』（明星大学），第7号，pp. 45-58。
河原陽一（2014）「デジタル革命に迫られる保険会社のビジネスモデル再定義」『情報未来®』（NTTデータ経営研究所），第42巻，pp. 14-17。
川本英男（2006）「リモートチャネルの拡大～顧客との新たなリレーションシップモデル」『情報未来®』（NTTデータ経営研究所），第24巻，pp. 28-35。
岸本義之（2005）『金融マーケティング戦略』ダイヤモンド社。
木元正司（2001）「地域金融におけるマーケティングとホスピタリティ」『地域政策研究』（高崎経済大学地域政策学会），第3巻第3号，pp. 47-66。
久保田進彦（2014）「関係のマーケティングを解きほぐす」『AD STUDIES』（公益財団法人　吉田秀雄記念事業財団），Vol. 48 Summer 2014, pp. 24-29。
コグレマサト・まつもとあつし（2013）『LINEビジネス成功術』マイナビ。
小宮路雅博（2012）『サービス・マーケティング』創成社。

近藤隆雄（1997）「サービス・マーケティング・ミックスと顧客価値の創造」『経営・情報研究：多摩大学研究紀要』（多摩大学），第1巻，pp. 65-81。

佐々木一郎（2014）「生命保険の販売チャネル選択に関する要因分析」『生命保険論集』（生命保険文化センター），第186号，pp. 37-55。

佐藤哲士（2014）「金融機関における店舗改革の進展と顧客接点のあり方」『情報未来®』（株式会社NTTデータ経営研究所），第42巻，pp. 6-9。

重田修治（2007）『なぜか買ってしまうマーケティングの心理学』PHP研究所。

清水公一（2016）『共生マーケティング（第五版）』創成社。

白井美由里（2012）「価格の時間的リフレーミング―自動車の価格表現における使用期間と時間的単位の分析―」『マーケティング・ジャーナル』（日本マーケティング協会），126号，pp. 37-49。

住谷宏（2006）『地域金融機関のサービス・マーケティング』近代セールス社。

総務省（2015）『平成27年度版情報通信白書』[Kindle版] 日経印刷。

高津春樹（2014）「2014年消費動向変革と企業戦略の命題」『企業間ネットワーク研究会（第25期）報告資料』マーケティング総合研究所。

高橋利彦・遠藤毅郎・白崎典正・斉藤雅史・岡安正義・椎名康之・河合俊浩・柳沢文武（2013）『2020年 金融サービス』（日本IBM 金融インダストリー・ソリューション）東洋経済新報社。

高橋秀雄（1998）『サービス業の戦略的マーケティング』中央経済社。

――――（2009）『サービス・マーケティング戦略』中央経済社。

田中洋・清水聰（2006）『消費者・コミュニケーション戦略』有斐閣。

田村正紀（2002）『金融リテール改革―サービス・マーケティング・アプローチ』千倉書房。

堤大輔（2014）「スマートデバイスがもたらす金融機関の次世代マーケティング」『情報未来®』（株式会社NTTデータ経営研究所），第42巻，pp. 30-33。

坪井明彦（2002）「サービスの分類枠組みとマーケティング戦略」『商学研究論集』（明治大学大学院），第16号，pp. 65-81。

戸谷圭子（2006）『リテール金融マーケティング』東洋経済新報社。

中村芳子（2003）『生命保険のカラクリがわかる本』東洋経済新報社。

新津重幸（1991）『'90マーケティング・インテリジェンス』白桃書房。

――――（2013）「求められる企業戦略チャレンジ―中小企業の経営革新を前提として―」『アジア研究』（高千穂大学アジア研究交流センター），No 14, pp. 19-52。

日本銀行金融機構局金融高度化センター（2014）「商流ファイナンスに関するワークショップ報告書」日本銀行。

服部勝人（1996）『ホスピタリティ・マネジメント』丸善。

堀越比呂志（2014）『戦略的マーケティングの構図―マーケティング研究における現代的諸問題―』同文舘出版。

マーケティング史研究会編（2010）『マーケティング研究の展開（シリーズ・歴史から学ぶマーケティング）』同文舘出版。

南知恵子（2005）『リレーションシップ・マーケティング―企業間における関係管理と資源移転―』千倉書房。

南知恵子・西岡健一（2014）『サービス・イノベーション―価値共創と新技術導入』有斐閣。

村上剛人（2008）「One-to-One マーケティングから共創型マーケティングへ―インターネットがマーケティングの前提条件を変える―」『商學論叢』（福岡大學），第 52 巻 3・4 号，pp. 419-447。

山口正浩監修／木下安司編（2010）『ダイレクト・マーケティング』同文舘出版。

山本昭二（1999）『サービスクォリティ―サービス品質の評価過程―』千倉書房。

――――（2007）『サービス・マーケティング入門』日本経済新聞出版社。

鷲尾和紀（2013）「ファイナンシャルサービスにおけるマーケティングの領域とマーケティング戦略モデルの構築その 1」『高千穂論叢』（高千穂大学高千穂学会），第 48 巻 1，2 号合併号，pp. 235-269。

――――（2014）「少額投資非課税制度（NISA）の概要と展望」『JMS 経営教育®』（日本マネジメントスクール），第 183 号，pp. 2-5。

――――（2014）「ONE to ONE マーケティングとリレーションシップ・マーケティング―顧客の関係性構築と ONE to ONE マーケティングの視点を中心として―」『高千穂論叢』（高千穂大学高千穂学会），第 49 巻第 1 号，pp. 239-277。

――――（2014）「パーソナルファイナンシャル・サービスの諸領域とマーケティング戦略モデルの構築その 2」『高千穂論叢』（高千穂大学高千穂学会），第 49 巻第 2 号，pp. 1-36。

――――（2014）「パーソナルファイナンシャル・サービスの諸領域とマーケティング戦略モデルの構築その 3」『高千穂論叢』（高千穂大学高千穂学会），第 49 巻第 3 号，pp. 33-82。

索　引

A-Z

AIDMA ……………………………208
AISAS（アイサス）………………92
ATM ……………16, 32, 59, 247, 248
CG (Customer Guarantee) …………146
CS (Customer Satisfaction) ………146
DRIP ……………………………205
Facebook …………………………242
FP（ファイナンシャルプランナー）…22
ICT…………………160, 182, 191, 234
IR ………………………………88
IT ………………………………69
IVR (Interactive Voice Response) …246
Just in Time 化 ……………………230
LINE ……………………………93
NISA ………………………22, 89
One to One マーケティング……135, 139, 145, 154, 256
PR ………………………………88
QR ………………………………218
────コード …………69, 218, 234
SEO (Search Engine Optimization)
　……………………………………220
SERVQUAL ………………………19
SMS モバイルマーケティング ………218
SNS ……31, 93, 151, 160, 172, 183, 206, 227, 234, 235, 240
TVCM (Television Commercial) ……88
Twitter ……………………………242
Web…………………………204, 239
WOM (Word of Mouth) ……………93

ア

アップセル ……………………71, 250
アプリケーションソフト …………234
意思決定プロセス …………………127
一次選択行動の非完結性 ……………110
イベントベースト・マーケティング
　………………………229, 230, 235, 256
イールド・マネジメント ………54, 55
インストア・ブランチ形態 ………254
インターナル・コミュニケーション・
　ギャップ ……………………………20
インターナル・マーケティング……23, 25
インターネットのプロバイダー回線契約
　…………………………………66, 74
インターネットバンキング …………161
インタラクション・プロセス………27, 28
インタラクティブ・マーケティング …25
ウェブサイト ………………………251
ウェブポータルサイト ……………130
ウォンツ（Wants）…………………77

営業店レイアウト……………………253
エクスターナル・マーケティング…23, 25
エニュー&ウェイト……………………106
エーベル……………………………121, 122
エンコーディング……………………203
エンパワーメント……………………9, 15
オピニオンリーダー………………206, 235
オムニチャネル……………………225〜227
オンライン顧客サービス……………219

カ

会員制メンバーシップ制度……………50
外国為替……………………………107, 108
カウンセリング…………………………28
価格（Price）……………………………30, 34
価格設定…………………………………40
　──の3C……………………………41, 42
　──のための三脚モデル……………45
　──方法………………………………40
価格の時間的リフレーミング……73, 75, 103
価格ハンドリング……………………180
価格変動性…………………………116, 118
学資保険………………………………101
学生ローン……………………………250
カスタマイズ……………………………32, 130
　──レベル……………………………32, 185
カスタマイゼーション……………9, 15, 137
　──戦略……………………………138
価値提供システム………………………94
価値の創造プロセス……………………29
価値変動性……………………………197

過程品質……………………………60, 115
株式………………………………………96
　──市場………………………………119
　──取引…………………………107, 108
環境の管理………………………………68
企業顧客…………………………………26
企業代理店……………………………97, 99
技術的品質………………………………26
機能的品質………………………………26
キャッシュフロー計算書（C/F）………108
キャッシュフロー表…………………108
教育サービス…………………………232
教育資金………………………………232
　──設計………………………………160
　──贈与………………………………101
教育ローン………………………………99
共感（Emotion）………………………37
競争（Competition）…………………41
　──に基づく価格設定………………44
　──優位………………………………44
共通固定費………………………………43
共通費……………………………………43
共通変動費………………………………43
協働型マーケティング……………149, 150
銀行………………………………………81
　──口座………………………………120
　──サービス…………………107, 108
　──取引………………………………254
金銭……………………………………116
金融行動（金融機関との取引）………189
金融サービス……………………81, 120, 193
金融商品………………………………82, 109

金融取引 …………………………243
口コミ ……………………………130
グルンルース ………………2, 18, 24, 27
クレジットカード ………107, 108, 119
クロスセリング ……………………85
クロスセル ……………………71, 250
クロスチャネル ………………226, 235
クロス・マーケティング ………155, 256
経験特性 ……………………………17
経済財 ………………………………1
経済的満足 …………………………34
継続消費 (Ongoing Consumption) …74
継続的サービスコスト ……………72
結果品質 ……………………………60
決済系サービス ……………………115
兼業代理店 …………………………97, 98
コア・ベネフィット ………………15
好意の返報性の法則 ………………90
広告 …………………………205, 213
購入後のサービスコスト …………72
購入前・購入後のサービスコストと
　価格設定の関係 …………………71
購買行動における消費者行動モデル …125
顧客 (Customers) …………………41
顧客価値 …………………………21, 42
──── 創造 ……………………25
顧客管理のデータベース …………142
顧客機能 …………………………121
顧客コスト (Customer Cost) ……34〜36
顧客参加 (参加者) (Participants) …185
顧客シェア ………………………143
──── アプローチ ……………144

──── 重視マーケティング・プロ
　グラム …………………………150
顧客志向企業 ………………………23
顧客志向の One to One マーケティング
　……………………………………145
顧客ジャーニーの構築 …………249
顧客情報データベース …………227
顧客セグメント …………………59
──── 別差別価格 ………………52
顧客層 ……………………………121
顧客ソリューション (Customer
　Solution) ……………………34, 35
顧客対話 …………………………141
個客中心 …………………………154
──── マーケティング ……154, 155
顧客データ分析 …………………195
顧客と相互作用 …………………26
顧客ニーズ ……………………21, 22
顧客の価値創造 …………………29
顧客の行動管理 …………………67
顧客のサービス品質評価 ………17
顧客の心理的要素 ………………90
顧客のデータベース化 …………140
顧客のニーズ ……………………9
顧客のライフスタイル …………229
顧客のライフステージ …………229
顧客の離反率 ……………………146
顧客満足 …………………………3, 24
顧客リレーションシップ ………249
個人顧客 …………………………26
個人ローン ………………………250
コストに基づく価格設定 ………42

コストプラス法 ……………………77
固定金利 ……………………………118
固定費 …………………………30, 43
コトラー ……………………………2
コーポレートファイナンシャル・
　　サービス …………………………123
コミュニケーション（communication）
　………………………………34, 36
　――設計 ……………………………141
　――戦略 ……………………………203
コミュニケーションツール ……75, 203
　――機能 ……………………………203
コラボレーション ………………242
コールセンター …………………227
コンサルティング ……………1, 126
コンタクト・パーソネル ………9, 14
コンビニATM「ゼロバンク」…84, 86
コンプライアンス ………………248

サ

財（Goods） ………………………1
サイクルタイム（Cycle time）……197
サイコグラフィックス ……………167
　――によるセグメンテーション…167
サイコグラフィックセグメンテーション
　………………………………………161
最終価格の選択 ……………………45
サテライト配信 ……………………102
サービス ……………………10, 12
　――・エンカウンター ………9, 67
　――・オペレーション ……………9
　――価格設定 ………………………40

――機関 ……………………………10
――企業 …………………………10, 25
――機能品質 ………………………18
　――・ギャップ ……………………21
――業 ……………………………25
サービス・クオリティ ……………21
　――・ギャップ ……………………20
　――・モデル ……………………19
サービス行為 ………………………15
サービスコスト ………56, 64, 71, 103
　――における結果品質と過程品質
　　の関係 ……………………………60
　――の心理的分類 …………………56
サービス・コミュニケーション …20
サービス時間配分（単位）………60
サービス・システム（Service System）
　………………………………………6
サービススケープ ………………14, 33
サービス組織 ……………14, 15, 44, 45
サービス対価とサービスコストの関係
　………………………………………59
サービス提供過程（Process）………184
サービス提供者 ……………4, 15, 26
サービス・デリバリー ……………16
サービス・トライアングル ………27
サービスの概念 ……………………1, 7
サービスの価格 …………………42, 47
　――表現 ……………………………47
サービスの価値 ……………………6
サービスの感覚的コスト …………58
サービスの金銭的コスト …………57
サービスの時間的コスト …………57

サービスの支払い対象の種類・範囲 …50	時間の管理 ……………………………69
サービスの身体的コスト ……………58	時間配分 ………………………………64
サービスの心理的コスト ……………58	シークエンス …………………………28
サービスの提供単位 …………………48	事後コマーシャル市場調査…………212
サービスの特性 …………………………3	資産運用 ………………………………89
サービスの分類 …………………………7	資産運用商品…………………118, 184
サービスの無形性 ……………………50	───開発 ……………………………193
サービスの4つの特性…………3, 110	資産管理………………………………107
サービスの利便性……………………235	市場金利………………………………118
サービスの利用時間（期間）による分類	市場細分化……………………135, 159
……………………………………61	───の基準 …………………………161
サービス品質 ……………16, 25, 64	───の方法 …………………………161
───の評価尺度 ……………………19	市場シェア……………………143, 144
───モデル …………………………19	市場提供物 ……………………………96
サービス・ファクトリー（Service Factory）…………………………5	市場の標的 ……………………………70
	自動車保険 ……………………75, 117
サービスブランド ……………………48	───ビジネスプロセス……………199
サービス・マーケティング ……4, 7, 23, 25, 34, 103	自動車ローン…………………………117
	シームレスな統合・連携……………229
サービス・マーケティング戦略 ………60	社会保険（雇用保険）の教育給付制度
───とパーソナルファイナンシャル・ サービスのポジション ……………40	……………………………………101
	収益性 ……………………………21, 23
サービス・マーケティングにおける 品質構造 ……………………………16	従業員（サービス提供者）…………26
	───満足（ES）……………………31
サービス・マーケティングのトライ アングル ………………………23, 25	終身雇用………………………………172
	住宅資金設計…………………………160
サービス・マーケティング・ミックス…29	住宅ローン ……………108, 118, 119
サプライチェーン…………………79, 94	受託責任………………………………111
差別価格 ………………………………52	手段目的連鎖……………………190, 191
参加者…………………………………186	需要調整機能 …………………………30
三脚モデル（3C）…………………103	需要の価格弾力性 ……………………42
シェアハウス…………………………174	省エネルギー…………………………180

少額投資非課税制度	38
状況セグメンテーション	161
証券会社	79
証券市場	119
証券取引所	96
消費者（Consumer）	134
――から生活者へ	134
――行動	127
――購入の意思決定プロセス	126, 128
――市場	125
消費デュレーション（消費継続期間）	113
商品（Commodity）	35
――開発システム	79
情報	11, 12
――過負荷	94
――検索	129
――システム	135
――利用権	11, 12
消滅性	5
使用率セグメンテーション	161
新規顧客	146
人的顧客接点	86
人的販売	205, 213
信用特性	17
信頼性（Confidence）	37
スイッチングコスト	133
スタンダード・ギャップ	20
スマートTV相談	252
スマートデバイス	243
スマートフォン	176, 227
生活シーン（モノ×コト＝生活シーン）	35, 61, 89, 195, 234
生活者	116, 119
――市場における戦略的フィルター	168
――市場のフィルター	161
――の価値観の多様化	135
成果品質	115
生産と消費の同時性	4
精神的満足	34
製品（Product）	29, 35
――志向のマス・マーケティング	145
生命保険	222
――商品のビジネスプロセス	196
――における保険加入行動	222
セグメンテーションマーケティング	153
セグメント	46
セールスプロモーション	205, 215
セルフサービス	14, 32
専業代理店	97, 98
選択行動プロセス	111
総合口座（普通預金）	84
相互作用	4
相談業務	126
双方向性コミュニケーションプロセス	235
ソーシャル・ビジネス	242
ソーシャルメディア	218, 240, 251
損益計算書（P/L）	108
損益分岐点	43, 44
損害保険	222

タ

――会社の販売マルチチャネル …97
――における保険加入行動 …222

ダイアローグ・プロセス …………28
貸借系サービス ………………115
貸借対照法（B/S）……………108
対人的なサービス ……………14
代替技術 ………………………121
代替評価 ………………………131
ダイレクトチャネル ……………246
ダイレクトマーケティング ……205, 215
ダウンロード配信 ……………102
ターゲット市場 …………………47
ターゲットマーケティング ……159
タブレット ……………………245, 248
――PC ………………………227
探索特性 ………………………17
単発消費（Lumpsum Consumption）
……………………………………74
地域金融機関 …………………83
地域金融機関の商品開発 ……86
――プロセス ……………………83
地域金融機関のマーケティング戦略 …104
地域コミュニティ ………………177
知覚価値 ………………………42, 46
知覚ギャップ …………………20
知覚サービス品質 ……………17
知覚品質 ………………………46
知識ギャップ …………………20
チャネル（Chanel）……………36
――アプローチ …………………30

超低金利 ………………………78
貯蓄商品 ………………………193
地理的セグメンテーション ……161, 164
提供プロセス …………………3, 4
定期預金 ………………………120
ディスプレイ広告 ……………219
デコーディング ………………203
デジタル・ダイレクト・チャネル ……249
デジタルチャネル ……………250
デジタルツール ………………216
――コミュニケーション ………217
デジタルデバイド ……………256
テスト・マーケティング ……82, 83, 197
データベース・マーケティング …142, 144
デバイス ………………………141
デモグラフィックセグメンテーション
……………………………………161
デモグラフィック変数 …………165, 166
デリバリー（提供）・ギャップ ……20
テレマティクス保険 ……………201
統合型マーケティング …………21, 23
投資信託 ………………………85, 115
同時性・不可分性 ……………4
投資マネージャー ……………109
トータル・マーケティング戦略 ……24
特許権 …………………………11
トレード・オフ ………………59

ナ

ナチュラル検索 ………………219
7Ｐ ……………………………29, 34
ニーズ（Needs）………………77

──とウォンツ ……………………36
ネット証券 ……………………………223
ネット生保 …………………………223, 238
ネット販売 ……………………76, 221, 225
ノイズ ……………………………………204
納税ローン ……………………………250
ノルディック学派（Nordic School）…24

ハ

媒介性 ……………………………116, 197
パーソナルファイナンシャル・サービス
　…………………34, 77, 89, 99, 119, 123
　──・セグメンテーション…162, 163
　──における教育ローン ……………99
　──における商品コンセプト ………80
　──における商品体系 ………………79
　──における世代別のターゲット
　　戦略 ……………………………171
　──におけるチャネル体系 …………94
　──における4つの特性 ……………114
　──の価格設定とサービスコスト
　　………………………………………73
　──のターゲット戦略 ……………171
　──の提供領域 ……………………113
パーソナルファイナンシャル・サービス・
　マーケティング ………………………79
　──におけるマーケティングコミュ
　　ニケーション戦略 ………………86
パーソナルファイナンシャル・プラン
　ニング ………………………108, 257
パーソナルファイナンス諸表 ………108
バーチャルマーケティング …………219

バック・オフィス ……………9, 14, 185
パブリシティ …………………………214
パブリックプロモーション …………214
パブリックリレーション ……………205
バリュー・プロセス ……………………28
範囲の経済 ……………………………145
非金銭的コスト …………………………60
非金銭的サービスコスト ………………60
非弾力的 …………………………………42
人（Personnel）……………………29, 31
非物質的な財 …………………………11
標的市場 …………………………21, 22
品質の次元 ………………………………19
品質評価 …………………………………42
ファイナンシャルアドバイザー…5, 109
ファイナンシャル・サービス …………74
　──におけるサービスコスト ……76
　──・プロバイダー …121, 124, 131
　──・マーケティング ……106, 110
ファイナンシャル・プランニング ……126
フィードバック ………………………204
不確定消費 ……………………………112
複合性（補完性）………………116, 119
プッシュ型マーケティング ……153, 154
物的環境（Physical Evidence）……29, 33
ブランドイメージ構築 ………………240
ブランド認知度向上 …………………240
ブランドロイヤルティ ………………133
プレミアム・プライシング …………180
プロセス（Process）………………29, 32
　──消費 ………………………………25
プロダクト・マネージャー …………145

プロモーション（Promotion）……31
　　──キャンペーン計画策定…206
　　──手段…………………………90
プロモーションミックス…………211
　　──の選択………………………211
フロント・オフィス………9, 14, 185
ペイド検索……………………………219
ベネフィット……………………15, 59
　　──セグメンテーション………161
変動金利型……………………………118
変動性・異質性…………………………4
変動費……………………………30, 43
貿易ファイナンス………………107, 108
包括価格………………………………50
ポートフォリオ………………………110
ボーナス・キャンペーン…………88, 182
ホームページ…………………………44
保険………………………………66, 107
保険会社………………………………79
　　──の販売形態チャネル…………96
保険業法………………………………96
保険契約者……………………………114
保険サービス…………………………74
保険商品………………………………74
　　──の本質……………………199
保険におけるICTの活用…………200
保険比較サイト……………238, 239
保険料計算の基礎…………………198
保険料算出と家計の消費支出……199
保険料算出の原則…………………198
保険料の価格設定……………………76
保険料の構成………………………198

保険料の仕組み……………………198
ポジショニング…………………40, 46
ホスピタリティ………………………33
　　──の構成要素………………33
ポップアップ型店舗…………253, 254
ボリューム志向………………………40

マ

マーケット・イン……………………122
マーケット・セグメンテーション……60
マーケティング…………………………7
　　──アプローチ……………27, 124
マーケティングコミュニケーション
　　………………………204, 216, 234
　　──ツール……………………245
　　──の要素……………………205
　　──・プロセス………………203
マーケティング・コンセプト……21, 24
マーケティング・チャネル……………94
マーケティング部門…………………24
マーケティング・フロー……………94
マーケティング・プログラム………27
マーケティングプロセス……………106
マーケティング・ミックス……33, 234
　　──モデル……………………242
マーケティング・リサーチ…………197
マス・カスタマイゼーション………137
マス・マーケティング……139, 140, 145, 182
マルチチャネル………225, 226, 235
　　──マーケティングシステム…229
見える化………………………………243

無形財 …………………………1, 12
　──の種類 …………………10
　──のマーケティング ………7
無形性（不可視性）………………3
無限に受けられるサービス ……66
無料サンプル ……………………90
無料相談 …………………………87
メッセージ ………………203, 205
　──の定型化 ……………209
メディア …………………141, 203, 205
モーゲージ ……………………111
モバイル …………………246, 248
　──アプリ ………………251

ヤ

有形財 …………………………1, 12
　──とサービスの特性の違い ……6
　──のマーケティング ………7
　──利用権 ………………11, 12
有形性 ……………………………19
要素別価格 ………………………50
4つのP（4P） …………………29
予約決済サービス ……………119
予約性 ……………………116, 119
予約タイミングによる差別価格 ……54
4C理論 …………………………77
4Pから7Pへ …………………29
4Pから4Cへ ………………178
　──の変換 ……………34, 38
4P理論 …………………………77

ラ

ライフイベント ………………189
　──表 ……………………108
ライフサイクル ………………197
　──管理 …………………197
ライフスタイル ……22, 162, 229
ライフプラン ……………………89
　──提案書 ………………109
　──の計画作成 …………117
ラッパーのチャネル別サービス ……251
ラブロック ………………………15
利益志向 …………………………40
リテールチャネル ……………247
リテールバンキング顧客 ……245
利便性（Convenience）……34, 36
リモート・サービス ……………14
流通構造 ………………………135
流通チャネル（Place）…………30
利用権 ……………………11, 12
旅行ローン ……………………250
リレーションシップ ……………61
　──構築 …………………25
　──・マーケティング ……24, 27, 61
レバレッジバイアウト ………107
ロイヤルティセグメンテーション ……161
老後資金 …………………………89
老後に対する資金設計 ………160
ローン商品 ……………………118

《著者紹介》

鷲尾和紀（わしお・かずのり）

2016 年 3 月	高千穂大学大学院経営学研究科博士後期課程修了。博士（経営学）。
現　在	津市立三重短期大学法経科専任講師。 高千穂大学アジア研究交流センター客員研究員。

主要著書・論文

（著書）『経営・ビジネス論』（共著）創成社，2016 年。
（論文）「パーソナルファイナンシャル・サービスの諸領域とマーケティング戦略モデルの構築」（高千穂大学博士論文），2016 年。
「エンゲージメント獲得に向けたユーザーの情動とポスト広告のコミュニケーション分析」（共著）『広告科学』（日本広告学会），2016 年。
「パーソナルファイナンシャル・サービス・マーケティング序説」（共著）『中央学院大学商経論叢』，第 31 巻第 1 号，2016 年。

（検印省略）

2016 年 9 月 20 日　初版発行　　　　　　　　　　略称－パーソナル

パーソナルファイナンシャル・
サービス・マーケティング
―新たな戦略構築に向けて―

　　　　　著　者　鷲尾和紀
　　　　　発行者　塚田尚寛

発行所	東京都文京区 春日 2-13-1	株式会社 創 成 社

電　話　03（3868）3867　　　FAX　03（5802）6802
出版部　03（3868）3857　　　FAX　03（5802）6801
http://www.books-sosei.com　　振　替　00150-9-191261

定価はカバーに表示してあります。

©2016 Kazunori Washio　　　組版：緑　舎　　印刷：S・Dプリント
ISBN978-4-7944-2486-0 C3034　製本：宮製本所
Printed in Japan　　　　　　　落丁・乱丁本はお取り替えいたします。

─── 経営・マーケティング ───

パーソナルファイナンシャル・サービス・マーケティング ― 新たな戦略構築に向けて ―	鷲尾和紀 著	3,000円
経営・ビジネス論 ― 企業の仕組みと商活動 ―	鷲尾和紀 鷲尾紀吉 著	3,800円
現代マーケティング論 ― 戦略的アプローチ ―	鷲尾紀吉 著	3,000円
現代国際流通論 ― 原理と仕組み ―	鷲尾紀吉 著	2,800円
現代マーケティングの基礎知識	嶋　正 東　徹 編著	2,300円
マーケティングの新視角 ―顧客起点の戦略フレームワーク構築に向けて―	有吉秀樹 著	1,800円
消費入門 ―消費者の心理と行動，そして，文化・社会・経済―	佐野美智子 著	2,500円
グローバル・マーケティング	丸谷雄一郎 著	1,800円
ブランド・マーケティング研究序説Ⅰ	梶原勝美 著	3,800円
ブランド・マーケティング研究序説Ⅱ	梶原勝美 著	4,200円
ブランド・マーケティング研究序説Ⅲ	梶原勝美 著	3,600円
マーケティング・ブック	小川純生 著	1,600円
現代消費者行動論	松江宏 村松幸廣 編著	2,400円
経営情報システムとビジネスプロセス管理	大場允晶 藤川裕晃 編著	2,500円
eビジネスの教科書	幡鎌博 著	2,200円
現代組織の構造と戦略 ―社会的関係アプローチと団体群組織―	磯山優 著	2,500円

（本体価格）

─── 創成社 ───